Echterhoff

Das Buch

Wie wird man ein Multimillionär? Mit Fleiß und Sparsamkeit allein ist es wohl kaum getan. Es muß auch noch die Gunst der Zeit hinzukommen. Außerdem braucht der Selfmademan eine rasch zupackende Hand, einen scharfen Blick für einmalige Gelegenheiten, und er darf von Skrupeln nicht allzusehr behindert werden. Bernt Engelmann, der im vorausgehenden Band den ererbten Reichtum vorstellte, beschreibt hier die neuen Reichen, die von sich behaupten können, »mit Nichts angefangen« zu haben. Engelmann schildert den Aufstieg der Kaufhaus-Könige, der Konzernchefs und Bankiers, deren Namen zum Inbegriff der Selfmade-Milliardäre geworden sind. Höchst indiskret, mit viel Witz und Ironie gewürzt, zugleich spannend, amüsant und äußerst informativ ist diese Geschichte der Geldgiganten eine Art Fortsetzung seines Bestsellers ›Meine Freunde – die Millionäre‹, gewissermaßen auf einer (finanziell) höheren Ebene.

Der Autor

Bernt Engelmann, 1921 in Berlin geboren, lebt als freier Schriftsteller und Journalist in Rottach-Egern. Bekannt wurde er u. a. durch seine Beiträge für die Sendereihe ›Panorama‹ des Norddeutschen Rundfunks. Er veröffentlichte u. a.: ›Meine Freunde – die Millionäre‹ (1963; dtv-Band 375), ›Meine Freunde – die Manager‹ (1966; dtv-Band 584), ›Eingang nur für Herrschaften‹ (1967), ›Die goldenen Jahre‹ (1968; dtv-Band 624), ›Krupp. Legenden und Wirklichkeit‹ (1969; dtv-Band 726), ›Deutschland ohne Juden‹ (1970), ›Die vergoldeten Bräute‹ (1971), ›O wie oben. Wie man es schafft, ganz O zu sein‹ (1971).

Bernt Engelmann:

Die Macht am Rhein

Meine Freunde – die Geldgiganten

Zweiter Band

Die neuen Reichen

Deutscher
Taschenbuch
Verlag

Von Bernt Engelmann
sind im Deutschen Taschenbuch Verlag erschienen:
Meine Freunde – die Millionäre (375)
Meine Freunde – die Manager (584)
Die goldenen Jahre (624)
Krupp. Legenden und Wirklichkeit (726)
Deutschland ohne Juden (979)
Das Reich zerfiel, die Reichen blieben (1061)

Ungekürzte Ausgabe
1. Auflage Juni 1972
4. Auflage Januar 1977: 33. bis 39. Tausend
Deutscher Taschenbuch Verlag GmbH & Co. KG, München

ISBN 3-7951-0244-8
Umschlaggestaltung: Celestino Piatti
Gesamtherstellung: C. H. Beck'sche Buchdruckerei, Nördlingen
Printed in Germany · ISBN 3-423-00831-8

Ja, wenn der Senator erzählt,
der, dem das ganze Wackelsteiner Ländchen gehört
und alles, was darauf steht.
Wie der angefangen hat:
Sohn eines Tischlers,
der war mit 40 schon Invalide,
alle Finger der rechten Hand unter der Kreissäge.
Mit fünf Jahren schon ist der Senator jeden Tag
von Wackelrode nach Hohentalholzheim gelaufen,
zwölf Kilometer hin
und zwölf Kilomter zurück.
Und warum?
Weil in Wackelrode ein Liter Milch
zweieinhalb Pfennig gekostet hat,
in Hohentalholzheim aber nur zwei Pfennig,
und diesen halben Pfennig durfte der Bub behalten.
Das hat er auch getan, zehn Jahre lang –
von Wackelrode nach Hohentalholzheim,
von Hohentalholzheim nach Wackelrode.
Und nach zehn Jahren,
da hat sich der Senator gesagt:
»So.«
Hat das ganze Geld genommen
und das erste Hüttenwerk
auf das Wackelsteiner Ländchen gestellt.
Ja, wenn der Senator erzählt ...
Franz Josef Degenhardt,
›Wenn der Senator erzählt‹

Was ist ein Selfmade-Milliardär?

> *Ja, das möchtste:*
> *Eine Villa im Grünen mit großer Terrasse,*
> *vorn die Ostsee, hinten die Friedrichstraße,*
> *mit schöner Aussicht, ländlich-mondän.*
> *Vom Badezimmer ist die Zugspitze zu sehn.*
> *... Und Geld. Und an Schmuck eine richt'ge Portion.*
> *Und noch ne Million. Und noch ne Million.*
> Kurt Tucholsky

Wie man Millionär wird, ist bekannt: Man sitzt (beispielsweise) abends am Lagerfeuer, stochert gedankenverloren mit einem Stöckchen im Sand, fördert dabei ein paar unansehnliche Steine zutage, die man achtlos in die Tasche gleiten läßt, ohne sich mehr dabei zu denken, als daß es gut sei, stets etwas Munition für seine Gummischleuder bei sich zu haben, und erfährt dann einige Wochen später im Juweliergeschäft von Cartier in Paris, wo man sich seinen Verlobungsring hat aufpolieren lassen und, bei der Suche nach passendem Kleingeld zum Bezahlen, besagte Steine, zusammen mit dem übrigen Tascheninhalt, zur besseren Übersicht auf die Theke gelegt hat, daß die vermeintlichen Kiesel in Wirklichkeit ganz außergewöhnlich wertvolle Rohdiamanten sind...

Oder man stößt, etwa beim *Do-it-yourself*-Tapezieren des Kinderzimmers, auf ein altes Blatt Papier, das man, ehe man es als Makulatur an die Wand klebt, in näheren Augenschein nimmt, wobei man dann hocherfreut entdeckt, daß es sich um den Letzten Willen eines vor geraumer Zeit kinderlos verstorbenen brasilianischen Kaffeekönigs handelt, der all sein Hab und Gut dem zufälligen Finder seines Testaments hinterlassen hat...

Oder – und damit genug dieser Beispiele! – man gräbt vielleicht eines schönen Samstagmorgens schwitzend und ächzend sein Vorgärtchen um, und plötzlich sprudelt Erdöl aus dem Rosenbeet (ohne daß man etwa die Zuleitung der eigenen Ölheizung angestochen hätte!)...

Zugegeben – die Wahrscheinlichkeit solcher und ähnlicher Funde ist, zumal für den einzelnen Bundesbürger, nicht allzu groß, weshalb auch die meisten, die darauf aus sind, rasch Millionäre zu werden, sich nicht allein auf derartige Glücksfälle verlassen, sondern zusätzlich noch beim Lotto oder Toto mitspielen, wo man, schon wenn man zweimal hintereinander (und ohne mit anderen teilen zu müssen) den Hauptgewinn erzielt, binnen vierzehn Tagen Millionär werden kann!

Indessen sind alle diejenigen, die auf solche oder ähnliche Weise, das heißt: durch pures (und möglicherweise ganz unverdientes) Glück, zu siebenstelligen DM-Guthaben gekommen sind, dann zwar samt und sonders richtige Millionäre, haben aber nach landläufiger Meinung damit noch keineswegs das Recht, auf ihren Reichtum besonders stolz zu sein. Das dürfen nur diejenigen, die ihren Aufstieg in die Millionärsklasse aus eigener Kraft vollzogen haben, sogenannte *Selfmademen.*

Einen Anspruch auf diesen Ehrentitel können Glückspilze nun aber nicht etwa damit begründen, daß sie versichern, auch ihr plötzlicher Reichtum sei die Frucht gewisser Anstrengungen, etwa beim Tapezieren des Kinderzimmers, beim Umgraben des Rosenbeets oder beim Ausfüllen der Lottoscheine.

Nein, von richtigen, achtunggebietenden Selfmade-Millionären fordert man mehr: nämlich außer miserablen Startbedingungen, härtester Arbeit und entbehrungsreichem Leben auch klare Zielstrebigkeit. Sie müssen sich ihr Vermögen, Pfennig für Pfennig, Mark für Mark, eigenhändig errackert und zusammengespart haben, stets mit dem hohen Ziel vor Augen, Millionär zu werden. Und zu allem Überfluß verlangt man von ihnen auch noch die Erfüllung gewisser moralischer Grundbedingungen:

Wer (beispielsweise) hundert gelähmte Greisinnen mit durchschnittlich je zehntausend Mark Ersparnissen eigenhändig erwürgt und ausplündert, kann trotz der vielen Mühe, der deutlich bewiesenen Zielstrebigkeit und der Gesamteinnahme von einer Million Mark keinen Anspruch darauf erheben, ein Selfmade-Millionär zu sein, obwohl doch, im strengen Sinne des Wortes, alle Voraussetzungen erfüllt sind.

Selbst jemand, der nach sorgfältiger Fachausbildung, entbehrungsreichem Spezialstudium und mühevollen Vorbereitungen im Schweiße seines Angesichts den Panzerschrank im Tresorraum eines wegen seiner skrupellosen Habgier und Härte berüchtigten Privatbankiers aufgebrochen, eine Million Mark in kleinen und gebrauchten Scheinen entwendet und sich also mit eigenen Händen, emsigem Fleiß, hoher Intelligenz und härtester Arbeit, zudem nicht bloß zielstrebig, sondern auch mit beträchtlichem Unternehmer-Risiko, ein siebenstelliges Vermögen erworben hat, kann noch längst nicht als ehrfurchtgebietender Selfmade-Millionär gelten, nicht einmal, wenn er mit der Beute entkommen kann und niemals gefaßt wird, auch alljährlich am Tage der heiligen Barbara dieser seiner selbstgewählten Schutzpatronin, die zuständig ist für besonders gefährliche Arbeiten, namentlich Sprengungen, seinen aufrichtigen Dank dafür abstattet, daß ihm bei der genauen Dosierung des Nitroglyzerins kein Berechnungsfehler unterlaufen ist...

Nein, Anspruch auf Selfmade-Millionärsruhm kann auch dieser wackere Mann erst erwerben, wenn es ihm gelingen sollte, mit dem entwendeten Geld bis zum Eintritt der Verjährung einem anständigen Beruf nachzugehen, vernünftig und profitabel zu wirtschaften und Ansehen zu erwerben – vielleicht als Pfandleiher, als stiller Teilhaber einer kleinen Fabrik für bakteriologische Kampfstoffe oder auch als Mehrheitsaktionär der »Eros Center Bau- und Betriebs-AG« –, in welchem Falle er später seinen Enkeln schmunzelnd erzählen kann:

»Die allererste Million war zwar die schwerste, aber mein Ehrendoktorat und die Senatorenwürden verdanke ich erst der zweiten und dritten Million, denn in seinen jungen Jahren war euer Opa ein rechter Hallodri, der mit dem Kopf durch die Wand wollte. Aber dann hat die heilige Barbara an ihm ein Wunder geschehen lassen, das hat ihn auf den rechten Weg gebracht...«

Weshalb nun die minderbemittelte Öffentlichkeit die sogenannten Selfmade-Millionäre höher bewertet (obwohl es ihr doch eigentlich völlig gleichgültig sein könnte, ob ein reicher Mann sein vieles Geld nun geerbt, gewonnen, ergaunert oder durch Fleiß und Sparsamkeit zusammengerafft hat); weshalb auch die Millionäre selbst so großen Wert darauf legen, wenn irgend möglich als Reiche aus eigener Kraft zu gelten, die auch alle moralischen Anforderungen erfüllt haben, das dürfte wohl damit zusammenhängen, daß es so außerordentlich schwer ist, als Habenichts anzufangen und durch nichts als ehrliche Arbeit, immensen Fleiß und unerhörte Sparsamkeit zu einem Millionenvermögen zu kommen. Jede andere Methode führt leichter zum Ziel!

Zwar braucht man, wie mich kürzlich erst ein Multimillionär belehrte, nur fünfzig Jahre lang, also beispielsweise vom fünfzehnten bis zum fünfundsechzigsten Lebensjahr, im Monatsdurchschnitt 1660 Mark netto zu verdienen, um dann auf seine alten Tage voller Stolz sagen zu können, daß man es durch eigenen Fleiß zu insgesamt einer Million gebracht habe.

Aber erstens ist der Fall, daß jemand fünfzig Jahre hindurch einen so hohen Durchschnittsverdienst erzielt, nicht allzu häufig, zumal die Lehrlings- und Studienjahre mit viel geringerem oder gar keinem Einkommen ja dann in späterer Zeit durch weit höhere Bezüge ausgeglichen werden müßten; zweitens ist es ja damit allein leider auch nicht getan!

Es muß vielmehr eine ganz außergewöhnliche Sparsamkeit hinzukommen, damit sich die Million auch tatsächlich ansammeln kann, genauer: damit das viele Geld nicht bloß erworben und gleich wieder ausgegeben, sondern kapitalbildend angelegt wird. Mindestens so lange, bis genügend Ersparnisse vorhanden sind, daß deren Zinsertrag das Existenzminimum des Sparers sichert, muß das zur Bestreitung des Lebensunterhalts unbedingt Nötige noch hinzuverdient werden, vielleicht durch einen Nebenerwerb nach Feierabend... Nur so läßt sich, zumindest theoretisch, eine Million zusammensparen.

Es kommt aber noch ein dritter und sehr wichtiger Faktor hinzu, eine weitere Voraussetzung, die erfüllt sein muß und ohne deren Beachtung es auch die Fleißigsten und Sparsamsten niemals zu einem selbstverdienten siebenstelligen Sparguthaben bringen können.

Gerade dieser dritte Punkt wird von denen, die nach Selfmade-Millionärsruhm streben, leider allzu häufig übersehen, in der Regel sehr zum Schaden ihrer so hoffnungsvoll begonnenen Vermögensbildung. Ein geradezu klassisches Beispiel dafür bietet die Lebensgeschichte eines rüstigen älteren Herrn meiner Bekanntschaft. Sie ist geeignet, Mitgefühl zu wecken, stellt aber zugleich auch eine ernste Mahnung an alle diejenigen dar, die meinen, sie brauchen nur lustig drauflloszusparen, um eines schönen Tages Millionär zu sein.

Onkel Otto, wie ich ihn nennen darf, kam im Jahre 1900 als Sohn eines Supernumerars des gehobenen Zolldienstes und dessen Ehegattin zur Welt, wuchs in bescheidenen, aber ehrbaren Verhältnissen auf und faßte schon an seinem fünften Geburtstag den festen Entschluß, durch emsigen Fleiß und rigorose Sparsamkeit sehr reich zu werden, wiewohl der Knabe sich zunächst noch nicht das feste Ziel setzte, es einmal zu mindestens einer Million Mark zu bringen. Das tat er erst später, als er mit so hohen Zahlen rechnen gelernt hatte.

Otto wurde ein wahrer Musterschüler, der bevorzugte Liebling seiner Lehrer und der Augapfel seiner Eltern. Was ihm an Intelligenz mangelte, wußte er durch Auswendiglernen, eifrige Beteiligung am Unterricht und untadeliges Betragen auszugleichen. Doch Otto war nicht bloß in der Schule ein Streber, und sein Sinn stand nach weit mehr als bloßem Wissen!

Jede freie Minute verwandte er aufs Geldverdienen: Er trug frühmorgens vor der Schule Zeitungen und Brötchen aus, übernahm nachmittags allerlei Besorgungen für begüterte ältere Damen der Nachbarschaft, betätigte sich wohl auch als Balljunge auf Tennisplätzen, schippte Schnee oder mähte den Rasen, je nach Jahreszeit, und trat sonntags in der Kirche den Blasebalg für den schon etwas ältlichen Organisten.

Keinen Pfennig von alldem, was er so verdiente, gab Otto aus, auch nichts von dem Taschengeld und anderen kleinen Zuwendungen, die er erhielt. Ja, selbst Näschereien, die der Knabe geschenkt bekam, versagte er sich und verhökerte sie lieber. Alle Einnahmen steckte Otto unverzüglich in eine seiner vielen Sparbüchsen, und jeweils am Ende des Jahres öffnete er seine diversen Behälter, zählte alles sehr sorgfältig und trug dann die Früchte seines Fleißes und seiner Opfer, schier berstend vor Stolz, zur Kreissparkasse, wo das Kapital in guter Hut war, zudem reiche Zinsen trug.

So ging es Jahr um Jahr. Als Gymnasiast durfte Otto zwar keine Brötchen und Zeitungen mehr austragen, mußte sich auch manche andere einbringliche, doch nun nicht mehr standesgemäße Tätigkeit versagen. Aber dafür konnte er fortan Nachhilfeunterricht für faule Kinder reicher Eltern erteilen, und er erzielte damit, besonders während der Schulferien, noch weit größere Einnahmen.

Er besorgte auch einem Kolonialwarenhändler die gesamte Buchführung und Korrespondenz, verdingte sich als Reisebegleiter, ja, half sogar im Kontor eines entfernten Verwandten beim (natürlich handschriftlichen) Kopieren der ausgehenden Post.

So ging es bis zum Frühjahr 1918. Dann beendete Otto seine Schulzeit mit dem Abitur, gerade rechtzeitig, um noch als Soldat ins Feld ziehen zu können, doch nicht ohne zuvor für alle seine Ersparnisse Kriegsanleihe zu zeichnen, ein Vorgang, der wegen der Höhe der Summe, die der patriotische Jüngling aufzubringen vermochte, bei der Sparkasse einiges Aufsehen erregte und sogar im Kreisblatt lobend erwähnt wurde.

Es war tatsächlich ein stattliches Sümmchen, das Otto sich

bis dahin erspart hatte und nun dem bedrohten Vaterland gegen gute Zinsen borgte, doch es erübrigt sich, den genauen Betrag anzugeben oder sich gar zu merken. Denn als Otto ein Dreivierteljahr später wieder nach Hause zurückkehrte, im Felde unbesiegt, aber andererseits auch nicht so siegreich wie geplant, da standen seine Kriegsanleihen nicht mehr sehr hoch im Kurs. (Später wurden sie dann mit der in solchen Fällen üblichen Großzügigkeit aufgewertet: Für je tausend Goldmark gab es zweieinhalb Rentenmark ...)

Doch um diese Zeit hatte der bei Kriegsende so jäh verarmte Otto längst wieder von neuem zu sparen begonnen, war sogar in wenigen Jahren Millionär geworden, bald darauf Milliardär und sogar Billionär, ohne daß es ihm viel Freude bereitet hätte, denn er mußte es als wahrlich unbefriedigend empfinden, daß er für seine durch harte Arbeit und Überstunden verdienten Milliarden am Ende nicht einmal mehr eine altbackene Semmel kaufen konnte...

Aber 1924 startete Onkel Otto, wie ich ihn nun schon nennen durfte, mit frischem Mut von neuem: Unbeirrt von den bitteren Erfahrungen des Krieges und der Inflation, legte er – nun schon zum dritten Male! – jede Mark, die er erübrigen konnte, auf die hohe Kante. Und er verdiente gut, zuerst als Exportkaufmann, dann als Prokurist, schließlich als Subdirektor einer renommierten Firma. Er ehelichte eine Brauerstochter mit stattlicher Mitgift, fand in ihr eine gleichgesinnte Partnerin und sparte nun mit seiner Frau um die Wette an allen Ecken und Enden, bis die ersten zweihundertfünfzigtausend Reichsmark beisammen waren. Vier Fünftel dieses Betrages legte Otto in preußischen Goldpfandbriefen an; für den Rest erwarb er eine erststellige Hypothek auf ein stattliches Geschäftshaus.

Bis 1938 hatte Onkel Otto weitere dreihunderttausend Reichsmark gespart und sicher angelegt, war zum Direktor avanciert und trug sich bereits mit der Absicht, demnächst ein hübsches kleines Häuschen zu kaufen, bis dahin aber mit Frau und Sohn, der inzwischen hinzugekommen war, in der bescheidenen Zweieinhalbzimmerwohnung auszuharren und sein Kapital weiter kräftig zu vermehren, damit er, spätestens an seinem fünfzigsten Geburtstag, sein hohes Ziel, ein richtiger Millionär zu werden, erreichen könnte.

Nun, mit dem Hauskauf wurde es nichts. Die Preise zogen kräftig an, und Onkel Otto brachte es einfach nicht übers Herz, mehr zu bezahlen, als ihm angemessen erschien. Dann brach der Krieg aus, und er verschob den Hauskauf bis auf die Zeit nach dem Endsieg.

Dafür bekam er seine Million eher zusammen, als er zu hoffen gewagt hatte: Die Kriegskonjunktur gereichte der Firma, bei der er Direktor war, zum Segen; Gehalt und Tantiemen stiegen, und schon im März 1945, als Onkel Otto den Wert seiner Reichsanleihen, Hypothekenforderungen, Goldpfandbriefe und Eisernen Sparguthaben wieder einmal zusammenrechnete, da konnte er seiner Frau mit Tränen des Glücks in den Augen berichten, daß sie nunmehr neunhundertsiebenundachtzigtausend Reichsmark besäßen, worauf seine bessere Hälfte verschämt gestand, daß auch sie noch ein – bislang verheimlichtes – Sparguthaben von zehntausend Reichsmark sowie eine Barreserve von nahezu fünftausend Reichsmark im Wäscheschrank versteckt habe, so daß sie nun tatsächlich richtige Millionäre seien ... !

Dieses Glück währte indessen nur wenige Wochen. Der Zusammenbruch des Großdeutschen Reiches, das Chaos der ersten Nachkriegszeit und die rapide Geldentwertung machten die Träume des Ehepaares von einem sonnigen Lebensabend und einer durch die Zinserträge ihres siebenstelligen Reichsmarkvermögens scheinbar glänzend gesicherten Existenz rasch zunichte.

Viel zu spät, nämlich erst eine Woche vor der Währungsreform, trat Onkel Otto die Flucht in die Sachwerte an. Er erwarb blindlings und für rund ein Fünftel seines Gesamtvermögens, was ihm gerade angeboten wurde: über tausend nur leicht beschädigte Kunststoffgehäuse für sogenannte »Volksempfänger«; zweieinhalb Zentner Rohkaffee der (in ihrem Ursprungsland wenig geschätzten und dort vorwiegend zum Heizen von Lokomotiven verwandten) Sorte »Santos 5«; dreitausend Stangen Kriegs-Rasierseife Marke »Heros« (nichtschäumend und unempfindlich gegen Feuchtigkeit) sowie einige zehntausend Dosen mit (vorwiegend hölzernen) Grammophonnadeln – alles in allem keine sehr glückliche Wahl!

Onkel Otto erzielte später für diese – dann nur noch sehr schwer absetzbaren – Waren einen Preis von insgesamt achthundert Deutschen Mark, doch verringerte sich dieser Erlös noch um die unverschämt hohe Provision des Vermittlers, um drei Prozent Kassa-Skonto, die ihm der Käufer abzog, und um drei falsche Hundertmarkscheine, die er Onkel Otto dreist mit in Zahlung gab.

Nein, es war nicht viel, was von der Million übrigblieb!

Onkel Ottos Hypothekenforderungen, soweit sie von den Gläubigern nicht schon mit Reichsmark getilgt worden waren, wurden auf ein Zehntel des Nennwertes reduziert; die Sparguthaben, gleich, ob »eisern« oder nicht, strich Vater Staat ebenfalls rigoros zusammen; die Obligationen des Reiches verfielen entschädigungslos, und als Onkel Otto an seinem fünfzigsten Geburtstag traurig Bilanz zog, da waren ihm von seiner Million kaum fünfundsechzigtausend Mark verblieben – gewiß mehr als vielen anderen, aber andererseits enttäuschend wenig für einen, der schon einmal eine Million zusammengespart hatte...

Indessen hat Onkel Otto in den achtzehn Jahren, die seit seinem fünfzigsten Geburtstag vergangen sind, seine Prinzipien keineswegs geändert, sondern spart unverzagt weiter. Er ist nicht in Pension gegangen, arbeitet vielmehr von früh bis spät, läßt die Zinsen seines (schon wieder auf weit über eine halbe Million Mark angeschwollenen) Sparkapitals auflaufen, gönnt sich weder Urlaub noch den kleinsten Luxus, wohnt nach wie vor in seiner bescheidenen Zweieinhalbzimmerwohnung und träumt davon, am Ende doch noch Millionär zu werden – und zu bleiben! Und da er von robuster Gesundheit und völliger Anspruchslosigkeit ist, gut verdient, nichts ausgibt und für niemanden außer sich selbst zu sorgen hat – seine Frau ist bereits verstorben, der Sohn bei Stalingrad gefallen –, wird Onkel Otto vielleicht sein hohes Ziel eines Tages erreichen, es sei denn, Väterchen Staat benötigt sein sauer erspartes Vermögen wieder einmal für andere als die vorgesehenen Zwecke...

Denn das ist ja, wenn man so sagen darf, die Moral von Onkel Ottos Geschichte:

Bienenfleiß und hohes Einkommen, völlige Anspruchslosigkeit und unermüdliches Sparen bilden zwar die Voraussetzungen eines Aufstiegs zu Selfmade-Millionärsruhm, wie man ihn hierzulande versteht, aber es muß auch noch die Gunst der Zeit hinzukommen: Der Fiskus darf nicht allzu habgierig, die Generalität nicht allzu ruhmsüchtig werden, das Geld muß seinen Wert, der Sparer nicht bloß sein Vertrauen, sondern auch seine sauer erworbenen Ansprüche behalten dürfen.

Da aber alle diese äußeren, der Macht des einzelnen entzogenen Bedingungen in unserem Lande häufig nicht erfüllt waren, sind echte Selfmade-Millionäre höheren Alters äußerst selten.

Wenn es aber bei uns schon so schwer ist, aus eigener Kraft zu einem Vermögen von auch nur einer einzigen Million zu kommen, um wieviel schwieriger muß es dann erst sein, sich hundert Millionen (oder gar eine Milliarde) Mark auf rechtschaffene Weise zusammenzusparen und auf die hohe Kante zu legen?

Man könnte versucht sein, darauf zu antworten, daß dies natürlich genau hundert-(oder tausend-)mal schwerer sein muß, doch liegt solcher Rechnung ein Trugschluß zugrunde:

Wer nämlich erst einmal einen gewissen Vermögensumfang erreicht hat, der streift, zusammen mit allen unliebsamen Erinnerungen an die bitteren Seiten der Armut, auch jene, nun, sagen wir: mittelständischen Hemmungen ab, sein Geld anders anzulegen als in mündelsicheren Papieren, patriotischen Kriegsanleihen und auf mehr oder weniger »eisernen« Sparkonten.

Infolgedessen übersteht sein Vermögen meist auch ungünstige Zeiten ohne allzu große Einbußen, und es vermehrt sich unter einigermaßen günstigen Bedingungen weit rascher, als man sich vorzustellen vermag.

Zumal in der Bundesrepublik Deutschland, deren fromme Regierungen zwei Jahrzehnte hindurch nach der (schon im ersten Band bei unserer Betrachtung des alten Reichtums lobend erwähnten) Maxime des Evangelisten Matthäus (13, 12), »Wer da hat, dem wird gegeben«, zur eiligen Multiplikation schon bemooster Riesenvermögen kräftig beigetragen haben, vollzieht sich der Aufstieg eines hundertfachen Millionärs zu Milliardärswürden bedeutend leichter, als es etwa einem Kleinsparer fällt, sein Guthaben von fünftausend auf siebentausendfünfhundert Mark aufzufüllen.

Anders ausgedrückt: Im untersten Bereich ist eine Vermögensvermehrung um die Hälfte ungleich schwieriger als eine Verzehnfachung des Reichtums in den obersten Regionen.

Oder, in absoluten Zahlen: Neunhundert Millionen Mark zusätzliches Vermögen zu bilden, wenn man schon hundert Millionen hat, ist einfacher als das Sparen von bloßen zweitausendfünfhundert Mark, sofern man nur ein Ausgangskapital von fünftausend Mark besitzt.

Das sind natürlich nur Behauptungen, aber wer's nicht glauben will, der lasse sich durch zwei Beispiele überzeugen:

Nehmen wir einmal an, der sparsame, fleißige, sich eines makellosen Rufes und bester Empfehlungen erfreuende, zudem recht aufgeweckte Kellner Fritz, der in der Halle des Hotels »Intercontinental« Berührung mit vielen relativ wohlhabenden und gutinformierten Menschen aus aller Welt hat, kommt aufgrund einiger aufgeschnappter Gesprächsfetzen, intensiven Studiums des ›Wall Street Journal‹, der ›Financial Times‹ und anderer Börsenblätter sowie kluger Beurteilung einer sich anbahnenden politischen Entwicklung zu dem (durchaus richtigen) Schluß, daß die Aktien von »*Dow Chemicals*« in Kürze rapide steigen werden. Nun will er die Nutzanwendung aus seiner Erkenntnis ziehen und beantragt zum Erwerb einer möglichst großen Anzahl von Dow-Aktien bei seiner Sparkasse einen Kredit.

Was wird geschehen? Der Assistent des stellvertretenden Leiters der Effektenabteilung wird ihm eine knapp bemessene Audienz, aber natürlich keinen Kredit gewähren. Schließlich wird Fritz von seinen zweieinhalbtausend Mark Spargeld zwölfhundert Mark abheben, dafür Dow-Aktien kaufen, diese der Sparkasse verpfänden, um nun wenigstens sechshundert Mark Kredit zu bekommen, mit denen er nochmals Aktien seines Favoriten erwerben kann, die er wiederum beleiht, um zu Beginn der Dow-Hausse, die dann auch prompt einsetzt, mit Aktien im Kurswert von rund zweitausend Mark dabeizusein.

Wenn Fritz nach einem Jahr stetigen Anstiegs der Dow-Notierungen sein winziges Aktienpaketchen wieder verkauft, weil er (wiederum zu Recht) annimmt, gewisse Aussichten für einen Frieden in Vietnam könnten die Kurse, zumal bei Dow, einem rührigen Napalm-Produzenten, ungünstig beeinflussen, dann wird er, nach Abzug aller Spesen, Sollzinsen und Sparzinsverluste, knapp tausend Mark verdient haben und damit seufzend zufrieden sein.

Im gleichen Zeitraum aber kann ein hundertfacher Millionär, dessen Börsenspezialisten zu ähnlichen Schlüssen gekommen sind wie der Kellner Fritz, nicht bloß fünfzig Millionen Mark hinzuverdienen, sondern leicht auch sein Vermögen verdoppeln. Denn ihm stehen nicht allein weit größere Eigenmittel, sondern auch Millionenkredite zur Verfügung, die ihm von seinen Bankiers geradezu aufgedrängt werden, ganz zu schweigen davon, daß seine massiven Aktienkäufe die Kurse noch weit schneller und steiler ansteigen lassen würden...

Wie aber ist es, wenn der Kellner Fritz sich eines Tages selbständig machen, sagen wir: ein kleines, gepflegtes Café eröffnen will? Nun, er wird dafür gewiß, zwar mit einiger Mühe und zu beträchtlichen Kosten, die benötigten Kredite bekommen, die er dann im Laufe der Jahre aus seinen Gewinnen zu tilgen hat. Was aber passiert, wenn die erwarteten Gewinne ausbleiben, wenn sich die in das Café hineingesteckten Mittel als Fehlinvestition erweisen, vielleicht aus Gründen, die für niemanden vorhersehbar waren? Nun, dann muß der Cafetier Fritz sein Unternehmen aufgeben, sein Inventar verschleudern oder gar zwangsversteigern lassen und mit einer beträchtlichen Schuldenlast, an der er noch viele Jahre lang zu tragen haben wird, wieder Kellner werden...

Ganz anders ist es bei dem hundertfachen Millionär, der durch gewaltige Fehlinvestitionen in Schwierigkeiten kommt. Die Schließung seiner Betriebe kommt gar nicht in Betracht, weil dann ja Tausende von Arbeitsplätzen verlorengingen. Also wird Vater Staat aus öffentlichen Mitteln Hilfe gewähren, bis entweder die Schwierigkeiten überwunden oder die Unternehmen völlig zugrunde gerichtet sind. Im letzteren Falle ist die Millionenhilfe eben umsonst gewährt worden, das heißt: umsonst für den Unternehmer, nicht für die Steuerzahler. Im ersteren Fall wird alles wie es war: Der hundertfache Millionär hat wieder gesunde Unternehmen, Vater Staat hat seine Pflicht getan, aber selbstverständlich in den sanierten Betrieben keinerlei Mitspracherecht. Bestenfalls bekommt er sein Geld zurück, wenn auch meist nur symbolisch, denn dann zahlt der Multimillionär zur Abwechslung weniger Steuern...

Ich hoffe, diese Beispiele haben lediglich gezeigt, was sie beweisen sollten, nämlich daß es für sehr reiche Leute leichter ist, noch reicher zu werden, als für Minderbemittelte, auch nur ein bißchen hinzuzuverdienen. Keineswegs darf und sollte der Eindruck entstehen, als sei der Aufstieg zu Geldgigantentum ein Kinderspiel. Ein Milliardenvermögen ist etwas so Gewaltiges, daß man eigentlich gar nicht genug Respekt vor demjenigen haben kann, der es sich zusammengespart hat.

Wenn dennoch hie und da leise Kritik geübt wurde (und noch wird), wenn mitunter, was den Respekt vor den Milliardären betrifft, winzige Einschränkungen gemacht werden, so hat das nicht viel zu bedeuten, nicht mehr, als wenn von einem gewaltigen Bergmassiv ein paar Steine abbröckeln...

Dieser Vergleich, der auf den ersten Blick vielleicht etwas übertrieben erscheint, verdient etwas näher erläutert zu werden:

Stellen Sie sich bitte vor, Sie wären in Garmisch-Partenkirchen, am Fuße der Zugspitze, des höchsten Berges der Bundesrepublik. Ihre Körpergröße – sagen wir: 1,81 Meter – symbolisiert zugleich Ihre Vermögenslage, denn Sie haben, so wollen wir einmal annehmen, obwohl das jeder Wahrscheinlichkeit widerspricht, genau 18 100 Deutsche Mark Ersparnisse.

(Bitte fassen Sie den Hinweis auf die Unwahrscheinlichkeit der angenommenen Höhe Ihres Vermögens nicht falsch auf! Besitzen Sie mehr, so dürfen Sie sich sehr geschmeichelt fühlen; haben Sie jedoch weit weniger gespart, so braucht Sie das noch längst nicht zu kränken, denn Sie haben dann vermutlich noch immer erheblich mehr als die allermeisten unserer Mitbürger!

Rund achtzig Prozent der bundesdeutschen Bevölkerung, nämlich alle zu den Haushalten der Arbeiter, Angestellten, Beamten und Rentner gehörenden Personen, sind je Haushalt mit durchschnittlich weniger als siebentausend Mark Vermögen ausgestattet. Und bei diesem »Vermögen« zählen sogenannte »langlebige Gebrauchsgüter« wacker mit, wobei es sich – zumindest nach Ansicht der Verfasser des Statistischen Jahrbuchs – auch um Mopeds, Staubsauger, Plattenspieler oder billige Transistorradios handeln kann, um nur einiges zu nennen, was leise Zweifel an der Langlebigkeit solcher angeblich vermögensbildenden Gebrauchsgüter wecken muß...)

Doch zurück nach Garmisch-Partenkirchen, an den Fuß der Zugspitze, die 2964 Meter hoch ist. Genauso groß wäre ein knapp dreißigfacher Millionär, wenn man auch bei ihm jeden Zentimeter mit hundert Mark Vermögen gleichsetzt. Und nun stellen Sie sich bitte, falls Ihnen das gelingt, eine mehr als dreißigmal so hohe Zugspitze vor, die rund neunzigtausend Meter hoch in den Himmel ragt und deren Gipfel nur noch mit sehr starken Fernrohren zu erkennen ist. Selbst diese gigantische Höhe, im Vergleich zu der wir Erdenmenschen zu bloßen Staubkörnchen schrumpfen, repräsentierte, wenn wir unseren Maßstab – ein Zentimeter gleich hundert Mark Vermögen – beibehalten, erst einen neunhundertfachen Millionär und noch immer keinen Milliardär...!

Es gibt aber in unserem kleinen Land nicht bloß einfache, sondern sogar Multimilliardäre, Menschen, deren Vermögen noch um ein Vielfaches größer ist, als der gerade beschriebene, neunzig Kilometer hohe Super-Bergriese symbolisieren sollte!

Solcher Reichtum spottet nicht nur jeder Beschreibung, er trotzt auch jedem Versuch, daran herumzumäkeln.

Verzichten wir also schweren Herzens darauf, genauestens ergründen zu wollen, ob jede einzelne der vielen hundert oder gar tausend Millionen Mark, die einer unserer Geldgiganten nicht von tüchtigen Vorfahren ererbt, sondern im Laufe weniger Jahrzehnte selbst erarbeitet und gespart zu haben behauptet, auch wirklich so erworben wurde, wie man es von echtem Selfmade-Reichtum nun einmal erwartet: redlich, sauber, fleißig und sparsam. (Unsere Milliardäre legen erstaunlicherweise immensen Wert auf diese Adjektive, ja, um Goethe zu zitieren, »nicht jedes Mädchen hält so rein ... !«)

Indessen muß dieser Verzicht nicht als bloße Rücksicht auf die in diesem Punkt geradezu mimosenhafte Empfindlichkeit unserer sonst so robusten Selfmade-Milliardäre verstanden werden, vielmehr als Einsicht. Denn es ist völlig unmöglich, bei so vielen hundert oder gar tausend Millionen Mark die Herkunft jedes einzelnen Banknotenbündels genau zu überprüfen ... !

Verfahren wir also nach dem bewährten Grundsatz *»in dubio pro reo«* und unterstellen wir selbst einem Bundesbürger, der praktisch als Habenichts geboren, zwei verlorene Weltkriege und zwei Inflationen, einige entschädigungslose Enteignungen und sogar etliche Jahre Gefängnis überstanden hat und dabei nur immer reicher und reicher geworden ist, daß auch ihm kraft seines heutigen Vermögens von mehreren tausend Millionen Mark der Rang eines Selfmade-Milliardärs zukommt.

Ob es solchen Milliardär überhaupt gibt? Nun, es gibt ihn. Wo man ihn und seinesgleichen findet? Diese Frage ist nicht ganz einfach zu beantworten. Jedenfalls nicht im Branchen-Telefonbuch unter M..., oft nicht einmal im gewöhnlichen Fernsprechteilnehmerverzeichnis unter dem jeweiligen Familiennamen.

Geldgiganten, ob ihr Reichtum nun *selfmade* ist oder nicht, sind nicht nur publicity-, sondern auch handscheu. Sie meiden Berührungen mit Leuten, die nicht wenigstens annähernd so reich sind wie sie, wollen weder besucht noch angerufen, weder mit Briefen belästigt noch von Telegrammen erreicht werden. Sie vermuten (und meist nicht zu Unrecht), daß jeder Fremde doch nur eines von ihnen will: Geld! Und da sie Bettler in jedweder Verkleidung verabscheuen, sich auch nicht von noch so kleinen Teilen ihres Reichtums jemals freiwillig zu trennen beabsichtigen, halten sie sich eben so gut wie irgend möglich versteckt.

Wo?

Nun, natürlich leben auch Geldgiganten, trotz ihrer sprichwörtlichen Anspruchslosigkeit, lieber in angenehmer Umgebung als etwa in baufälligen Mietskasernen hart am Bahndamm, unter der Ruß- und Dunstglocke der Industriereviere, in Wellblechbaracken dicht neben den großstädtischen Müllabladeplätzen oder in zivilisationsfernen Dörfern ohne Kanalisation und mit dampfenden, fliegenumsummten Dunghaufen vor den Wohnküchenfenstern.

Ihrem Ideal am nächsten kommen gut abgeschirmte Grundstücke in idyllischer Umgebung, fern jeder Industrie, aber mit allem Komfort der Neuzeit, wo man sich ein (zumindest äußerlich) schlichtes, unauffälliges, der Landschaft angepaßtes Haus bauen kann, genügend Platz hat, auch für ausgedehnte Spaziergänge auf eigenem Grund, nicht befürchten muß, von Nachbarn beobachtet oder gar belästigt zu werden, und wo genügend Arbeitskräfte zur Pflege von Haus, Park und der eigenen Person zur Verfügung stehen.

Reine Luft, klares Wasser, saftige Wiesen und unberührter Wald, wildreiche Jagdreviere und die Möglichkeit, auf erstklassigem Platz Golf zu spielen, Reitpferde zu halten und sich von einer schnittigen Jacht auf sanften Wellen schaukeln zu lassen, sind weitere Bedingungen. Außerdem soll das Versteck auch noch in bequemer Nähe einer Weltstadt liegen, höchstens dreißig, fünfunddreißig Autominuten von einem internationalen Flughafen, von einem Hauptbahnhof mit TEE- und F-Zug-Anschlüssen und vom Netz der Autobahnen entfernt. Aber natürlich darf von alledem nicht das Geringste auch nur zu ahnen sein, denn einer, der sein Leben lang geschuftet und gespart hat, kann natürlich Anspruch auf absolute Ruhe erheben...

Ja, und schließlich sollte ein Idealversteck auch noch, wenn irgend möglich, einen, sagen wir: Hinterausgang haben, das heißt: so gelegen sein, daß der Geldgigant, wenn wieder einmal Not am Mann sein sollte, nicht dem Feind in die Hände fällt und womöglich dann einige Monate oder gar Jahre hindurch noch genügsamer leben muß, als er es ohnehin gewohnt ist; daß er sich vielmehr diskret absetzen und den Staub des Landes, in (und an) dem er so viel Geld verdient hat, leicht und unbemerkt von seinen maßgefertigten Schuhen schütteln kann.

Ein solches Plätzchen sollte also dicht an der Grenze zwischen der Bundesrepublik Deutschland und einem neutralen Lande liegen, so daß man imstande ist, das Gebiet der Vertragsstaaten der Nordatlantikpakt-Organisation, kurz NATO genannt, eventuell auch zu Fuß oder mit dem Fahrrad binnen weniger Minuten zu verlassen, wenn einem der Sinn danach steht.

Durch alle diese Bedingungen ist die Wahl des Terrains natürlich schon stark eingeengt. Gerade die letzte Voraussetzung – Grenznähe zu Österreich oder der Schweiz – beschränkt die Suche bereits auf einen nur wenige Kilometer breiten Streifen im äußersten Süden unseres bundesdeutschen Vaterlandes; Weltstadtnähe und eine Reihe weiterer unabdingbarer Voraussetzungen verringern die Auswahl noch beträchtlich, und das Verlangen nach einem nahen See (nebst Jacht-Club), einem 18-Loch-Golfplatz und sehr teuerem Baugelände läßt nur noch ganz wenige Möglichkeiten zu.

Golfplätze an der Südgrenze der Bundesrepublik gibt es zum Beispiel nur in Lindau am Bodensee, in Oberstdorf im Allgäu, in Garmisch-Partenkirchen, Berchtesgaden und Bad Wiessee. Allenfalls könnte man noch die Golfplätze von Bad Aibling und Prien am Chiemsee in Erwägung ziehen, doch sie liegen eigentlich schon zu weit von der Grenze entfernt.

Beschränkt man sich aber nicht allein auf sportliche Voraussetzungen, so braucht man gar nicht lange zu suchen: Allein das Tegernseer Tal (mit einem Golfplatz bei Bad Wiessee) erfüllt alle gestellten Bedingungen.

Dort ist man, wie gefordert, weltstadtnah, denn München und sein internationaler Flughafen sind in weniger als vierzig Autominuten bequem zu erreichen. Und auch sonst bietet das Tegernseer Tal alles, was ein Geldgigant verlangen kann, vom Fehlen fast jeglicher Industrie bis zur exorbitanten Höhe der Grundstückspreise.

Nur eine Einschränkung ist zu machen: Der Tegernsee ist ein sehr beliebtes Ausflugsziel und ein nicht minder populäres Sommer- wie Winter-Ferienparadies. Könnte das nicht unsere Geldgiganten abschrecken?

Oder ist es denkbar, daß sie just die Kulisse der »Hummel«-, »Scharnow«- und »Touropa«-Vertragspensionen, den regen Durchgangsverkehr vom und zum Achenpaß und die Menschenmassen, die sich, zumal am Wochenende, über die Hauptstraßen und Seepromenaden von Bad Wiessee, Tegernsee und Rottach-Egern wälzen, als eine nützliche Tarnung empfinden? (»Man braucht sich ja nicht unters Volk zu mischen; mein Grundstück ist nur über Privatwege zu erreichen, und den Lärm am Samstag und Sonntag kenne ich nur vom Hörensagen ...«)

Nun, versuchen wir erst gar nicht, die richtige Antwort auf diese Fragen zu finden, sondern machen wir einfach die Probe aufs Exempel! Sehen wir uns doch erst einmal um, wer denn im Tegernseer Tal wohnt und ob sich dort tatsächlich der eine oder andere Geldgigant angesiedelt hat . . . !

Rund um den Tegernsee . . .

> *»Geld will zu Geld«, sagte der Häusermakler und rieb sich die Hände.*
> Wahlbayerisches Sprichwort

Das ›Örtliche Fernsprechbuch für Bad Tölz, Holzkirchen, Miesbach, Schliersee, Tegernsee und Umgebung‹ umfaßt rund dreihundert Seiten im Kleinformat, aber einige Ortsnetze, zum Beispiel das der Kreisstadt Miesbach, können getrost außer Betracht bleiben. Für unsere Untersuchung kommen vornehmlich die eigentlichen Ferienorte des Tegernseer Tals in Frage, und wenn wir im kleinen Telefonbuch die wenigen Seiten überfliegen, auf denen die Fernsprechteilnehmer dieser Gemeinden verzeichnet sind, so springt uns sofort etwas ins Auge, nämlich der ungewöhnlich hohe Anteil von Trägern adliger und sogar hocharistokratischer Namen unter den Anschlußinhabern. Dieser Umstand muß uns optimistisch stimmen, zeigt er doch deutlich, daß wir uns auf der richtigen Fährte befinden. Denn feudale Nachbarschaft wird von den Geldgiganten nicht bloß geschätzt, sie ist eine Grundbedingung ihrer Ansiedlung. Rund um den Tegernsee finden wir diese unabdingbare Voraussetzung vorbildlich erfüllt, denn es stehen in diesem Revier, wenn wir uns nur auf den im Telefonbuch verzeichneten Bestand an aristokratischem Hochwild beschränken, nicht weniger als acht Königliche Hoheiten, ferner ein Fürst, zwei Fürstinnen sowie etliche Nachgeborene fürstlicher Häuser!

Zu erwähnen sind da zunächst die ehemals Reichsten im Reich und auch heute noch zu den Multimillionären zählenden Mitglieder der Familie Henckel-Donnersmarck, in Rottach-Egern vertreten durch Fürst Guido, Fürstin Lily sowie die Grafen Kraft und Karl Erdmann, letzterer nebst Sohn, Graf Guido, und Tochter, Gräfin Katharina, unlängst verehelichte Gräfin Arco-Zinneberg.

Graf Karl Erdmann von Henckel-Donnersmarck ist übrigens Chef der Hauptverwaltung des 1968 verstorbenen Herzogs Ludwig Wilhelm in Bayern, der als Großgrund- und Brauhausbesitzer sowie Eigentümer des Wildbades Kreuth ebenfalls im Tegernseer Tal residierte und dessen Erbe Prinz Max Emanuel *von* Bayern wurde.

Sodann gibt es noch einen weiteren Herzog in Bayern, Luitpold, nicht ganz so alt und auch nicht annähernd so reich wie sein greiser Vetter, aber durchaus noch als Multimillionär anzusprechen und natürlich ebenfalls am Tegernsee ansässig; ferner einen auch nicht ganz unbemittelten Hohenzollern, Prinz Friedrich Karl von Preußen, der mit seiner Gemahlin zu Gmund an der Nordspitze des Tegernsees ein standesgemäßes Haus besitzt; einen Prinzen Georg Wilhelm von Hannover, Großbritannien und Irland, Herzog zu Braunschweig und Lüneburg, der nebst Gattin Sophie, geborene Prinzessin von Griechenland und Dänemark, in der schon zum Ortsnetz Schliersee gehörenden Gemeinde Neuhaus residiert und sich große Verdienste auf dem Gebiet der Wasserwacht erworben hat; sodann die Fürstin Eva und die Gräfin Lucy Radolin, beide in Rottach-Egern, sowie die Schwägerin des greisen Bayern-Herzogs und Tante des Fürsten Donnersmarck, Prinzessin Ilse zu Sayn-Wittgenstein-Berleburg, geborene Lampl aus Linz (deren Tochter, die Prinzessin Alexandra Juliane, mit dem Rottacher Zahnarzt Dr. Ortwin Beck verheiratet ist), und schließlich den Grafen Christian aus dem fürstlichen Hause Thun und Hohenstein sowie – *last not least* – die sowohl mit den Bayern-Herzögen wie mit den Henkel-Donnersmarcks verwandten Königlichen Hoheiten von Luxemburg, würdig vertreten durch die Vermögensverwaltungen der Großherzogin und ihres Gemahls, beide in Lenggries, in deren ausgedehnten Waldungen – 3400 Hektar! – mitunter auch der König der Belgier, Baudouin I., zu jagen geruht.

Außer diesen Hocharistokraten finden wir auf engstem Raum auch noch Grafen und vor allem Gräfinnen aus den erlauchten Häusern derer von Arco-Valley, Arco-Zinneberg, Buquoy, Douglas, Lehndorff, Luxburg, Pückler, Schlieben, Schwerin, Spiegel zum Diesenberg, Spreti, Strachwitz von Groß-Zauche sowie Waldersdorff (wobei hinsichtlich der letzteren anzumerken ist, daß die Gattin des Grafen Wilderich von Waldersdorff, die zu Rottach-Egern ein sehr gepflegtes Fremdenheim führt, eine geborene Baroneß Berlichingen ist, und dieses freiherrliche Geschlecht, das den vielzitierten Ritter Götz zum Ahnherrn hat, ist teilweise auch am Tegernsee ansässig).

Mit allen diesen und einigen hundert weiteren Familien von nicht ganz so hohem Adel sowie mit rund vier Dutzend Vertretern der pensionierten Generalität und einer kriegsstarken Kompanie von Obristen im Ruhestand gleicht das Telefonverzeichnis von Tegernsee und Umgebung auf weite Strecken einem kombinierten Auszug aus dem ›Gotha‹ und der oberen Heeresrangliste.

Eingesprenkelt findet man noch allerlei Prominenz aus Kunst, Wissenschaft, Handel und Gewerbe, beispielsweise – um nur ein paar repräsentative Namen der Multimillionärsklasse zu nennen – den schon im Dritten Reich sehr gefeierten Kunstmaler und heutigen Geldgiganten-Porträtisten Professor Mathias Padua; den auf anderwärts unheilbare Fälle spezialisierten Krebsarzt und Sanatoriumsbesitzer Dr. Josef Issels, den Nürnberger Edelpelz-Krösus (und Konsul von Togo) Walter Kaiser; den früheren Bundeskanzler und derzeitigen Vertreter amerikanischer Hähnchenexport-Interessen, Professor Ludwig Erhard, oder auch Friede Birkner, Romanautorin von immenser Produktivität, zudem Tochter und Erbin der (1950 am Tegernsee verstorbenen) erfolgreichsten Schriftstellerin deutscher Zunge, Hedwig Courths-Mahler.

Diese Zusammenballung von Hochadel und sonstiger Prominenz weist deutlich auf die Nähe von Geldgiganten hin, ohne daß wir der Gesuchten schon ansichtig geworden wären. Dieses so edle und scheue Wild weiß sich nämlich äußerst geschickt zu verbergen!

Wie?

Nun, genau nach dem Vorbild des auch in mancher anderen Hinsicht für Geldgiganten beispielhaften Hochadels!

Wenn man im Telefonbuch von Tegernsee und Umgebung nach der Nummer des Privatanschlusses Seiner Königlichen Hoheit des Herzogs Luitpold in Bayern sucht, so wird man unter B wie Bayern ebenso vergeblich Ausschau halten wie unter W wie Wittelsbach, L wie Luitpold oder selbst H wie Herzog.

Erst wenn man sich dazu entschließt, unter S wie Schloß zu forschen, entdeckt man die Eintragung des Schlosses Ringberg, und dahinter ist dann sogar der erlauchte Name des Anschlußinhabers vermerkt.

Es ist ganz leicht! Man muß eben nur wissen, daß alles Sinnen und Trachten des Herzogs um seine Residenz hoch über dem Tegernsee kreist, deren bauliche Perfektion er seit nunmehr vier Jahrzehnten betreibt, und man wird gar nicht auf den Gedanken kommen, den Anschlußinhaber unter seinem Familiennamen zu suchen.

Beim verstorbenen Vetter des Ringberg-Schloßherrn, dem um vieles reicheren Herzog Ludwig Wilhelm in Bayern, war die Sache ein bißchen komplizierter. Zwar machte es keine

Schwierigkeiten, die richtige Telefonnummer zu finden, wenn man bei Seiner Königlichen Hoheit einen Kasten Flaschenbier bestellen oder ein Doppelzimmer mit Bad reservieren wollte.

Im ersten Falle suchte man natürlich auch nicht unter B wie Bayern (oder Bier), sondern unter H wie Herzoglich, wo man dann – im Bereich der Stadt Tegernsee – die Herzogliche Hauptverwaltung nebst Brauerei fand (und noch findet, auch die Ökonomie »Bauer in der Au« sowie die Forstverwaltung, wogegen die zahlreichen Gastwirtschaften, die dem Herzog gehören, unter ihrem Namen oder dem des Pächters aufgeführt sind; die kostbaren Seegrundstücke, auf denen der Herzog nicht einmal Spazierwege anzulegen gestattete, waren natürlich überhaupt nicht erwähnt).

Wegen einer Betten-Reservierung wandte man sich vertrauensvoll an das im Ortsverzeichnig der Gemeinde Kreuth gleich dreimal – unter K wie Kurhaus, S wie Sanatorium und W wie Wildbad – eingetragene herzoglich bayerische Kurhotel...

Wie aber war es, wenn man den stolzen Besitzer aller dieser und noch mancher anderer Unternehmen ganz privat anrufen wollte? Sollte man dann vielleicht unter A wie Allerhöchstderoselbst oder unter K wie Königliche Hoheit sein Glück versuchen?

Mitnichten! So einfach war die Sache nicht!

Nur wer wußte, daß die Kreuther Residenz des betagten Herzogs »Schanz« heißt, konnte unter S diesen Eintrag finden, der selbstverständlich durch keinerlei Zusatz verriet, wessen Ruhe man dort mit einem Anruf stören konnte...

Auch die nicht ganz so alt- und hocharistokratischen Namen der uns schon bekannten bundesdeutschen Geldgiganten mit ererbtem Reichtum sucht man, selbst wenn man weiß, daß sie irgendwo am Tegernsee Besitztümer haben, vergeblich in den Spalten des örtlichen Fernsprechverzeichnisses.

Wenn man beispielsweise den Reeder-, Brauerei- und Versicherungsfürsten, Wein- und Sektkellerei-Magnaten, Bankherrn und Nährmittel-Dynasten Rudolf August Oetker im Tegernseer Tal aufspüren will, so fahndet man besser gar nicht erst unter dem Buchstaben O!

Oetkers wertvolles Besitztum am Tegernsee ist – im Ortsnetz von Bad Wiessee – unter A wie Alpensanatorium zu finden (das, genau wie Brenner's Park-Hotel in Baden-Baden, zur Oetker-Gruppe gehört), er selbst höchstens bei der Familie seiner (dritten) Ehefrau Maja geborenen von Malaisé, die durch den Diplomingenieur Ferdinand von Malaisé, Besitzer eines schönen Anwesens in der Gemeinde Holz, zwischen Bad Wiessee und Gmund, würdig vertreten ist.

Kruppsche Latifundien im Tegernseer Tal entdeckt man im Fernsprechverzeichnis natürlich auch nicht unter K wie Krupp, sondern – im Ortsnetz Rottach-Egern – unter B wie von Bohlen und Halbach. Das Besitztum Gutenreuth, das man auf diese Weise dann findet, wurde jahrelang von Alfried Krupps erster Frau, Anneliese von Bohlen und Halbach geborenen Bahr, bewohnt, die sich von ihm scheiden lassen mußte, um ihm sein Erbe zu erhalten.

Der Sohn aus dieser kurzen Ehe, Arndt von Bohlen und Halbach, hat noch zu Lebzeiten seines 1967 verstorbenen Vaters auf die Firmen-Thronfolge verzichtet, um einer Neuordnung des illiquide gewordenen Krupp-Konzerns nicht im Wege zu stehen. Aber, wie das bei solchen Abdankungen zu sein pflegt, das gewaltige Privatvermögen der Familie Krupp ist dem jungen Arndt, Jahrgang 1938, in vollem Umfang erhalten geblieben. Es gehören ihm unter anderem: ein fürstliches Appartement in der Villa Hügel bei Essen, dem Stammsitz der Krupps; ein prinzliches Palais mit zweiundzwanzigtausend Quadratmetern Park, Orangen- und Zitronenhainen sowie einem Swimming-pool von den Ausmaßen des Münchener Nordbades in der marokkanischen Oasen-Metropole Marrakesch; eine elegante Privatwohnung in München-Schwabing mit einer kleinen, auf mehrere Millionen Mark Wert geschätzten Sammlung von Gemälden alter Meister, darunter Werke von Rubens und van Dyck; eine riesige Farm in Brasilien; die 22-Meter-Segeljacht »Germania VI«, die einst der Stolz seines Vaters war; eine neue, einunddreißig Meter lange Motorjacht, »Antinous II«, mit zwei 460-PS-Doppelschrauben-Motoren und fünf Mann Besatzung; sodann beträchtlicher, teils von Großmutter Bertha Krupp, teils vom Vater geerbter Haus-, Grund- und Aktienbesitz, darunter das Blühnbachtal im österreichischen Salzkammergut mitsamt den umliegenden Gebirgszügen, eine Besitzung von den Ausmaßen eines mittleren Fürstentums, zu der ein prächtiges Schloß mit 72 Gemächern, darunter vierzig Schlafzimmer, einige forstwirtschaftliche Betriebe, enorme Wildbestände, diverse Dorfgemeinden und ein eigenes Elektrizitätswerk gehören.

Auf das Schloß Blühnbach, das im neunten Jahrhundert von

den Salzburger Bischöfen erbaut wurde, später dem in Sarajevo ermordeten österreichischen Thronfolger, Erzherzog Franz Ferdinand, gehörte und im Ersten Weltkrieg aus habsburgischem in Krupp-Besitz überging, haben sich Arndt von Bohlen und Halbach und Frau Hetty geborene Prinzessin Auersperg zurückgezogen. Das Anwesen in Gutenreuth bei Rottach-Egern wurde kürzlich verkauft – gewiß nicht, weil der Krupp-Erbe in Geldnot geraten sein könnte, erhält er doch, allein als Abfindung für seinen Thronverzicht, jährlich zwei Millionen Mark, ganz zu schweigen von den Erträgen seines gewaltigen Privatvermögens...

Hat also das Haus Krupp bereits seinen Rückzug aus dem Tegernseer Tal angetreten, um sich künftig nur noch auf internationalem Parkett zu bewegen, so ist eine andere Schwerindustriellen-Familie dort erst vor kurzem ansässig geworden: Die Erbin von Fritz und Amélie Thyssen, ihre Tochter Anna, genannt Anita, geschiedene Gräfin Zichy zu Zich und Vásonykeö, wie sie mit vollem Namen heißt, ist zwar noch Argentinierin und besucht weiterhin alljährlich ihre in Südamerika ein recht anstrengendes Playboy-Dasein führenden Söhne, die Grafen Federico und Claudio de Zichy, aber sie selbst scheint ein Leben in der Bundesrepublik zu bevorzugen, wobei sie das niederbayerische Familienschloß Puchhof aufgegeben und ihre Residenz an den Tegernsee verlegt hat, genauer: in ein stattliches Landhaus an der Weißach bei Rottach-Egern.

Die Gräfin Anita de Zichy, wie sie sich nennt, hat dieses oberbayerische Refugium kürzlich sogar noch bedeutend erweitert – trotz des leichten Umsatzrückganges (um zweihundert Millionen Mark auf nur noch rund 6,5 Milliarden Mark) bei der von ihr beherrschten Thyssen-Gruppe, des mit nahezu zweihundertfünfzigtausend Beschäftigten drittgrößten Industriekonzerns der Bundesrepublik. Die Konzernherrin hat zu ihrem schönen Landhaus noch eine hochherrschaftliche Nachbarvilla mit repräsentativem Swimming-pool erworben, um dort ihr allzu zahlreich gewordenes Hauspersonal unterzubringen.

Übrigens, auch nach Gräfin Anita de Zichy fahndet man natürlich vergeblich; im Tegernseer Telefonbuch ist sie weder unter Z wie Zichy oder Zich noch unter V wie Vásonykeö verzeichnet, ja, nicht einmal unter T wie Thyssen!

Dagegen findet sich unter dem Buchstaben T eine »Thyssen Gesellschaft für Beteiligungen GmbH«, die sich den Luxus eines zwar äußerlich allenfalls als stattlich zu bezeichnenden, im

Inneren jedoch mit den kostbarsten Möbeln und Gemälden, darunter signierte Werke des berühmten Rokoko-Tischlers Röntgen und Bilder von Rubens, Fragonard, Ruisdael und van de Velde, ausgestatteten Gästehauses leistet. Dabei bleibt es der Phantasie des Betrachters (Finanzbehörden eingeschlossen) völlig überlassen, nun entweder zu glauben, die Gräfin Anita sei ein lieber und hochgeehrter Gast ihrer Unternehmensgruppe oder aber ganz einfach die geeignetste, weil vertrauenswürdigste und repräsentativste Gastgeberin, die der Thyssen-Konzern eventuellen Gästen aus dem In- und Ausland zu bieten hätte.

Auf jeden Fall wird das feudale Gästehaus an der Weißach nebst neu hinzugekaufter Dependance nur von der Konzernherrin selbst und ihrem umfangreichen Troß bewohnt, zu dem auch zahlreiche putzige Hunde gehören. Die gesamten Kosten hingegen sind – wenn auch wohl steuerlich absetzbar – von der Holdinggesellschaft der Thyssen-Gruppe zu tragen, ein Umstand, der der Gräfin Zichy, der eine gewisse Scheu vor unnützen Ausgaben nachgesagt wird, den Aufenthalt am Tegernsee gewiß noch verschönt...

Die Beispiele dafür, daß das Aufspüren von Geldgiganten im Tegernseer Tal beträchtliche Phantasie, gute Kombinationsgabe und ein unerhört gründliches Quellenstudium erfordert, lassen sich beliebig fortsetzen:

Wer vermutet zum Beispiel, daß sich hinter dem schlichten Eintrag »J. H. Benecke, Werinherstr. 6« im Fernsprechverzeichnis von Rottach-Egern ebenfalls eine Art »Gästehaus« verbirgt, noch dazu das eines sehr bedeutenden, altehrwürdigen Unternehmens, nämlich der Firma J. H. Benecke in Vinnhorst bei Hannover, die erst kürzlich ihr zweihundertfünfzigjähriges Bestehen feierte? J. H. Benecke – Chef: Otto Benecke, Jahrgang 1895 – erzielt mit nur fünfzehn Millionen Mark Gesellschaftskapital rund zweihundert Millionen Mark Jahresumsatz – vornehmlich mit dem Chemiefaser-Markenprodukt »Acella«...

Wer ahnt, daß es sich bei dem Teilnehmer »Franz Bscher, Fischhausen« im Ortsnetz Schliersee um den Mitinhaber der »Kölner Außenhandelsgesellschaft mbH & Co. KG«, vielfachen Aufsichtsrat und Ehemann von Ilse Bscher geborenen Pferdmenges handelt, die ihrerseits als Tochter des verstorbenen CDU-Bundestagsabgeordneten, Adenauer-Freundes und Bankiers Dr. h. c. Robert Pferdmenges eine sehr namhafte Kommanditbeteiligung an der mächtigen Kölner Privatbank Sal. Oppenheim jr. & Cie. besitzt...?

Wer kann annehmen, daß der Eintrag »Gutsverwaltung Schwärzenbach, Haus Nummer 1« im Ortsnetz Tegernsee zugleich den privaten Fernsprechanschluß des nicht sehr kontaktfreudigen Generalkonsuls (von Chile) außer Diensten und Dr. oec. publ. Carl Underberg kundtut und daß der Schwärzenbach-Gutsherr Underberg auch der Chef eines gleichnamigen, seit 1846 in Rheinberg am Niederrhein bestehenden Familienunternehmens ist, das – bei einem Jahresumsatz von rund hundertfünfzig Millionen Mark – zu den erfolgreichsten Magenbitter-Produzenten der Welt gehört...?

Was läßt darauf schließen, daß das unter dem Namen »Martha Monheim« im Ortsnetz Rottach-Egern eingetragene Anwesen einer Erbengemeinschaft gehört, die in einer ganz anderen Gegend, nämlich in Aachen, ein Familienunternehmen betreibt, das als Leonhard Monheim GmbH firmiert und mit den Marken »Lindt & Sprüngli«, »Mauxion« und vor allem »Trumpf« an der Spitze der bundesdeutschen Schokoladenhersteller steht und mehr als dreihundert Millionen Mark Jahresumsatz erzielt...?

Wer kommt auf den Gedanken, daß die gleichfalls im Fernsprechverzeichnis von Rottach-Egern aufgeführte Hausfrau Marianne Weber etwas mit der Wilhelm Bleyle oHG in Stuttgart – Jahresumsatz rund hundert Millionen Mark – zu tun haben könnte, selbst wenn man wissen sollte, daß die Tochter des Firmengründers Wilhelm Bleyle, der als erster konfektionierte Strickwaren auf den Markt brachte, den Möbelfabrikanten Weber geheiratet hat...?

Welcher Normalverbraucher – selbst wenn er die Frage: »Birkeln Sie auch?«, mit einem stolzen Ja beantworten kann – vermag an der Eintragung »Birkel, Karl Ch.« im Verzeichnis des Ortsnetzes Rottach-Egern zu erkennen, daß es sich dabei um den geschäftsführenden Gesellschafter der Birkel-Verwaltung GmbH in Endensbach/Württemberg, der Holding des 1874 gegründeten Eiernudel-Konzerns, handelt...?

Und was läßt vermuten, daß der Fernsprechteilnehmer »Ludwig Eckes« im Ortsnetz Tegernsee identisch ist mit dem gleichnamigen Fabrikanten, der in Nieder-Olm bei Mainz die altrenommierte Weinbrennerei Peter Eckes betreibt, zu deren Konzernreich die Fabrikationsstätten so beliebter Spirituosen wie »Eckes Edelkirsch« und vieler anderer Liköre, auch die von »Zinn 40«, »Hulstkamp«, »Mariacron«, vor allem aber des

Weiche-Welle-Weinbrands »Chantré« gehören – Frau Eckes ist eine geborene Chantré! –, außerdem die Herstellung alkoholfreier Getränke wie »Hohes C« und »Dr. Koch's Fruchtsäfte«, womit zusammen rund dreihundert Millionen Mark Jahresumsatz erzielt werden...?

Der Reichtum, der sich rund um den Tegernsee versammelt hat, ist nur äußerst selten an Ort und Stelle, meist nicht einmal in Bayern, erworben worden. Es finden sich zwar auch einige bajuwarische Multimillionäre im Telefonbuch: außer den bereits erwähnten Bayern-Herzögen, den Grafen Arco (denen neben beträchtlichem Grundbesitz auch die Schloßbrauerei Arco-Valley in Birnbach gehört) und der sehr begüterten Familie von Malaisé auch deren Verwandte, die – im Ortsnetz von Bad Wiessee verzeichneten – Damen und Herren von Maffei und von Miller, deren Väter nicht nur einigen repräsentativen Straßen der Münchner Innenstadt ihren Namen gegeben, sondern auch ihren Erben Millionenwerte an Haus-, Grund- und Aktienbesitz hinterlassen haben; ferner Angehörige der Familien von Falz-Fein und Henle, letztere vor allem bekannt durch den Umstand, daß Dr. Günter Henle als Schwiegersohn Peter Klöckners heute den gewaltigen Klöckner-Konzern regiert; die Aufsichtsratsvorsitzer der beiden größten bayerischen, auch viert- und fünftgrößten bundesdeutschen Banken, nämlich Max Geiger von der Bayerischen Hypotheken- und Wechsel-Bank, der außerdem den Vorsitz bei der Rosenthal Porzellan AG in Selb, bei der Ersten Kulmbacher Actien-Exportbier-Brauerei in Kulmbach sowie bei der Mechanischen Baumwoll-Spinnerei und Weberei Augsburg führt und in Bad Wiessee wohnt, und der in Tegernsee ansässige Dr. Ludwig Mellinger von der Bayerischen Vereinsbank, der zugleich Aufsichtsratsvorsitzer der Bayerischen Treuhand AG und des Bayerischen Werbefernsehens ist; sodann der Aufsichtsratsvorsitzer der Fichtel & Sachs AG in Schweinfurt, Ernst Falkenheim, der in Rottach-Egern lebt; und schließlich gibt es am Tegernsee auch noch Leute wie den Münchner Elektro-Krösus Josef Fröschl, den »Ralph-Modellkleider«-Fabrikanten Ralph Louisoder und den Nürnberger Kamera-Produzenten Carl Braun, dazu einige an Ort und Stelle tätige Millionäre wie den Rottacher Hotelier Karl Rauch (»Bachmair«) oder den (bereits erwähnten) Krebsarzt Dr. Issels.

Aber die allermeisten der kaum noch zählbaren, geschweige denn aufzählbaren Multimillionäre, die sich im Gebiet rund um den Tegernsee angesiedelt haben, brachten ihre gewaltigen Vermögen schon mit – sei es aus Westfalen, wie die Familie Schweisfurth, deren Fleischwaren- und Konservenfabriken unter den Markennamen »Herta«, »Dörffler« und »Artland« allein in der Bundesrepublik rund fünfhundert Millionen Mark Jahresumsatz erzielen, von gewichtigen Auslandsinteressen ganz zu schweigen, und die im Tegernseer Telefonbuch schlicht durch »Schweisfurth Erna« im Ortsnetz Rottach-Egern vertreten ist; sei es aus Basel, wie der schweizerische Brauerei-Großaktionär Dr. Dr. Emil Pauls, Präsident des Verwaltungsrates der »Cardinal«-Brauerei AG in Basel, der AG für Brauerei-Industrie in Glarus und stellvertretender Aufsichtsratsvorsitzer der Bavaria- und St. Pauli-Brauerei in Hamburg, der in der Gemeinde Holz – Ortsnetz Bad Wiessee – verzeichnet ist; sei es aus Reutlingen, wie die Trikotagen- und Strickwaren-Fabrikanten Heinzelmann, die mit einer »Heinzelmannschen Guts- und Forstverwaltung Grünhof« zu den Fernsprechteilnehmern des Ortsnetzes Tegernsee zählen, oder sei es aus dem Saargebiet wie die Röchlings – Familienjahresumsatz rund siebenhundert Millionen Mark –, die durch Frau Ruth Röchling in Rottach-Egern und die Erben von Heinz Röchling, den in Tegernsee kürzlich verstorbenen Beirat der Industrieverwaltung Röchling GmbH in Saarbrücken, repräsentiert werden...

Lassen wir es mit diesen paar Beispielen zunächst bewenden. Sie müßten eigentlich ausreichen, einigermaßen glaubhaft zu machen, daß es im Gebiet des Tegernseer Tals nicht eben wenige reiche Leute gibt und daß diese samt und sonders keinen besonderen Wert darauf legen, ihre Anwesenheit publik zu machen, ja, sich deshalb häufig sogar in die Anonymität flüchten.

Außerdem war zu bemerken, daß fast alle erwähnten Unternehmen, deren Erben sich rund um den Tegernsee mehr oder weniger fest angesiedelt haben, schon seit langem in Familienbesitz sind: J. H. Benecke wurde bereits 1715 gegründet, Sal. Oppenheim jr. & Cie. 1789, Fried. Krupp 1811, Underberg 1846, die Weinbrennerei Peter Eckes 1857, Thyssen 1867, Birkel 1874 und Gebr. Röchling 1875.

Auch die Leonhard Monheim GmbH, die Wilhelm Bleyle oHG sowie die meisten der übrigen genannten Firmen sind altrenommierte Unternehmen. Häufig sind sie schon seit mehreren Generationen im Besitz der Gründerfamilie.

Es ist also vornehmlich sehr alter Reichtum, auf den wir bisher gestoßen sind, und wenn die Vermögen der Aufgezählten auch, zusammengenommen, eine Summe von etlichen Milliarden Mark erreichen dürften, so muß uns doch auffallen, daß unter den vielen Tegernseer Multimillionären, die wir im Telefonbuch aufgespürt haben, nur einige wenige wirkliche Geldgiganten sind: der Alpensanatoriums-Besitzer Rudolf August Oetker, die Gästehaus-Benutzerin Anita Gräfin de Zichy-Thyssen und allenfalls noch der Erbe des Bayern-Herzogs Ludwig Wilhelm auf seiner Schanz...

Wird damit nun unsere eingangs aufgestellte These erschüttert, weil sie eine weit stärkere Ballung von Milliardären im Raum Tegernsee vermuten ließ? Dürfen wir die sehr beachtliche Multimillionärs-Dichte als ausreichenden Ersatz für das Fehlen weiterer Geldgiganten ansehen? Oder haben wir einfach noch nicht gründlich genug gesucht?

Die Antwort auf diese Fragen gibt überraschenderweise eine Reportage in einer Monatszeitschrift, deren Titel aus purer Höflichkeit verschwiegen sein soll, enthält der Bericht doch, neben rührenden Details aus dem, ach, so bescheidenen Leben reicher Kinder und vielen hübschen Bildern, auch einige absolut falsche Angaben, so daß eine Bloßstellung für Redaktion und Autorin vielleicht peinlich wäre.

Immerhin können wir der Reportage einiges entnehmen: Es soll sich bei den Helden der Geschichte um »die reichsten Kinder Deutschlands« handeln; ihr Vater, heißt es, ist »reicher als alle Väter Deutschlands«, und er besitzt, neben einer Bank in und Gütern bei München, auch ein schönes Landhaus am – Tegernsee...!

Wer mag dieser Geldgigant sein, der uns da bislang entgangen sein soll?

Haben wir beim Angeln am Tegernsee über lauter kleinen Fischen und einigen bemoosten Karpfen den gewaltigsten Hecht übersehen?

Nun, um es vorwegzunehmen (und gleichzeitig zu zeigen, wie mühsam es ist, wirkliche Geldgiganten aufzuspüren), der in der Zeitschrift mehrfach genannte Name des angeblich reichsten Mannes der Bundesrepublik ist zunächst einmal falsch – einen Geldgiganten des angegebenen Familiennamens gibt es überhaupt nicht! Und es findet sich leider im ganzen Artikel kein einziger Hinweis, daß man – aus Rücksicht auf den reichen Mann – den Namen nur ein wenig verändert habe.

Andererseits ist der beschriebene Krösus durchaus existent,

desgleichen seine Frau und seine Kinder, seine Bank, seine Güter und auch das Landhaus, das die Familie mitunter bewohnt. Die Fotos zeigen es deutlich, und es drängt sich somit der Verdacht auf, daß es den Geldgiganten zwar gibt, aber daß er anders heißt, ohne daß Autorin und Redaktion die vorgenommene Namensänderung für mitteilenswert gehalten haben.

Wer ist es aber nun wirklich, der von sich sagen kann, er sei »der reichste Mann Deutschlands«?

Und wie reich muß er sein, um eine so kühne Behauptung aufstellen zu können?

Die Reportage enthält einen Hinweis auf die Größe des Privatvermögens, ein bißchen verschlüsselt zwar, aber so leicht zu enträtseln, daß man sich fragt, was ein so durchsichtiger Schleier eigentlich soll. Es heißt da im Text:

»... allein sein Privatvermögen ist so groß, als hätte er die letzten sechzehn Jahre hindurch allwöchentlich einen Haupttreffer im Lotto erzielt...«

Nun beträgt der höchstmögliche Einzelgewinn beim bundesdeutschen Lotto fünfhunderttausend Mark. Allwöchentlicher Höchstgewinn ergibt sechsundzwanzig Millionen Mark im Jahr, in sechzehn Jahren also 416 Millionen Mark (wobei wir getrost annehmen können, daß die Verfasserin des Berichts an Zins und Zinseszins nicht gedacht hat...).

Rund vierhundert Millionen Mark – das ist gewiß ein stattlicher Reichtum, doch mit den Milliardenvermögen etlicher Geldgiganten, die wir bereits kennen, kann er sich nicht messen! Und auch der Zusatz, daß es sich dabei um »allein das Privatvermögen« handeln soll, vermag uns nun nicht mehr zu trösten. Denn Privatbankiers pflegen, zumal nur wenige Sparer bereit sind, ihr Geld einer GmbH anzuvertrauen, im allgemeinen mit ihrem gesamten Vermögen zu haften, so daß zwischen ihrem privaten und geschäftlichen Reichtum kein Unterschied besteht. Ist der Bankier aber nur Kommanditist einer Privatbank, so spielt seine Einlage gegenüber einem Privatvermögen von vierhundert Millionen Mark keine große Rolle, denn es handelt sich dann meist nur um einige hunderttausend, höchstens ein paar Millionen Mark...

Nachdem wir uns aber nun schon so intensiv mit diesem Bankier beschäftigt haben, wollen wir uns nicht einfach wieder enttäuscht von ihm abwenden, ohne nicht vorher noch einen wichtigen Punkt geprüft zu haben:

In dem Bericht ist nämlich mehrfach von »Gütern« die Rede,

die dem reichen Mann gehören und »in der Nähe von München« liegen sollen. Das bedeutet, daß es sich um möglicherweise sehr wertvollen Grundbesitz handelt, was wiederum an eine Möglichkeit denken läßt, die sowohl gestatten würde, das Privatvermögen mit nur rund vierhundert Millionen Mark anzugeben, gleichzeitig aber die Behauptung, man sei »der reichste Mann Deutschlands«, nicht allzu energisch abzuweisen! Der scheinbare Widerspruch wäre dann darauf zurückzuführen, daß man einmal an die sehr niedrigen steuerlichen Einheitswerte, zum anderen aber an die gewaltigen Verkehrswerte denkt, das heißt an die Preise, die man verlangen könnte, wenn jemand die Grundstücke, die man besitzt und so bescheiden versteuert, unbedingt kaufen möchte...

In einem solchen Falle könnte der vierhundertfache Millionär gleichzeitig ein mehrfacher Milliardär und damit einer der reichsten Männer im Lande sein – ersteres in aller Bescheidenheit für Finanzamt und neugierige Öffentlichkeit, letzteres, wenn es gilt, den eigenen wahren Status zu ermitteln, sei es zur Hebung des Selbstbewußtseins, sei es, daß man andere Geldgiganten beeindrucken will.

Lassen wir nun die theoretischen Erwägungen beiseite und wenden wir uns der Praxis zu: In München gibt es natürlich eine ganze Reihe sehr vermögender Privatbankiers, aber nur einen einzigen, der nach der Bedeutung seiner Bank und dem Umfang seines Grundbesitzes in Frage käme, und das ist August von Finck in Firma Merck, Finck & Co.

Das angesehene Bankhaus wurde 1870 als sogenannte Kommandite der Darmstädter Bank in München gegründet, und zwar unter dem Namen der beiden Teilhaber, »Merck, Christian & Co.«. Der ungenannte Kompagnon war die mächtige Darmstädter Bank. Die Seele des Geschäfts war indessen der Prokurist, der damals erst zweiundzwanzigjährige, aus dem hessischen Städtchen Vilbel stammende Bankkaufmann Wilhelm Finck.

Der junge Finck führte das neue Bankhaus sicher durch die kritischen »Gründerjahre«, in denen so viele andere ältere und reichere Institute ihre Schalter für immer schließen mußten. Er machte aus Merck, Christian & Co. binnen weniger Jahre eines der bedeutendsten Privatbankhäuser des Deutschen Reiches. Außerdem löste er nach und nach alle Beteiligungen der Gründer und Mitinhaber ab, auch die der Darmstädter Bank, wurde auf diese Weise Alleininhaber der Firma, die er in »Merck, Finck & Co.« umbenannte (obwohl es weder den Teilhaber Merck noch den Kompagnon mehr gab), und verwandelte 1897 die bisherige Kommandit- in eine offene Handelsgesellschaft, in der er allein mit seinem gesamten Privatvermögen haftete. In dieser Form besteht Merck, Finck & Co. noch heute.

Anzumerken wäre noch, daß Wilhelm von Finck – er wurde 1905 in den erblichen Adelsstand erhoben und in die Kammer der Reichsräte berufen – maßgeblich beteiligt war an der Gründung der Münchener Rückversicherung (1870) und an der Allianz Versicherung (1890). Bei beiden Gesellschaften führte er bis zu seinem Tode im Jahre 1924 den Vorsitz im Aufsichtsrat. Er nahm auch lebhaften Anteil am Ausbau und an der Finanzierung der bayerischen Wasserkraftwerke, gründete unter anderem die Isar-Werke, die erste Wasserkraft-Überlandzentrale Deutschlands, half auch bei vielen anderen industriellen Gründungen mit, beispielsweise bei der Maschinenfabrik Augsburg-Nürnberg, abgekürzt MAN, und war nebenbei auch noch ein passionierter Landwirt.

Dieses für einen Bankier seltene Interesse hatte verschiedene Gründe: Erstens war Wilhelm von Finck zwar der Sohn eines kleinstädtischen Kaufmanns, aber sein Vater, Wilhelm Finck senior (1810–1883), hatte ebenfalls nebenbei etwas Landwirtschaft betrieben und seinen Söhnen eingeprägt, daß es gut sei, wenn ein Kaufmann einen soliden und nahrhaften Rückhalt besäße; zweitens vertraute man damals der goldenen Regel, wonach ein Vermögen zu je einem Drittel in Aktien, festverzinslichen Werten und Grundstücken angelegt werden sollte; drittens gehörte es sich für einen sehr vermögenden und zudem geadelten bayerischen Bankier, mindestens ein repräsentatives Landgut zu besitzen, und viertens war Wilhelm von Finck ein sehr sparsamer Mann, der mit seiner Familie lieber auf einem eigenen Gut die Sommerferien verbrachte, als sein gutes Geld an Hoteliers zu verschwenden. Außerdem war für ihn die Landwirtschaft und besonders die Viehzucht ein ernsthaftes Hobby, eine willkommene und dazu gesunde Abwechslung, und das schönste an diesem Steckenpferd war natürlich, daß es wiederum nichts kostete, sondern, im Gegenteil, bei geschickter Handhabung auch noch einen hübschen zusätzlichen Gewinn abwarf...!

Über den Umfang des land- und forstwirtschaftlichen Besitzes des Bankiers Wilhelm von Finck enthalten die Archive einige, wenn auch lückenhafte Informationen:

Im Jahre 1893 erwarb er nach langen, zähen Verhandlungen das arg heruntergewirtschaftete Gut Unterbiberg, südöstlich von München. Diesem Kauf folgte bald der des Gutes Möschenfeld. Bis zur Jahrhundertwende kamen die dazwischen liegenden Güter Neubiberg, Ödenstockach, Solalinden, Keferlohe und Wolfersberg sowie das Wiesen- und Waldgut Epolding im Isartal hinzu.

Ferner erwarb Wilhelm von Finck – neben bedeutendem Haus- und Grundbesitz in München und anderen Städten – ein Haus am Kochelsee, die Besitzung Barmsee sowie die fortan als Jungviehweide benutzte Vereinsalpe bei Mittenwald.

Im Jahre 1924, beim Tode Wilhelm von Fincks, dehnte sich – so beschreibt es sein Biograph Werner Hoffmann – »der Hauptbesitz im Osten Münchens fast geschlossen auf die zwanzig Kilometer lange Strecke von Perlach bis Zorneding aus«.

Nimmt man eine Breite dieses Streifens von nur fünf Kilometern an, so ergäbe sich schon für den »Hauptbesitz« eine Fläche von hundert Quadratkilometern; sein heutiger Wert müßte auf viele hundert, wenn nicht gar weit über tausend Millionen Mark geschätzt werden, denn das »Millionendorf« München, Deutschlands »heimliche Hauptstadt«, ist längst an die von Finckschen Domänen herangewachsen...

Nachfolger und Erbe Wilhelm von Fincks wurde sein 1898 geborener Sohn August, der das Bankhaus Merck, Finck & Co., den ausgedehnten Grundbesitz, die Industriebeteiligungen und die Aufsichtsratsvorsitze des Vaters mit knapp sechsundzwanzig Jahren übernahm. Er führte das Finck-Imperium sicher durch die Weltwirtschaftskrise, das Dritte Reich, den Zweiten Weltkrieg und das Chaos der ersten Nachkriegszeit, er könnte heute, als Siebzigjähriger, stolz von sich behaupten, das gewaltige Erbe, das ihm der Vater hinterließ, nicht bloß intakt erhalten, sondern auch noch sehr beträchtlich vermehrt zu haben.

Indessen wäre eine solche Erklärung ganz und gar wider die Natur August von Fincks. Er ist von so außerordentlicher Zurückhaltung, zumindest in bezug auf Publizität, daß er lieber falsche, völlig aus der Luft gegriffene Behauptungen über sich verbreitet sieht, als daß er sich selbst dazu äußert. So sind wir denn, wenn wir den Umfang seines Reichtums auch nur einigermaßen abschätzen wollen, auf die wenigen Tatsachen angewiesen, die sich einfach nicht verheimlichen ließen:

Da ist zunächst das feste Fundament von Finckschen Wohlstandes, der ungeschmälerte und wahrscheinlich noch vermehrte, jedenfalls im Wert immens gestiegene land- und forstwirtschaftliche sowie städtische Grundbesitz, der im Telefonbuch von München und Oberbayern in der »von Finck'schen Hauptverwaltung« zusammengefaßt ist. (Außerdem findet man dort die »von Finck'schen Forstverwaltungen« Keferloh und Wolfersberg, die »von Finck'schen Gutsverwaltungen« Deigstetten, Epolding, Keferloh, Möschenfeld, Unterbiberg und Wolfersberg, die Forellenzuchtanstalt Aumühle, die »von Finck'sche Vereinsalpe« im Ortsnetz Mittenwald, die »von Finck'sche Gutsverwaltung Barmsee« im Ortsnetz Krün sowie zwei Anschlüsse »August von Finck« im Ortsnetz Kochel.)

Da ist weiter das Bankhaus Merck, Finck & Co. in München (und inzwischen auch in Frankfurt am Main), die neben C. G. Trinkaus in Düsseldorf und Sal. Oppenheim jr. & Cie. in Köln bedeutendste Privatbank der Bundesrepublik. Merck, Finck & Co. beherrscht außerdem die gleichfalls sehr einflußreiche Düsseldorfer Privatbank Waldthausen & Co., wo August von Finck wie auch sein 1927 geborener Sohn Wilhelm persönlich haftende Gesellschafter sind.

An der »Südboden«, der im Hypothekengeschäft sehr bedeutenden Süddeutschen Bodencreditbank, ist Merck, Finck & Co. mit über fünfundzwanzig Prozent beteiligt. Andere maßgebliche Bankbeteiligungen bestehen bei der DSK, der Deutschen Spar- und Kredit-Bank AG in München und bei Burkhardt & Co. in Essen.

Auf dem Getränkesektor ist die Familie von Finck zunächst mit drei eigenen Brennereien vertreten, sodann mit Beteiligungen an zwei Würzburger Sektkellereien, an der Brauerei Schrempp AG in Karlsruhe und als Großaktionär der Würzburger Hofbräu AG.

Die zweifellos interessanteste Brauerei-Beteiligung besteht aber beim Münchener »Löwenbräu«, wo August von Finck Aufsichtsrats-Vorsitzer ist.

Sodann hat Merck, Finck & Co. auf dem Energiesektor eine dominierende Stellung im süddeutschen Raum. Den Fincks gehören knapp achtunddreißig Prozent der Isarwerke GmbH, an der auch der »Allianz«-Konzern mit sieben Prozent und die Rheinisch-Westfälischen Elektrizitätswerke (RWE) mit fünfundzwanzig Prozent beteiligt sind. Und die vom Großaktionär August von Finck beherrschten Isar-Werke halten ihrerseits mehr als drei Viertel der Anteile der Isar-Amper-Werke AG, deren Stromabgabe sich in den letzten Jahren auf nahezu zwei Milliarden Kilowattstunden gesteigert hat und die auch an der »Gesellschaft für die Entwicklung der Atomkraft in Bayern mbH« beteiligt ist.

Erheblich weniger übersichtlich sind die Interessen von Merck, Finck & Co. auf dem Versicherungssektor. Jahrzehntelang waren die Herren von Finck die einzigen Großaktionäre der von Wilhelm von Finck mitgegründeten »Münchener Rück«-Versicherung wie auch der »Allianz«-Gruppe. An diesen beiden Säulen des mit einer kombinierten Bilanzsumme von über zehn, einem Lebensversicherungsbestand von weit über zwanzig Milliarden Mark und mit mehr als zwanzigtausend Beschäftigten führenden deutschen Versicherungskonzerns war August von Finck auch nach der Währungsreform noch mit je etwa sechs Prozent beteiligt. Dann trübte sich das bis dahin so herzliche Einvernehmen zwischen dem Großaktionär und den Versicherungsvorständen, und das ging so weit, daß sich die »Allianz«-Direktoren 1955 strikt weigerten, neuerworbene Namensaktien August von Fincks auf diesen umzuschreiben, weil in den massiven Käufen des Bankiers – er hatte in aller Stille seinen Anteil mehr als verdreifacht! – nach Ansicht der »Allianz«-Vorstände »die Gefahr erblickt werden müßte, daß die größte deutsche Versicherungsgesellschaft unter den beherrschenden Einfluß einer einzelnen Persönlichkeit, August von Fincks, geraten könnte«.

Alle Welt rechnete mit einem Prozeß, doch in letzter Minute einigten sich die Gegner: August von Finck gab seine neu hinzuerworbenen »Allianz«- und »Münchner Rück«-Aktien an ein den Versicherungsgesellschaften fernstehendes Konsortium ab, das die Anteile weiterverkaufen sollte. Die »Allianz« tröstete den Sohn ihres Mitgründers und langjährigen Aufsichtsratsvorsitzers, indem sie ihm ein sehr wertvolles Aktienpaket aus ihrem Portefeuille überließ: die Sperrminorität von etwas über fünfundzwanzig Prozent der Anteile an der »Stahlwerke Südwestfalen AG«.

Wie hoch heute die Beteiligung August von Fincks an der »Allianz«-Gruppe und an der »Münchner Rück« noch ist, läßt sich nicht mehr genau feststellen. Es kann sein, daß er bloß noch minimal beteiligt ist; es ist aber auch durchaus möglich, daß er längst wieder die unfreiwillig veräußerten Aktien aufgekauft hat. Jedenfalls ist er nicht mehr im Aufsichtsrat der beiden Gesellschaften, wohl aber Vorsitzer des Aufsichtsrats sowohl der

»Deutscher Lloyd Versicherungs-AG« wie der »Deutscher Lloyd Lebensversicherungs-AG«, beide in München, an denen die »Münchner Rück« maßgeblich beteiligt ist...

Auf dem schwerindustriellen Sektor war das Paket »Stahlwerke Südwestfalen«, das August von Finck von der »Allianz« als Trostpflaster erhielt, keineswegs die erste Erwerbung. Dem Bankhaus Merck, Finck & Co., genauer: seiner »Agricola« Verwaltungsgesellschaft, gehörte bereits (und gehört noch heute) rund ein Drittel der »Edelstahlwerk Witten AG«.

Damit hat sich die Familie von Finck zwei besonders rosinenreiche Stücke des ansonsten schon recht trocken gewordenen Ruhr-Kuchens gesichert, und der Wert dieser beiden Industriebeteiligungen muß allein auf über hundert Millionen Mark veranschlagt werden.

Alles in allem kann August von Finck, der übrigens auch noch, neben zahlreichen sonstigen Beteiligungen, Großaktionär der »Gesellschaft für Markt- und Kühlhallen, Hamburg-Altona«, der »Kühltransit AG« und der »Kühlhaus Köln GmbH« ist, ohne Zweifel zu den Geldgiganten gezählt werden. Mit dem riesigen Familienbesitz an wertvollen Gebäuden, großstadtnahem Grund und Boden, ausgedehnten Wäldern und Almen, seiner bedeutenden Viehzucht sowie den enormen Elektrizitäts-, Brauerei-, Versicherungs-, Schwerindustrie- und Bankbeteiligungen, vor allem aber mit der Stammfirma Merck, Finck & Co. selbst, sind er und seine Söhne, Wilhelm und August junior, längst mehrfache Milliardäre. Aber ob August von Finck deshalb bereits als »der reichste Mann Deutschlands« bezeichnet werden kann...?

(Er selbst meinte, sehr vorsichtig danach befragt, ein wenig bekümmert: »Was soll ich dazu sagen? Ich kann es nicht ändern, wenn jemand das glaubt!«

Bei dieser etwas dunklen Antwort blieb es, und dabei betrachtete der reiche Mann mit traurig gesenkten Mundwinkeln das schöne Bild von Lovis Corinth, das – gegenüber einem Nolde – sein bescheidenes Kontor ziert. August von Finck, in Münchens Bankwelt oft bestaunt als der einzige City-Magnat, der mit einem gewöhnlichen, selbstgesteuerten Volkswagen täglich die Strecke zwischen seinem Landsitz Möschenfeld und dem Bankhaus im Hause Pacellistraße 4 zurücklegt, hält sich selbst für einen – zumindest für die Öffentlichkeit – »völlig uninteressanten Mann« ...)

Noch eine andere Frage ist offengeblieben: Können wir nun die Familie von Finck den Tegernseer Geldgiganten zurechnen oder nicht?

August von Finck selbst danach zu fragen, bot sich keine Gelegenheit. Ein älterer Bankangestellter, um Auskunft über Tegernseer »Realitäten« der Familie von Finck gebeten, erinnerte sich nur an die Eisenbahn, »die wohl uns gehört«. (Tatsächlich befinden sich die Aktien der »Tegernsee-Bahn AG«, die laut Fahrplan »gemeinsam mit der Deutschen Bundesbahn« den Verkehr auf der Strecke Tegernsee–München, außerdem den Kraftverkehr Tegernsee, betreibt, zu mehr als der Hälfte im Besitz von Merck, Finck & Co.!) Und die Verfasserin der Reportage über den »reichsten Mann Deutschlands«, die in ihrem Artikel dessen Landhaus am Tegernsee ausdrücklich hervorgehoben hatte, mußte zerknirscht bekennen, von besagter Finck-Villa nur vom Hörensagen zu wissen.

Nun, sie und auch wir können beruhigt sein: Es gibt wirklich ein schönes altes Landhaus am Leeberg über dem Tegernsee, das samt ausgedehntem Grundstück zum von Finckschen Besitz gehört. Allerdings benutzt die Familie lieber ihr Ferienhaus in Kochel und stellt das Leeberg-Haus verdienten Bankangestellten als Erholungsstätte zur Verfügung. Infolgedessen finden wir den von Finckschen Besitz am Tegernsee auch nicht unter dem Buchstaben F wie von Finck im Verzeichnis des Ortsnetzes Tegernsee, sondern unter M wie Merck, Finck & Co. . . .

Etwa zur selben Zeit, da ich den von Finckschen Besitz am Tegernsee endlich lokalisieren konnte, hatte ich Gelegenheit, mit einem sehr erfahrenen Bankier die Frage zu erörtern, wie reich August von Finck nun wirklich sei; ob man ihn zu den Geldgiganten rechnen dürfe, und ob er, wenn schon nicht der Allerreichste, so doch einer der reichsten Männer der Bundesrepublik sei.

»Wissen Sie, das ist eine Bewertungsfrage«, meinte mein Gesprächspartner sehr bedächtig. »Wenn Sie beispielsweise für den ohne Zweifel sehr großen Grundbesitz des Herrn von Finck die tatsächlichen Verkehrswerte zugrunde legen, kommen Sie zu einer Milliardensumme und damit zu dem Ergebnis, daß er unerhört reich und vielleicht der Reichste im Lande ist. Aber Grundbesitz haben und über die Summe, die er wert ist, verfügen zu können, ist zweierlei. Ich könnte mir denken, daß es selbst Herrn von Finck sehr schwerfallen würde, plötzlich eine große Summe, sagen wir: hundert Millionen Mark, flüssig machen zu müssen . . .«

Sehr nachdenklich ging ich von diesem Gespräch nach Hause, doch schon am nächsten Morgen wurden die Zweifel, die der Experte in mir geweckt hatte, auf überraschende Weise behoben. Im Wirtschaftsteil der Morgenzeitung fand ich eine kurze Notiz, die besagte, daß August von Finck soeben die über dreißigprozentige Beteiligung seines Hauses an der »Stahlwerke Südwestfalen AG« um weitere 52,5 Prozent erhöht habe und nunmehr 85 bis 90 Prozent des Grundkapitals halte. Als Kaufpreis für das hinzuerworbene Paket habe er 115 Millionen Mark bezahlt...

Wer ist der Reichste im ganzen Land?

Im Deutschen reimt sich Geld auf Welt:
es ist kaum möglich, daß es
einen vernünftigeren Reim gebe.
Ich biete allen Sprachen Trotz.
Georg Chr. Lichtenberg

Die »Stahlwerke Südwestfalen AG« in Geisweid bei Siegen, im Zuge der Entflechtung, sowohl der Vereinigten Stahlwerke wie der Klöckner-Werke, im Herbst 1951 selbständig geworden, haben seitdem – bei einem Aktienkapital von nur vierzig Millionen Mark – weit über vierhundert Millionen Mark investieren und dennoch, Jahr für Jahr, stattliche Dividenden ausschütten können.

Für ihre Aktionäre einen tüchtigen Gewinn zu erwirtschaften, war – diesen Eindruck vermittelt jedenfalls der Geschäftsbericht von »Südwestfalen« – seit eh und je der besondere Stolz der rund dreizehntausend fleißigen Stahlwerker von Geisweid.

Sie wußten auch stets, für wen sie eigentlich arbeiteten, denn ehe August von Finck mit einem Schlage seinen Anteil am Aktienkapital auf etwa neunzig Prozent erhöhen konnte, gehörte mehr als die Hälfte, genau 52,5 Prozent, einem einzigen Manne, einem Siegerländer noch dazu, der ganz in der Nähe von Geisweid geboren und aufgewachsen war, ja, der sogar bei den »Stahlwerken Südwestfalen« seine Lehrzeit absolviert und auch später dort gearbeitet hatte – wenn auch nicht gerade als Stahlwerker...

Die Werke hießen zwar damals noch anders, aber das tut wenig zur Sache. Es dürfte in Geisweid und Umgebung ohnehin kaum noch jemand leben, der sich an die Lehrzeit des späteren »Südwestfalen«-Mehrheitsaktionärs erinnern kann, endete sie doch bereits vor der Jahrhundertwende!

Damit ist schon angedeutet, daß der Mann, der an August von Finck mehr als die Hälfte der »Südwestfalen«-Aktien verkaufte und dafür 115 Millionen Mark kassierte, recht betagt sein muß, und tatsächlich feierte er wenige Wochen nach dieser für beide Teile sehr zufriedenstellenden Transaktion seinen fünfundachtzigsten Geburtstag.

(Man sieht deutlich: Handel hält jung, zumal der mit Aktien, denn die beiden Geschäftspartner, der fünfundachtzigjährige Siegerländer und der siebzigjährige Münchener, wären vielleicht längst schon im Altersheim und zu hartem Feilschen gar nicht mehr fähig, hätten sie ihr Leben lang als Stahlwerker gearbeitet, anstatt mit Rechenstift, Zinstabelle und Kuponschere...)

Der noch so rüstige alte Herr, der sich so ohne jede Sentimentalität von einem Werk trennte, von dem aus er einst seinen steilen Aufstieg begonnen hatte, verkaufte seine Aktien übrigens nicht aus Not. Ja, man kann ohne Übertreibung sagen, daß es in ganz Europa kaum noch einen anderen Menschen gibt, bei dem man Geldmangel als Verkaufsmotiv mit solcher Sicherheit ausschließen kann wie gerade bei ihm!

In seinem langen Leben hat er schon viele Werke erworben und wieder verkauft, hat Konzerne entstehen lassen und wieder zertrümmert, hat mal auf Hausse, mal auf Baisse spekuliert. Es waren dabei gewiß die unterschiedlichsten Beweggründe im Spiel, aber niemals Geldknappheit oder gar -mangel!

Denn der noch so fleißige alte Herr ist unermeßlich reich, und das schon seit etwa einem halben Jahrhundert! Er hat sein riesiges Vermögen aber keineswegs geerbt, auch nicht erheiratet. Er hat vielmehr seinen Aufstieg aus eigener Kraft vollzogen, mit keinem anderen Anfangskapital als wachem Verstand, Mangel an entbehrlichen Skrupeln und einer tüchtigen Portion Ehrgeiz.

Er hat sich selbst emporgearbeitet – vom Bauernjungen aus dem Siegerland zum Finanzmagnaten von internationalem Format, und der Inhalt seiner Sparbüchse ist im Laufe seines Lebens von wenigen Mark auf den Umfang des Budgets mittlerer Staaten angeschwollen!

Sein Name ist Friedrich Flick.

Der heutige Großindustrielle Senator Dr.-Ing. E. h. Dr. rer. pol. h. c. Friedrich Flick kam als Sohn eines Landwirts und Grubenholzhändlers in Kreuztal-Ferndorf bei Siegen zur Welt – am 10. Juli 1883.

Damals regierte im Deutschen Reich noch der Großvater des letzten Kaisers, Wilhelm I. Dessen Reichskanzler, Fürst Otto von Bismarck, schickte sich gerade an, in Afrika und Asien Kolonien zu erwerben. Die Engländer hatten kurz zuvor Ägypten erobert und kämpften im Sudan mit dem Mahdi. Die Franzosen waren just dabei, von der Hauptstadt Huë aus ein Protektorat über Annam, den Kern des heutigen Vietnam, zu errichten. Und in Deutschland baute Gottfried Daimler zu dieser Zeit den ersten schnell laufenden Verbrennungsmotor, eine technische

Leistung, von der das neugeborene Holzhändlerkind später beträchtlich profitieren sollte... Doch davon wurde »Flickens Fritz«, wie er genannt wurde, weder etwas an der Wiege gesungen, noch rechneten sich die Eltern für ihn bessere Chancen aus als allenfalls die Weiterführung des väterlichen Geschäfts. Immerhin durfte der Junge nach vier Jahren Volksschulunterricht die Realschule in Siegen besuchen – bis zum sogenannten »Einjährigen«.

Das war bereits ein beträchtlicher sozialer Aufstieg, der Fritzens Vater nicht vergönnt gewesen war. Denn nun brauchte der Junge später nicht zwei Jahre Wehrdienst abzuleisten wie die Söhne der Arbeiter, Häusler, Handwerker und kleinen Beamten, sondern konnte als privilegierter »Einjährig-Freiwilliger« dienen, sich eine ihm zusagende Garnison selbst aussuchen und es sogar in zwölf Monaten bis zum Unteroffizier bringen.

Da die Einjährigen sich selbst beköstigen mußten, wählte sich »Flickens Fritz« einen Truppenteil mit Standort in Kassel, denn dort wohnte der Bruder seiner Mutter, der Gastwirt Kaletsch, und bei ihm gedachte sich der Neffe während der ganzen Militärzeit unentgeltlich beköstigen zu lassen. Es war eine sehr weise Wahl, die der angehende Infanterist traf, und sie wirkte sich sehr segensreich aus, zunächst für ihn selbst, später für den kleinen Vetter des immer hungrigen Einjährigen, den um fünfzehn Jahre jüngeren Kasseler Gastwirtsohn Konrad Kaletsch. Der durfte nämlich, als er die Schule hinter sich hatte, auf Friedrich Flicks Kosten Volkswirtschaft studieren, wurde der Assistent, später der Geschäftsführer, Generalbevollmächtigte und engste Vertraute seines inzwischen steinreich gewordenen Kusins und ist heute dessen Mitgesellschafter.

Doch damit greifen wir der Entwicklung schon weit voraus, denn zunächst war Kaletschs Vetter Fritz ja noch keineswegs reich, wenn auch – dank der Bratkartoffeln und Koteletts, die die freundlichen Kasseler Verwandten ihm hatten zukommen lassen – wohlgenährt. Er war so arm, daß es für ihn einen schweren Schicksalsschlag bedeutete (den er bis heute nicht vergessen, wenn auch wohl einigermaßen verwunden hat), als ihm am letzten Tage seiner Militärzeit die erst ein Jahr alte Ausgehhose aus dem Spind entwendet wurde, ein Kleidungsstück, das er im Zivilleben noch viele Jahre lang zu tragen geplant hatte...

Machen wir nun einen Sprung in das Jahr 1906, das für Deutschland teils im Zeichen der Algeciras-Konferenz stand, teils beherrscht war von Meldungen über Aufstände der Hereros und Hottentotten gegen die deutsche Kolonialherrschaft. In diesem Jahr bestand der dreiundzwanzigjährige Friedrich Flick an der Kölner Handelshochschule die Prüfung als Diplomkaufmann »mit Auszeichnung«.

Das Studium hatte er sich recht mühsam selbst finanziert, indem er Nachhilfeunterricht erteilte, wohl auch gelegentlich für den Wirtschaftsteil der angesehenen ›Kölnischen Zeitung‹ kleine Artikel verfaßte. Es waren hungrige Jahre gewesen, aber, so nahm er sich nun fest vor, jetzt sollte das große Verdienen beginnen!

Tatsächlich finden wir den jungen Herrn Diplomkaufmann Friedrich Flick schon kurze Zeit später als wohlbestallten Prokuristen der Bremer Hütte in Geisweid wieder, einem mittleren Unternehmen, bei dem er, ehe er sich zum Studium in Köln entschloß, eine kaufmännische Lehre durchgemacht hatte.

Und weitere sechs Jahre nach diesem hoffnungsvollen Start, am 1. Mai 1913, wechselte Herr Prokurist Flick von der Bremer Hütte zur »Eisenindustrie zu Menden und Schwerte AG« über, wo er Direktor und Mitglied des Vorstands wurde. Knapp dreißig Jahre alt, arriviert und, dank seiner immensen Sparsamkeit, nicht mehr ganz unbemittelt, sehr energisch, über ein Meter achtzig groß und durchaus der Typ des »stattlichen Mannes« der Wilhelminischen Epoche, konnte er nun auch unter den Töchtern des Landes seine Wahl treffen. Im selben Frühjahr 1913 – auf dem Balkan stritten sich die gerade erst von der Türkenherrschaft befreiten Völker um die Beute – vermählte sich Herr Direktor Friedrich Flick mit der Siegener Ratsherrntochter Marie Schuß, einer jungen Dame aus gutbürgerlichem Hause, die zudem die stattliche Summe von dreißigtausend Mark als Mitgift in die Ehe einbrachte.

Fünfzehn Monate später, im August 1914, brach der Erste Weltkrieg aus, doch der junge Ehemann brauchte natürlich nicht einzurücken – schließlich war er ja Direktor eines für die Rüstung wichtigen Betriebes! Unentbehrliche Fachkräfte, noch dazu in Spitzenpositionen, mußten sich damit abfinden, daß sie an ihrem Platz zu bleiben hatten... Allerdings – ganz unentbehrlich war der Direktor Flick dann wohl doch nicht, denn schon ein Jahr nach Kriegsausbruch mußte die »Eisenindustrie zu Menden und Schwerte AG« auf ihn, ihren besten Mann, verzichten, zwar nicht, weil die Armee ihn holte, sondern weil ihm die Konkurrenz ein besseres Angebot gemacht hatte.

So wechselte Friedrich Flick 1915 in den Vorstand der Charlottenhütte in Niederschelden über, und weitere zwei Jahre später, 1917, wurde er der alleinvertretungsberechtigte Generaldirektor dieses Siegerländer Unternehmens.

Es wäre indessen verfehlt, nun zu glauben, daß während des »Stahlgewitters« der Jahre 1914 bis 1918 an der Heimatfront nicht gekämpft worden wäre! Im Gegenteil – auch und gerade im Siegerland entbrannte damals ein heftiger Stellungskrieg, nur ging es dabei nicht etwa um die Höhe 185 in der Champagne, ein MG-Nest vor Verdun oder ein Dorf in Galizien, sondern um gutes Geld, um verbesserte Positionen, von denen aus »in großer Zeit« noch höhere Gewinne einzuheimsen waren, und um die Oberhand im erbitterten Ringen mit Konkurrenten.

Bei dieser Art von Strategie und Taktik erwies sich der junge, erst vierunddreißigjährige Generaldirektor Flick als ein äußerst geschickter, listenreicher und geschmeidiger, wenn's sein mußte auch brutal zupackender Heerführer, der aber, bei aller Sorge um das Wohl seiner Truppen, sein eigenes Interesse keinen Augenblick lang vergaß!

Da war zunächst die Charlottenhütte, seine Hauptstreitmacht. Sie hatte in der Rüstungs-Hochkonjunktur der letzten Vorkriegsjahre, erst recht natürlich seit 1914, sehr fette Gewinne machen können, und sie verdiente noch mehr, seitdem der tüchtige Generaldirektor Flick das Kommando führte. Der verstand nämlich nicht nur, jede unnütze Ausgabe zu verhindern, überflüssige Arbeitskräfte einzusparen und die Belegschaft zu immer größeren Leistungen anzuspornen; er war auch technisch versiert, revolutionierte beispielsweise die Verhüttung durch die Einführung von Stahlspänen und verstand sich aufs Rationalisieren wie kaum ein zweiter!

Was aber tun mit dem vielen Geld, das man so verdiente? Sollte man es einfach, im Vertrauen auf den Endsieg, auf die hohe Kante legen? Sollte man, für eine verdiente Million nach der anderen, Kriegsanleihe zeichnen?

Nun, Generaldirektor Friedrich Flick fand, daß es bessere Verwendungsmöglichkeiten geben müßte. Gewiß, ein Großteil des Gewinns sollte in Kriegsanleihen angelegt werden – das war nicht nur eine patriotische Pflicht, sondern auch steuersparend . . .

Das Vertrauen in den Endsieg durfte aber auch nicht in

völlige Sorglosigkeit ausarten. Was sollte werden, wenn die Feinde siegten und das Reich samt seiner Währung zerstört würde? Da konnte nur die Flucht in die Sachwerte helfen, am besten, in wertbeständige, bald vielleicht knappe Rohstoffe...!

Als Folge dieser Überlegung begann die Charlottenhütte Unmengen Schrott zusammenzukaufen und einzulagern. Doch selbst die massivste Hortung konnte nicht alle überschüssigen Gewinne aufzehren. Es blieb eine Manövriermasse übrig, mit der der emsige Generaldirektor nun an die Erweiterung seiner Basis denken konnte.

Er begann damit, andere Betriebe aufzukaufen und sie seiner Charlottenhütte anzugliedern. Als erstes übernahm er ein Hochofenwerk in seinem Heimatort Kreuztal, das zum »Köln-Müsener Bergwerkaktien-Verein« gehört hatte, dann die »Gesellschaft Luise«, mit der er die Erzbasis seiner Hütte erheblich verbreiterte. Weitere Neuerwerbungen waren: das Eichener Walzwerk, je ein Feinblech-Walzwerk in Siegen und Weidenau sowie die Waggonfabrik der »Siegener Eisenbahnbedarf AG«.

Gleichzeitig sammelte er Verbündete unter den Siegerländer Fabrikanten und Hüttenleuten, übte sich in psychologischer Kriegführung und verbreitete am Biertisch wie bei jeder anderen sich bietenden Gelegenheit seine Propaganda-Thesen. Sie lauteten:

»Wir an der Sieg werden von den Ruhr-Industriellen schamlos ausgebeutet! Weil wir keine eigenen Zechen haben und von der Ruhrkohle abhängig sind, unterliegen wir dem Preisdiktat der Herren Thyssen, Klöckner und Konsorten! Wir müssen uns zusammenschließen, uns eine eigene gemeinsame Kohlenbasis schaffen und vereint der Ruhr die Stirn bieten!«

Es verstand sich von selbst, daß ein solcher Zusammenschluß nur unter Führung der inzwischen recht mächtig gewordenen Charlottenhütte und ihres jungen Generaldirektors Flick Aussicht auf Erfolg hatte, wobei noch anzumerken ist, daß dieser Generaldirektor inzwischen auch Hauptaktionär des ihm anvertrauten Unternehmens geworden war.

In aller Stille hatte Friedrich Flick seine eigenen Ersparnisse, die Mitgift seiner Frau sowie die reichlichen Tantiemen, die ihm in diesen Jahren der Hochkonjunktur zugeflossen waren, zum Ankauf von Aktien der Charlottenhütte benutzt. (Später bemerkte er dazu: »Ein so großes Kunststück war das gar nicht, denn die Charlottenhütte besaß nur fünf Millionen Mark Aktienkapital...«)

Wohlgemerkt, die Mehrheit konnte er sich damals noch nicht verschaffen, aber das war auch nicht nötig: Schon mit einem Paket von nur fünfzehn bis zwanzig Prozent der Charlottenhütte-Anteile hatte er den entscheidenden Einfluß auf das Unternehmen, da alle übrigen Anteile in Streubesitz waren. Und von dieser Machtposition des Generaldirektors und Hauptaktionärs aus konnte er sein Ziel ansteuern:

Er wollte die Charlottenhütte zu einem stabilen Konzern ausbauen, sich dann, im Bündnis mit der übrigen Siegerländer Industrie (die auf diese Weise zwar nicht mehr von der Ruhr, dafür aber von ihm abhängig werden würde), eine eigene Kohlenbasis schaffen und so zum König des Siegerlandes aufsteigen, dessen gesamte, sehr zersplitterte Industrie er unter seinem Zepter zu vereinen und gründlich zu rationalisieren gedachte...

Der Sieg schien schon zum Greifen nahe. Generaldirektor Flick kaufte bereits heimlich Aktien der Ruhrkohlenzeche »Königsborn« – natürlich nicht mit eigenem Geld, sondern aus den Gewinnen seiner Charlottenhütte! –; er hatte auch schon ein hübsches Paket von Aktien der Geisweider Eisenwerke zusammen, mit deren Kontrolle er seinen Charlottenhütte-Konzern abzurunden gedachte, da schlug der Feind zurück!

Friedrich Flick hatte die Ruhr-Magnaten unterschätzt. Sie waren auf der Hut und wußten es zu verhindern, daß ihnen ein junger Außenseiter die Gewinne schmälerte. August Thyssen, Peter Klöckner und Otto Wolff begannen nun ihrerseits, Aktien der Charlottenhütte aufzukaufen mit dem klaren Ziel, sich die Majorität zu verschaffen und den Generaldirektor Flick abzusetzen...!

Und während Deutschlands Jugend auf den Schlachtfeldern Europas einer vielfachen Übermacht heldenhaften Widerstand leistete und langsam verblutete, entbrannte nun auch zwischen dem Ruhrrevier und dem Siegerland ein Kampf auf Leben und Tod.

Gerade noch rechtzeitig erkannte der ehrgeizige Generaldirektor Flick die tödliche Umklammerung, die ihm drohte, und das Einsickern feindlichen Kapitals in sein eigenes Hauptquartier. Eilig schickte er Parlamentäre aus und bot Waffenstillstand an. Und in zähen Verhandlungen erreichte er schließlich den Abzug des Gegners:

Gegen das Versprechen, keinen neuen Versuch mehr zu machen, die Industrie des Siegerlandes zu einigen und ihr eine eigene Kohlenbasis zu schaffen, überließen ihm die Ruhrkönige gnädig ihr schon recht stattliches Paket von Aktien der Charlottenhütte im Tausch gegen die von Flick erworbenen Anteile an den Eisenwerken Geisweid...

Damit war der erste kühne Feldzugsplan des Konzernstrategen Friedrich Flick zwar gescheitert, aber er konnte dennoch zufrieden sein. Seine Charlottenhütte ging aus dem für Deutschland verlorenen Ersten Weltkrieg unvergleichlich viel stärker hervor, als sie zu Anfang gewesen war. Dank seiner Vorsorge besaß das Unternehmen bei Kriegsende gewaltige Vorräte an wertbeständigem Schrott. Auch hatte Flick gerade noch rechtzeitig, nämlich achtundvierzig Stunden vor Waffenstillstand, die gesamte von der Charlottenhütte gezeichnete Kriegsanleihe zu verhältnismäßig günstigem Kurs abgestoßen und den Erlös – bare 17 Millionen Mark – sogleich in Aktien oberschlesischer Bergwerksgesellschaften angelegt. Und schließlich hatte sich die Charlottenhütte durch die Aufkäufe benachbarter Unternehmen während des Krieges zu einer beachtlichen Gruppe entwickelt, einem kleinen Konzern, an dem der Generaldirektor Flick seit dem Arrangement mit den Ruhr-Gewaltigen nicht mehr bloß fünfzehn oder zwanzig, sondern über fünfzig Prozent des Aktienkapitals sein eigen nennen durfte! Er konnte also für sich persönlich mit dem Verlauf und Ausgang des Krieges sehr zufrieden sein.

Auch in den folgenden Jahren der beginnenden Inflation und schließlichen totalen Geldentwertung stand Friedrich Flick wacker seinen Mann. In einer industriefrommen Zeitschrift wurde sein damaliges Wirken rückblickend wie folgt umschrieben:

»Mit ihrem wissenschaftlichen Lehrgut wird die Kölner Handelshochschule zu Flicks Bundesgenossen, als die alte Normalität umschlägt in die Konfusion der Inflations- und Nachkriegsjahre. Bloße Praxis und Routine finden sich nicht mehr im Wandel der Werte zurecht. An der Sieg rechnet alle Welt weiter in Mark = Mark. Flick sieht die Ware und die Werte selber. Er bemerkt den Währungsverfall und richtet sich danach. Die alte siegerländische Generation blickte damals nach innen, tiefer oft als je zuvor; sie kann sich von gewohnten Bahnen nicht trennen und versteift sich aufs Beharren zu den Gesetzen und Regeln von einst. Flick lernt um und hinzu. Hinter den Gesetzen und Regeln, die in Verfall geraten sind, spürt er neue

Gesetze und Spielregeln: Vom Leben selber in Vormerk genommen, und dem Verwegenen zu eigenem Fortkommen angeboten ...«

Etwas einfacher ausgedrückt: Friedrich Flick machte es nicht wie die breite Masse des Volkes, nicht wie die biederen mittelständischen Bürger, die an Recht und Gesetz glaubten und dadurch ihre gesamten Ersparnisse verloren; Flick machte es wie seine bisherigen Gegner an der Ruhr, wie Peter Klöckner, Otto Wolff und vor allem Hugo Stinnes, die jede Mark, die ihnen zur Verfügung stand oder die sie sich von den Banken borgen konnten, sofort in Sachwerte umsetzten; die ihre Kredite mit inzwischen wertlos gewordenem Geld tilgten, aber ihre kostbare, heißbegehrte und staatlich subventionierte Ware – Kohle, Schrott, Roheisen, Halbzeug oder Stahl – nur noch herausrückten, wenn ihnen dafür Wertbeständiges geboten wurde, ja, die am liebsten nur noch Aktien in Zahlung nahmen!

Die Transaktionen zu schildern, mit denen in jenen wilden Inflationsjahren große Unternehmen für ein Butterbrot aufgekauft, Konzerne zerschlagen und in neuer Form zusammengebastelt wurden, würde Bände füllen. Begnügen wir uns mit dem Wesentlichen, soweit es Friedrich Flick betrifft: Kurz vor Ausbruch des Ersten Weltkrieges noch ein junger, mittelloser Angestellter, war er im November 1918, als die Reste des geschlagenen Heeres aus dem Felde zurückkehrten, schon vielfacher Millionär und Generaldirektor einer ansehnlichen Unternehmensgruppe, am Ende der Inflation aber bereits ein Industriemagnat mit einem Vermögen von mehreren hundert Millionen Mark (neuer Währung!) und weitgestreutem Konzernbesitz.

Außerdem war er 1924 gerade einundvierzig Jahre alt, Vater erst eines, damals siebenjährigen Sohnes und noch längst nicht auf dem Höhepunkt seiner Karriere.

Um die Jahreswende 1925/26 gerät die deutsche Stahlindustrie in eine schwere Absatzkrise, die sie dazu zwingt, sich in Notgemeinschaften zusammenzuschließen. Am 7. Mai 1926 wird als erster und größter dieser Konzerne die »Vereinigte Stahlwerke AG« – kurz »Stahlverein« genannt – in Düsseldorf gegründet, zunächst als Zusammenschluß von Thyssen, Phoenix, Rheinstahl und der von Stinnes beherrschten Rhein-Elbe-Union, an der Flick sich inzwischen als Großaktionär beteiligt hat. Am 1. Juli 1926 schließt sich Friedrich Flick auch mit den produktiven Anlagen der Charlottenhütte dem »Stahlverein« an – nur widerwillig, »der Not gehorchend, nicht dem eignen Triebe«, denn er fürchtet, seine Bewegungsfreiheit zu verlieren. Vorsichtshalber behält er die »Charlottenhütte AG«, wenn auch als reine Holdinggesellschaft. Für die Charlottenhütte-Unternehmen, die er in die Vereinigten Stahlwerke einbringt, erhält er zwanzig Prozent der »Stahlverein«-Aktien.

Was bedeutet das?

Nun, das heißt, daß zu diesem Zeitpunkt der mächtige »Stahlverein«, der rund vierzig Prozent der gesamten Stahlerzeugung des Reiches und rund ein Drittel der deutschen Kohlenförderung beherrschte, zu genau einem Fünftel Herrn Friedrich Flick gehörte.

Das war schon erstaunlich, aber noch weit erstaunlicher war die weitere Entwicklung, denn nur dreieinhalb Jahre später, mitten in der großen Weltwirtschaftskrise, als alle den Gürtel enger und immer enger schnallen und Millionen Arbeitslose »stempeln gehen« mußten, gehörte Friedrich Flick plötzlich die Mehrheit der »Stahlverein«-Aktien, und er beherrschte damit den Mammutkonzern, ohne daß er noch einen Pfennig draufgezahlt hätte ...!

Wie war das möglich gewesen?

Das lag im wesentlichen an der Konstruktion des »Stahlvereins« und an der Unaufmerksamkeit von Flicks Partnern, denn die Sache war so einfach, daß jeder von ihnen hätte daraufkommen können:

Das bedeutendste Mitglied des neuen »Stahlvereins« war die »Gelsenkirchener Bergwerks-AG«, im Börsenjargon kurz »Gelsenberg« genannt. Dieses Unternehmen bildete die Hauptkohlenbasis des »Stahlvereins«, und infolgedessen waren ihm einundfünfzig Prozent vom Aktienkapital des gewaltigen Montankonzerns zugesprochen worden. Die »Stahlvereins«-Aktienmehrheit lag also bei »Gelsenberg«, und wer die Majorität vom »Gelsenberg«-Kapital besaß, beherrschte damit auch die Vereinigten Stahlwerke.

Friedrich Flick begann nun, die im Besitz seiner (richtiger: der von ihm durch den Besitz der Aktienmehrheit beherrschten) Charlottenhütte AG befindlichen »Stahlverein«-Aktien nach und nach abzustoßen und dafür jeweils »Gelsenberg«-Anteile zu erwerben. Mit zwanzig Prozent vom Kapital des »Stahlvereins« brachte er mühelos etwas mehr als die Hälfte aller »Gelsenberg«-Aktien und damit die Kontrolle über die Mehrheit des »Stahlverein«-Kapitals in den Besitz der »Charlottenhütte AG« und damit in seine Hand!

Es war geradezu ein Musterbeispiel dafür, daß man mit verhältnismäßig kleinem Kapital, nämlich mit etwas mehr als der Hälfte des bescheidenen Grundkapitals der »Charlottenhütte«, die Majorität in einem erheblich besser ausgestatteten Unternehmen wie »Gelsenberg« und damit die Kontrolle über ein Mammutunternehmen wie den »Stahlverein« gewinnen konnte, das seinerseits eine beherrschende Position im Wirtschaftsleben einer großen Industrienation einnahm, da es vierzig Prozent der gesamten Stahlerzeugung des Landes und rund ein Drittel seiner Steinkohlenförderung zusammenfaßte.

Wir sind mit dieser Feststellung indessen erst am Ende der zweiten Phase des großen Coups, den Friedrich Flick in jenen Jahren der Weltwirtschaftskrise und Massenarbeitslosigkeit landen konnte. Die dritte Phase und damit die eigentliche Pointe stehen noch aus:

Im November 1931 begannen an den deutschen Aktienbörsen Gerüchte zu kursieren. Es hieß, die Franzosen, die man gerade erst mühsam von Rhein und Ruhr abgedrängt hatte, machten Anstalten, die bittere Not und den Tiefstand der Aktienkurse auszunutzen, um mit einem Schlage die beherrschende Stellung in der deutschen Industrie fest in ihre Hand zu bringen!

Es hieß weiter, der *Crédit Lyonnais*, das größte Bankinstitut Frankreichs, plane unter Einschaltung des Berliner Bankhauses Mendelssohn den Aufkauf von »Gelsenberg«, eines Unternehmens, dessen Aktien zu jener Zeit schon zu einem Kurs von nur noch zwanzig Prozent vom Nennwert zu haben waren!

Wenn aber »Gelsenberg« an den »welschen Erbfeind« fiele, so ginge damit auch die Kontrolle über den »Stahlverein«, den größten und wichtigsten Montan-Konzern des Reiches, endgültig an die französische Konkurrenz verloren, und »Paris sowie die mit Frankreich verbündete jüdische Hochfinanz« würden, so warnte man damals in sogenannten »nationalen Kreisen«, hohnlachend triumphieren...

Die Schreckensnachricht verbreitete sich wie ein Lauffeuer, und es nützte wenig, daß der *Crédit Lyonnais* die Behauptung, er interessiere sich für »Gelsenberg« und verhandele bereits heimlich mit Monsieur Flick, als »frei erfunden« dementierte. Man kannte ja die »Perfidie der Franzosen«, wußte ja aus der »nationalen Presse«, daß sie »Deutschland knebeln und versklaven« wollten! Da kam es ihnen auf eine Lüge gewiß nicht an ...!

Einige Wochen später erhielt das Gerücht neue Nahrung: Nun wurde geflüstert, ein Amsterdamer Bankier verhandele im Auftrage Friedrich Flicks mit den Franzosen. Der angesehene Siegerländer Industrielle sträube sich zwar noch mit Händen und Füßen gegen den Verkauf von »Gelsenberg« an den »Erbfeind«, aber es wäre wohl nur noch eine Frage der Zeit, wie lange der arg bedrängte Herr Flick der entsetzlichen Versuchung widerstehen könnte. Schließlich sei auch er nur ein Mensch; seine Kassenlage dürfte ebenso betrüblich sein wie die der anderen Stahlindustriellen, und die Angebote der Franzosen würden immer verlockender. Man munkelte, Paris habe schon den fünffachen Kurswert für die »Gelsenberg«-Majorität geboten ...!

(Es bedarf kaum der Erwähnung, daß an all diesen Gerüchten, die da kursierten, kein wahres Wort war – ausgenommen, daß Friedrich Flick zu dieser Zeit möglicherweise wirklich nicht sehr gut bei Kasse war ... Die Stahlflaute machte ihm natürlich auch zu schaffen, und außerdem war er damals auch etwas verschuldet, nicht nur bei deutschen Banken und einigen ausländischen Gläubigern, sondern auch bei seiner eigenen Gesellschaft, der »Gelsenberg«, was die Kühnheit seiner Transaktionen noch erstaunlicher macht ...)

Das Gerücht tat jedenfalls seine Wirkung. Die ohnehin mit ungeheueren Schwierigkeiten kämpfende Reichsregierung sah eine neue Gefahr heraufziehen: den Ausverkauf der Ruhr an die Franzosen mit allen außen- und innenpolitischen Folgen, die sich daraus ergeben konnten. Das Kabinett beschloß, den »Gelsenberg«-Verkauf an Frankreich auf jeden Fall zu verhindern!

Der Reichsfinanzminister und Vizekanzler Dr. Hermann Dietrich wurde beauftragt, an Herrn Flick heranzutreten und ihm seinerseits ein Angebot zu machen. Zwar hatte das Reich Schulden über Schulden, mußte die Renten und Beamtengehälter kürzen, wußte kaum, wie es seine dringendsten Verpflichtungen erfüllen sollte und sah sich einem wachsenden Heer von Arbeitslosen gegenüber. Aber die Verführung des Herrn Flick durch den Bösen von jenseits des Rheins, der nach dem »Stahlverein« lechzte, mußte um jeden Preis verhindert werden ...!

Um jeden Preis – das war für die Reichsregierung um so bitterer, als ihre Kassen leer waren, während die Franzosen dem um seine vaterländische Tugend verzweifelt kämpfenden Herrn Flick ja offenbar einen Ankauf zu hundert Prozent angeboten hatten, obwohl selbst die deutschen Börsen das in Frage stehende Kleinod nur mit zwanzig Prozent zu bewerten vermochten...

Nun, Friedrich Flick widerstand der schrecklichen Versuchung, »Gelsenberg« und damit die Kontrolle über den »Stahlverein« zum Fünffachen des Kurswertes an die Franzosen zu verkaufen. Seine Standhaftigkeit fiel ihm um so leichter, als einerseits das französische Angebot ja nur in der durch die zirkulierenden Gerüchte überhitzten Phantasie deutscher Patrioten bestand, andererseits die besorgte Reichsregierung ihm eine beinahe ebenso verlockende, zudem reale Offerte machte: 81 Prozent oder mehr als das Vierfache des damaligen Börsenwertes...!

So verkaufte Friedrich Flick denn seine »Gelsenberg«-Majorität an das arme Reich, und vielleicht erhofft er sich dafür sogar noch öffentliches Lob. Hatte er nicht – sozusagen fürs Vaterland – ein großes Opfer gebracht, indem er auf neunzehn Prozent (erdachten) Mehrerlös freiwillig verzichtete, nur damit die Kontrolle über das Herzstück der Ruhr-Industrie in deutscher Hand bliebe...?

Doch wie es manchmal so ist, wenn man – imaginäre oder wirkliche – Opfer bringt: Er erntete, außer rund neunzig Millionen Mark vom Reich, nichts als Undank!

Die Presse warf ihm vor, er selbst habe das Gerücht vom französischen Kaufinteresse erfunden und ausgestreut; die Gewerkschaften organisierten Protestdemonstrationen; im Reichstag wurde ein Untersuchungsausschuß eingesetzt, dessen Beauftragte in Flicks Büro eindrangen und alle Unterlagen einzusehen begehrten, und ein damals wie später durchaus nicht im Verdacht sozialistischer Neigungen stehender Publizist forderte sogar in einer der hohen Reichswehr-Generalität nahestehenden Zeitschrift Flicks entschädigungslose Enteignung:

»Die einzig mögliche Antwort«, schrieb er empört, »wäre gewesen, daß die Reichsregierung den Schachtelkonzern Charlottenhütte-Gelsenberg-Phoenix-AG für Bergbau Vereinigte Stahlwerke umgehend verstaatlicht hätte. Flick und die anderen Aktionäre hätten allenfalls eine langfristige Abfindung durch Staatsobligationen auf der Basis des Börsenkurses erhalten können, der bei ›Gelsenberg‹ im Februar um zwanzig Prozent lag. Darüber hinaus hätte der vorliegende Tatbestand Anlaß genug geboten, Herrn Flick als Schädiger der Interessen des Deutschen Reiches zu enteignen...«

Der Publizist, der mit diesen Worten seiner Entrüstung

Ausdruck gab, hieß Professor Friedrich Zimmermann. Unter dem Pseudonym »Ferdinand Fried« ist er, damals in der ›Tat‹, nach dem Zweiten Weltkrieg viele Jahre lang in der ›Welt‹, jeweils unter der Chefredaktion seines Freundes Hans Zehrer als wirtschaftspolitischer Leitartikler hervorgetreten.

Ein Vierteljahrhundert später hat Friedrich Flick zu den Vorwürfen, zu denen er damals eisern schwieg, erstmals Stellung genommen. Er ließ erklären, er habe 1930 schweigen müssen, weil dies von der Reichsregierung von ihm verlangt worden wäre. Nicht er sei in finanziellen Schwierigkeiten gewesen, sondern der »Stahlverein«. »Fest steht auch, daß das Haus Flick niemals das angeblich vorhandene französische Interesse der Reichsregierung gegenüber als Anreiz oder gar als Druckmittel benutzt hat.«

Lassen wir es dahingestellt, ob der »Stahlverein« oder Flick dringend Geld brauchte. Auf jeden Fall verkaufte Friedrich Flick die »Gelsenberg«-Mehrheit an das Reich zu einem gegenüber der Börsennotierung immens überhöhten Kurs und verhielt sich den dann einsetzenden massiven Angriffen gegenüber streng nach der alten Devise: Der Kavalier genießt und schweigt...

Immerhin trat 1932, nachdem er vom Reich neunzig Millionen Mark kassiert hatte, bei Friedrich Flick ein gewisser Wandel ein: War er bis dahin ein Spekulant *par excellence* gewesen, so begann er nun eine Sehnsucht zu stillen, die allen Börsenjobbern gemeinsam zu sein scheint: Selbst einen Konzern bauen und dessen kühner Führer werden!

Die Voraussetzungen waren bereits gegeben: Als Flick sich von seiner »Gelsenberg«-Majorität trennte, zog er sich damit nur aus einer seiner Schlüsselstellungen zurück. Er hatte nämlich nicht bloß auf den »Stahlverein« gesetzt, sondern sich auch in Mittel- und Ostdeutschland an den Zusammenschlüssen der Montanindustrie maßgeblich beteiligt. So gehörte ihm beispielsweise die Mehrheit bei der Mitteldeutschen Stahlwerke AG, die in Sachsen die alten Lauchhammer-Werke, in Brandenburg das größte deutsche Grobwalzwerk und in der Nähe von Berlin das gewaltige Stahlwerk Henningsdorf betrieb.

Flick besaß außerdem, über seine Holding, die »Charlottenhütte AG«, eine starke Mehrheit bei der »Maxhütte«-Gruppe, zu der, außer der eigentlichen Maximilianshütte bei Sulzbach-

Rosenberg in der Oberpfalz, auch Stahlwerke in Waidhof und Unterwellenborn gehörten.

Und schließlich hatte er, neben einigen wichtigen Beteiligungen an der oberschlesischen Montanindustrie, auch ein stattliches Paket »Rheinbraun«-Aktien und war damit Hauptaktionär der Rheinischen AG für Braunkohlenbergbau und Brikettfabrikation.

Der kleinere Teil seines »Rheinbraun«-Aktienpakets war schon längere Zeit im Portefeuille der »Charlottenhütte«; den größeren Rest hatte Flick von »Gelsenberg« übernommen, ehe er seine dortige Mehrheit an das Reich so teuer verkaufte. Den Kaufpreis hatte er sich von »Gelsenberg« kreditieren lassen, und das erklärt auch, wie es kam, daß er dort so hoch verschuldet war.

Man könnte nun meinen, Flick hätte sich für die rheinische Braunkohle stark interessiert, doch in Wirklichkeit lechzte er nur nach einem Aktienpaket, das der »Rheinbraun« gehörte und ihr einen maßgeblichen Einfluß auf eine der größten Steinkohlenzechengesellschaften, die Harpener Bergbau AG, sicherte. Sein Vorschlag an den »Rheinbraun«-Vorstand, ihm das »Harpener«-Aktienpaket im Tausch gegen seine eigenen »Rheinbraun«-Anteile zu überlassen, stieß indessen auf kühle Ablehnung.

So suchte Friedrich Flick sich notgedrungen einen anderen Partner, der ihm zum Ziel verhelfen sollte: Die Rheinisch-Westfälischen Elektrizitätswerke, RWE, gierten danach, endlich eine eigene, noch stark entwicklungsfähige Braunkohlenbasis zu besitzen. Dem RWE gehörten zwar schon Anteile am »Rheinbraun«-Kapital, aber an der Mehrheit fehlte noch viel. Also bot Flick dem RWE sein ganzes »Rheinbraun«-Paket an, sogar gratis, wenn auch gegen das Versprechen, ihm dafür später, sobald »Rheinbraun« vom RWE beherrscht wäre, die Majorität bei der Harpener Bergbau AG zu überlassen.

Und so geschah es. Das RWE wurde (und ist noch heute) dank Friedrich Flick alleiniger Großaktionär von »Rheinbraun«, ohne daß RWE dafür eigene Mittel in Anspruch nehmen mußte. Flick bekam die Mehrheit bei der Harpener Bergbau AG, ebenfalls ohne in die Tasche greifen zu müssen, ja, wie wir uns erinnern sollten, im Grunde nur mit einem Kredit, den er sich sozusagen selbst bei »Gelsenberg« eingeräumt hatte, um die dort liegenden »Rheinbraun«-Anteile übernehmen zu können, ehe »Gelsenberg« zu stark überhöhtem Preis an das Reich verkauft wurde...

Das Nachsehen bei dieser Transaktion hatten, neben den Steuerzahlern, die Herren vom »Rheinbraun«-Vorstand. Sie, die sich im Interesse ihres Unternehmens geweigert hatten, mit Flick das Geschäft zu machen, mußten nun ihre Posten an RWE-Vertrauensleute abgeben.

Mit dem Erwerb einer maßgeblichen Beteiligung an einer der größten Steinkohlenzechengesellschaften des Ruhrgebiets war Friedrich Flick seinem alten Ziel nahe, seinen Stahlwerken eine eigene, von den Königen des Reviers unabhängige Kohlenbasis zu verschaffen. Jetzt fehlte ihm nur noch die Mehrheit bei »Harpen« und an dieser Mehrheit noch genau 4,2 Prozent des Aktienkapitals.

Wie bekommt man bei einer Gesellschaft mit neunzig Millionen Mark Kapital die einem gerade noch an der Majorität fehlenden 4,2 Prozent in die Hand, ohne Aktien im Nennwert von fast vier Millionen Mark kaufen zu müssen?

Friedrich Flick fand einen Ausweg: Die Harpener Bergbau AG, zu deren Aufsichtsratsvorsitzer er sich wählen ließ, wandelte bald darauf ein Drittel ihres Aktienkapitals in langfristige, festverzinsliche Schuldverschreibungen um – wie es hieß »im Interesse der Aktionäre«, damit diesen wenigstens eine feste Mindestrente sicher wäre, sowie im Hinblick auf den zu erwartenden Umsatzrückgang, der es tunlich erscheinen ließe, das Gesellschaftskapital »auf ein für die Zukunft angemessenes Verhältnis zum Umsatz zurückzuführen«. Das war natürlich nur Zweckpessimismus, denn die gerade stürmisch einsetzende Rüstungskonjunktur – man schrieb das Jahr 1935, und Hitler bereitete schon den Krieg vor! – ließ keinen Umsatzrückgang befürchten. Im Gegenteil, es wurde mehr Kohle gebraucht denn je! Aber für Friedrich Flick war es natürlich billiger, sich die Mehrheit eines stark herabgesetzten Kapitals zu verschaffen.

Wenige Monate später hatte er die Majorität zusammen und übertrug sein Aktienpaket an seine »Maxhütte«-Gruppe, die damit das ersehnte Privileg der Hütten-Zeche in Anspruch nehmen konnte, das heißt, endlich eine eigene billige Kohlenbasis im Ruhrgebiet bekam ...

Zwei Jahre später, 1937, stand Friedrich Flick nahezu im Zenit seiner Vorkriegsmacht:

Von seiner Konzernspitze aus, der just in diesem Jahre gegründeten Personalgesellschaft Friedrich Flick KG, befehligte er, ohne nun noch Konzern-Bilanzen veröffentlichen zu müssen, fast neunzigtausend Beschäftigte. Seine beiden Gruppen, »Mittelstahl« und »Maxhütte«, rangierten bereits – hinter den Vereinigten Stahlwerken und Fried. Krupp – an dritter Stelle unter den Rohstahlproduzenten des Reiches. Aber: Wozu die Familie Krupp vier Generationen gebraucht hatte, das war dem Holzhändlersohn aus dem Siegerland in zwei Jahrzehnten gelungen!

Nun hieß es für Friedrich Flick, das rasch gewachsene Industrie-Imperium, das er sich an der Börse zusammengekauft hatte, noch ein wenig abrunden, ausbauen, rationalisieren, modernisieren und vor allem festigen, und dazu bedurfte es, wenn nicht der Hilfe, so doch zumindest des Wohlwollens der neuen Machthaber, die im Deutschen Reich seit 1933 ihre braune Diktatur mit wachsender Brutalität ausübten.

Friedrich Flick, dessen Sympathien in den Jahren der Weimarer Republik vorwiegend der gemäßigten Rechten, der nationalliberalen Deutschen Volkspartei und den Deutschnationalen des früheren Krupp-Generaldirektors Alfred Hugenberg, gegolten hatten, stand bei den führenden Nationalsozialisten zunächst keineswegs hoch in Gunst.

Gewiß, Flick hatte 1932 rund fünfzigtausend Mark an örtliche Gliederungen der Nazi-Partei verteilen lassen – aber, was waren solche läppischen Beträge für einen Industriemagnaten, der mit -zig Millionen Mark zu spekulieren gewohnt war? Was bedeuteten fünfzigtausend Mark im Vergleich zu der runden Million, die beispielsweise Fritz Thyssen für den Aufbau von SA und SS ausgegeben hatte? Außerdem war bekannt, daß Flick zu guter Letzt noch den (bei den Nazis verhaßten) Reichskanzler General von Schleicher, den Vorgänger Hitlers, den dieser dann 1934 bei der ersten großen »Säuberungsaktion« ermorden ließ, mit beträchtlich größeren Summen unterstützt hatte.

Und schließlich war Friedrich Flick nicht der Typ des Wirtschaftsführers, der dem Ideal des Dritten Reiches entsprach: Er war kein Hüter eines in Generationen gewachsenen Erbes wie etwa Gustav Krupp von Bohlen und Halbach, kein Träger eines klangvollen, traditionsreichen Namens, sondern ein Emporkömmling, der sein Glück vornehmlich mit Börsengeschäften gemacht hatte, ein »Herrenmensch« zwar, aber einer, aus dessen Munde die Phrase »Gemeinnutz geht vor Eigennutz« damals besonders wenig glaubhaft klang.

Friedrich Flick hatte also – vom Standpunkt der braunen Machthaber aus – noch einiges auszugleichen und gutzumachen, und er muß das wohl auch selbst eingesehen haben, denn er beeilte sich, Versäumtes nachzuholen. 1936 trat er – nicht gerade freudig, zumal im Hinblick auf die damit verbundenen Ausgaben – dem exklusiven »Freundeskreis des Reichsführers SS Heinrich Himmler« bei, pflegte dort die Beziehungen zur SS-Prominenz und nahm mit schöner Regelmäßigkeit an allen Veranstaltungen teil, ob es nun eine Feier zum Jahrestag des Marsches auf die Feldherrnhalle war, die Besichtigung eines Konzentrationslagers oder eine Fahrt im Salonzug »Heinrich« durch die jeweils neu eroberten Gebiete. Und alljährlich zum »Julfest« gestattete er sich – notgedrungen –, dem von Jahr zu Jahr mächtiger werdenden »Reichsheini« Himmler für dessen private Liebhabereien eine kleine Spende von hunderttausend Mark zu überweisen. Solche Beziehungspflege trug ihre Früchte:

In den Jahren 1938/39 durfte sich Friedrich Flick an der »Arisierung« beteiligen: Aus dem Besitz der Familie Hahn konnte er beispielsweise knapp vierzig Prozent der Hochofenwerke Lübeck AG – heute Metallhüttenwerke Lübeck GmbH – erwerben, dieses Paket zur Mehrheit aufrunden und dadurch auch die Berliner Erzhandlung Rawack & Grünfeld AG unter seine Kontrolle bringen.

Aus dem Besitz des Julius-Petschek-Konzerns brachte Friedrich Flick – übrigens gegen Direktzahlung von 6,5 Millionen Dollar an die aus Prag nach Amerika emigrierten jüdischen Inhaber – die Anhaltschen Kohlenwerke, später auch noch die in der Niederlausitz gelegenen Braunkohlengruben, an sich. Damit konnte er die letzte Lücke in der Brennstoffbasis seiner Hüttenwerke schließen: Von nun an bezog die »Maxhütte« vornehmlich Harpener Kohle; Henningsdorf und Brandenburg wurden von der Niederlausitz aus versorgt, und Unterwellenborn und die übrigen sächsisch-thüringischen Stahlwerke erhielten Braunkohle aus den Gruben der Anhaltischen Kohlenwerke.

Das war ein großer Fortschritt, doch es gab auch Rückschläge, so beispielsweise als Hermann Göring kurzerhand ein Drittel der Zechen der Harpener Bergbau AG für seine »Reichswerke« requirierte und dafür Flick mit »arisierter« schlesischer Braunkohle mageren Ersatz leistete.

Aber im großen und ganzen war die Zeit des Dritten Reiches für Friedrich Flick und seinen Konzern eine glanzvolle Periode ganz großen und ungestörten Geldverdienens.

Nach dem Kriege, im Nürnberger Kriegsverbrecherprozeß,

erklärte Friedrich Flick zwar: »Sollte von 1933 bis 1945 ein Vermögenszuwachs eingetreten sein, so wäre er selbst dann eingetreten, wenn ich während dieser Jahre nur spazierengegangen wäre!«

Aber das war nur eine – damals zeitgemäße – stark übertriebene Bescheidenheit...

Trotz allem dürfen wir Friedrich Flick getrost glauben, daß er kein wirklicher »Nazi« war – dazu war er viel zu gescheit!

Schon während der ersten Kriegsjahre, mitten im großen Siegen und Geldverdienen, traf er Vorsorge – nicht für die Zeit nach dem Endsieg, an den er nicht glaubte, sondern für den Fall der totalen Niederlage, die er für durchaus wahrscheinlich hielt.

Über Hermann Josef Abs, damals Chef der Auslandsabteilung der Deutschen Bank, ließ er die in Amerika im Exil lebenden Mitglieder der Familie Petschek wissen, daß er bereit sei, über den Preis der »arisierten« mitteldeutschen Braunkohlengruben gegebenenfalls neu zu verhandeln. Die Spenden-Belege aus den Jahren der Weimarer Republik, mit denen er Zuwendungen in Höhe von etwa 1,5 Millionen Mark an mehr oder weniger hitlerfeindliche Parteien beweisen konnte, legte er sich für alle Fälle in seinen Privat-Safe. Und nach dem 20. Juli 1944 nahm Friedrich Flick sogar einen der Verschwörer gegen Hitler vorübergehend bei sich auf...

Wie die meisten Geldgiganten, so unterhielt Friedrich Flick (und unterhält natürlich auch noch heute) einen eigenen Nachrichtendienst. Wie gut dieser Dienst selbst im Dritten Reich funktionierte, zeigte sich 1943, als einer seiner Agenten dem Konzernherrn eine Deutschland-Karte vorlegen konnte, auf der bereits die vier Besatzungszonen eingezeichnet waren, in die die Alliierten das besiegte Reich aufzuteilen gedachten. Aufgrund dieser Information bestimmte Flick schon mehr als ein Jahr vor Kriegsende je einen Bevollmächtigten für die künftige britische, amerikanische, französische und sowjetische Zone, außerdem zwei sprachenkundige Vertrauensleute, die in der Reichshauptstadt bleiben sollten. Der eine dieser beiden Berlin-Delegierten war Konrad Kaletsch, Flicks Vetter aus Kassel; der andere war ein junger, damals noch unbekannter Eisen- und Stahlfachmann namens Willy Schlieker, der später als Hamburger Reeder und Werftbesitzer Schiffbruch erlitt.

Zugleich mit diesen konzernpolitischen Vorkehrungen ordnete Friedrich Flick auch seine Vermögensverhältnisse in einer Form, die deutlich erkennen läßt, daß er sich schon damals von einem Sieg der Alliierten für seine eigene Person nichts Gutes erhoffte:

Von den 37,5 Millionen Mark Nominalkapital seiner Holdinggesellschaft, der Friedrich Flick KG, behielt er selbst nur zehn Prozent, darüber hinaus allerdings das alleinige Entscheidungsrecht in der Geschäftsführung. Den ganzen Rest, je 16875000 Mark, übertrug er im Wege der Schenkung seinen Söhnen, dem ältesten Otto-Ernst, Jahrgang 1917, und dem jüngsten Friedrich-Karl, Jahrgang 1927. Sein dritter Sohn, Rudolf, war 1939 im Polenfeldzug als Leutnant gefallen...

So vorbereitet erwartete Friedrich Flick den Untergang des Dritten Reiches auf seinem Landsitz, dem Hofgut Sauersberg bei Bad Tölz in Oberbayern.

Dort verhafteten ihn am 13. Juni 1945 die Amerikaner, stellten ihn nach zweieinhalbjähriger Untersuchungshaft schließlich vor Gericht, verurteilten ihn wegen angeblicher Kriegsverbrechen zu sieben Jahren Zuchthaus und ließen ihn erst im August 1950 im Zuge einer allgemeinen Haftzeitverkürzung wieder frei.

Während seiner mehr als fünfjährigen Haft bestand Friedrich Flicks offizielle Beschäftigung vornehmlich in Kartoffelschälen, Hosen flicken und Schuhe besohlen; später rückte er im Kriegsverbrechergefängnis Landsberg am Lech zum Bibliothekar auf. Inoffiziell lenkte er aber auch noch von seiner Zelle aus die Geschicke seines Konzerns, soweit die Kriegszerstörungen, Enteignungen und Demontagen noch etwas davon übriggelassen hatten. Der gesamte mittel- und ostdeutsche Besitz war natürlich sofort enteignet worden. Doch wenn damit auch der weitaus größte Teil des einstigen Konzernvermögens verloren war, so blieb doch noch genug, um das es sich zu kümmern lohnte.

So studierte der Häftling Flick denn eifrig Bilanzen und Geschäftsberichte, machte umfangreiche Aufzeichnungen, in denen er Direktiven für die Gegenwart und Zukunft gab und entwarf bereits ein Wiederaufbau-Programm, während sich die Sieger noch Gedanken über die weitere Zerschlagung seiner Konzernreste machten. Den Kurierdienst zwischen Zelle und Geschäftsführung besorgte Vetter Konrad Kaletsch, der den Gefangenen zweimal wöchentlich besuchen durfte. In seinem Gefolge erschien jedesmal ein anderer leitender Angestellter, getarnt als Rechtsanwalt oder Aktenträger, erstattete Bericht, hinterließ schriftliche Unterlagen und erhielt Weisungen des hohen, leider in seiner Bewegungsfreiheit eingeengten Chefs.

Diese inoffiziellen, nach dem Gefängnisreglement natürlich streng verbotenen Tätigkeiten nahmen den Häftling Flick so stark in Anspruch, daß er darüber seine Pflichten als Bibliothekar sträflich vernachlässigte. Sein Nachfolger hatte, so weiß sich Flick schmunzelnd zu erinnern, einen monatelangen Rückstand aufzuarbeiten ...

Friedrich Flick war siebenundsechzig Jahre alt, als sich die Tore von Landsberg nach über fünfjähriger Haft wieder für ihn öffneten. Die Entbehrungen des Gefängnislebens hatte er besser ertragen als die meisten seiner Haftgenossen.

Ungebrochen, rüstig wie eh und je, energiegeladen und entschlossen, sein Reich wieder aufzubauen, machte er sich nun an die Verwirklichung der vielen Pläne, die er im Gefängnis ausgearbeitet hatte.

Es war ihm ja noch einiges übriggeblieben:

Da war erstens der in den Westzonen gelegene Teil der »Maxhütte«-Gruppe, also insbesondere die Maximilianshütte selbst ...

Da hatte er zweitens 82 Prozent der Hochofenwerke Lübeck AG in Herrenwyck, die als Werke der chemischen Industrie galten und von den Entflechtungsbestimmungen der Alliierten nicht betroffen wurden ...

Da gab es drittens noch seine 60,2prozentige Beteiligung an der Harpener Bergbau AG ...

Und viertens hatte er noch knapp sechzig Prozent der Aktien einer anderen Zechengesellschaft des Ruhrgebiets, der Essener Steinkohlenbergwerks-AG ...

Nun besagten allerdings die Entflechtungsbestimmungen, daß er sich entweder von der Kohle oder von Eisen und Stahl zu trennen hätte, aber seine Wahl war längst getroffen: Friedrich Flick war entschlossen, die Kohle aufzugeben – eine Entscheidung, zu der er sich später noch häufig beglückwünschen konnte!

Er zögerte auch nicht, wie etwa Alfried Krupp, seinen einmal gefaßten Entschluß in die Tat umzusetzen. Er nahm Verbindung zu einer französischen Gruppe auf – diesmal wirklich! – und verkaufte nach einigem Hin und Her sein Harpen-Paket für 180 Millionen Mark – das war etwa das 2,7fache des Kurswertes! – an ein Pariser Konsortium.

Es war, rückblickend gesehen, ein sehr stolzer Preis, den sich Friedrich Flick von den Franzosen bezahlen ließ, denn die

Harpener Bergbau AG hat ihren Aktionären in all den Jahren, die seit dem Verkauf vergangen sind, herzlich wenig eingebracht: In knapp zwei Jahrzehnten wurden insgesamt nur fünfundvierzig Prozent Dividende ausgeschüttet, in den letzten Jahren gar nichts mehr, und von einem Kursgewinn kann natürlich auch nicht die Rede sein...

Von der Essener Steinkohlenbergwerks-AG trennte sich Friedrich Flick ebenfalls sehr rasch. Er verkaufte sein Aktienpaket an die Mannesmann-Gruppe – für zirka fünfzig Millionen Mark. Zusammen mit dem Erlös von Harpen und einiger kleinerer Verkäufe standen ihm also, kurze Zeit nach seiner Haftentlassung, fast eine Viertelmilliarde Mark flüssige Mittel zur Verfügung, die es nun anzulegen galt.

Wie?

Nun, Flick hatte im Gefängnis Zeit genug gehabt, sich darüber Gedanken zu machen. Sein Plan stand schon fest: Er hatte die amerikanischen Märkte studiert, war zu der Überzeugung gekommen, daß Westdeutschland die Entwicklung der USA nachvollziehen würde und sich daher entschlossen, mit seiner Manövriermasse von rund zweihundertfünfzig Millionen Mark in diejenigen Industriezweige einzusteigen, die die größten Zukunftsaussichten hatten, etwa die Automobil- und Kunststoff-Produktion, aber auch die Papier-, Zellstoff- und Chemie-Industrie. Für die sich schon abzeichnende Wiederaufrüstung interessierte er sich hingegen zunächst wenig – das erschien ihm zu risikoreich.

Es würde wiederum Bände füllen, alle Transaktionen nachzuvollziehen, die zum Aufbau des heutigen Flick-Imperiums geführt haben. Begnügen wir uns damit, Flicks Reich, so wie es sich heute präsentiert, kurz zu beschreiben:

Von den Stammbastionen ist die »Eisenwerk-Gesellschaft Maximilianshütte m.b.H.«, Aktienkapital: 60 Millionen DM, hundertprozentig in Flick-Besitz, ebenso die »Metallhüttenwerke Lübeck GmbH«, wie die alten »Hochofenwerke Lübeck« heute heißen.

Hinzugekommen ist die starke Mehrheit bei den Buderusschen Eisenwerken, Wetzlar, einem Unternehmen mit rund zwölftausend Beschäftigten und vielfältigem Produktionsprogramm, das eine stattliche Reihe schöner Töchter hat, zum Beispiel die »Hessische Berg- und Hüttenwerke AG«, die »Edelstahlwerke Buderus AG«, die »Burger Eisenwerke AG« oder auch die »Krauss-Maffei AG« in München-Allach, die mit über fünftausend Beschäftigten nicht nur Lokomotiven und Lastwagen baut, sondern auch Maschinen und Anlagen für die Papier-, Zellstoff- und Kunststoffindustrie.

Weiter ist hinzugekommen die »Dynamit Nobel AG« in Troisdorf, an der Friedrich Flick zu über achtzig, der schweizerische Rüstungskonzern Bührle-Oerlikon mit weniger als zwanzig Prozent beteiligt ist. Zur »Dynamit Nobel«-Gruppe gehören unter anderem auch die Munitionsfabrik Genschow, die »Dynamit Nobel Saarwellingen GmbH« und – zur Hälfte – die »Dyna-Plastik-Werk GmbH« in Bergisch-Gladbach. Diese ganze Gruppe ist mit weit über hundert Millionen Mark Aktienkapital ausgestattet.

Sodann ist die »Feldmühle AG«, die größte Papierherstellerin der Bundesrepublik, eine hundertprozentige Flick-Tochter geworden. Dieses Unternehmen – Aktienkapital: 75 Millionen DM – hat seinerseits zahlreiche Töchter sowie sehr beachtliche Auslandsbeteiligungen, vor allem in Kanada.

Und schließlich besitzt Friedrich Flick, neben einer Vielzahl zum Teil recht bedeutender Handelsfirmen und einigen sehr wertvollen Auslandsbeteiligungen, auch über vierzig Prozent des auf über eine halbe Milliarde Mark angewachsenen Aktienkapitals der Daimler-Benz AG in Stuttgart-Untertürkheim.

Dieses Automobilbau-Unternehmen mit der weltbekannten Marke »Mercedes« beschäftigt gegenwärtig fast hunderttausend Arbeiter und Angestellte.

Allein Friedrich Flicks Daimler-Benz-Aktienpaket stellt nach den Börsenkursen des Sommers 1968 einen Wert von knapp zwei Milliarden Mark dar! Und der gesamte übrige bundesdeutsche Industriebesitz des damals Fünfundachtzigjährigen läßt sich zu weiteren zwei Milliarden Mark addieren – ganz zu schweigen von seinen sonstigen Beteiligungen, seinen Handelsfirmen, seinen Auslandsinteressen, seinem wertvollen Grundbesitz und dem 115 Millionen DM-Erlös aus dem kürzlichen Verkauf seiner »Südwestfalen«-Majorität an August von Finck ...

Damit gehört Friedrich Flick ohne Zweifel zur obersten Spitze bundesdeutschen Geldgigantentums, wenn er nicht gar überhaupt der Allerreichste unseres an ungemein wohlhabenden Leuten keinen Mangel leidenden Landes ist!

Wie (und wo) lebt nun ein mehrfacher Milliardär, der gerade seinen fünfundachtzigsten Geburtstag gefeiert hat?

Wie regiert er sein gewaltiges Industriereich?

Welche Ziele verfolgt er noch – oder ist sein Ehrgeiz erloschen?

Und wer wird einmal sein Erbe antreten ...?

Wir wollen versuchen, diese Fragen der Reihe nach zu beantworten.

Da wäre zunächst die nach dem Lebensstil des mit großer Wahrscheinlichkeit reichsten Mannes der Bundesrepublik, der – sofern er wollte – »die Puppen tanzen lassen« könnte wie kaum ein zweiter. Doch für sich privat bevorzugt Friedrich Flick – es kann uns, nach allem, was wir von sehr reichen Leuten bereits wissen, nicht mehr überraschen! – das sogenannte »einfache Leben«.

Als er bereits vielfacher Millionär war, benutzte er bei Eisenbahnfahrten immer noch die Holzklasse. Jeder unnütze Aufwand war ihm (und ist ihm noch heute) ein Greuel.

Zu festlichen Gelegenheiten, zu denen sich seine Mitarbeiter Champagner geleistet hätten, spendierte er deutschen Sekt, und nicht einmal den besten. Als er seine erste Million zusammen hatte, meinte er, sich nun 30-Pfennig-Zigarren leisten zu können, und bei dieser Preislage ist er bis heute geblieben (wobei allerdings von intimen Kennern behauptet wird, seine engsten Mitarbeiter klebten längst 30-Pfennig-Banderolen auf die Kisten, deren Inhalt in Wirklichkeit vierzig Pfennig das Stück koste ...!). In den fünfziger Jahren, als er vom neunten Stockwerk seines Düsseldorfer Verwaltungsgebäudes aus sein heutiges Industrie-Imperium zusammenbastelte, pflegte er mittags Eintopfgerichte aus einem mitgebrachten Henkelmann zu essen. Zum Abendbrot bevorzugte er jahrzehntelang »eine Wurststulle, dazu eine Flasche Bier!«.

Inzwischen hat er auf Alkohol ganz zu verzichten gelernt, und aus sogenanntem »Nachtleben« hat er sich zeitlebens herzlich wenig gemacht.

(Ich hatte einmal das ungemein seltene Vergnügen, ihm in einem Düsseldorfer Nachtlokal der Luxusklasse zu begegnen. Dort saß er, während man sich rings um ihn amüsierte und Champagner trank, recht nachdenklich an seinem Tisch, vor sich ein Gläschen Orangensaft. Zwei Stunden lang starrte er so vor sich hin, fast regungslos, vielleicht einen neuen Börsen-Coup austüftelnd, und sagte kein einziges Wort ...)

Er kennt kein Kino, kein Theater, keine Oper und kein

Konzert – viele Jahrzehnte lang zum Kummer seiner musisch veranlagten Frau Marie, die 1966 gestorben ist.

Er liest wenig – außer Bilanzen, Geschäftsberichte und Kurszettel.

Er trägt seine Anzüge und Krawatten mindestens ein Jahrzehnt lang – und man sieht es ihnen an.

Er, der Beherrscher großer Automobilwerke, hat keinen Führerschein und niemals ein eigenes Auto besessen. Die Daimler-Benz AG stellte ihrem Großaktionär zwar einen »Mercedes 600« zur Verfügung, aber er macht wenig Gebrauch davon, obwohl er alle Zierleisten davon hat entfernen lassen, sich also des aufwendigen Gefährts nicht mehr gar so sehr zu schämen brauchte...

Nur ein einziges Mal in seinem Leben trieb er wirklichen Aufwand und erlaubte sich eine recht kostspielige private Extravaganz: Er baute sich ein Schloß!

Vielleicht wollte er damit den Ruhrgewaltigen seine Ebenbürtigkeit deutlich beweisen. Gustav Krupp hatte seine pompöse »Villa Hügel« bei Essen, eine Kreuzung zwischen einem ungewöhnlich großen und düsteren Hauptbahnhof und einem selbst für die wilhelminische Epoche etwas zu monumental geratenen Oberlandesgericht. Hugo Stinnes war auf seine »Heimburg« über Niederheimbach am Rhein gezogen, ein neugotisches Monstrum, komplett mit Söllern, Türmen und Zinnen. Peter Klöckner residierte auf seinem burgartigen Schloß Hartenfels bei Mülheim an der Ruhr, und selbst der so überaus sparsame August Thyssen war eines Tages allen seinen Prinzipien untreu geworden und hatte, seiner prunksüchtigen Familie zuliebe, das alte Schloß Landsberg gekauft, wo er dann allerdings sogleich alle Möbel in Schonbezüge hüllen ließ...

Friedrich Flick folgte Anfang der dreißiger Jahre diesen Vorbildern und ließ sich auf dem Hausberg bei Kettwig das Schloß Charlottenhof erbauen, ein dreistöckiges Trumm inmitten von fünfzig Morgen Park, das ihn etliche Millionen Mark kostete.

Im ausgebauten Dachgeschoß war eine gewaltige Turnhalle untergebracht, die der Leibesertüchtigung der drei Flick-Söhne dienen sollte, von denen der jüngste gerade vier, der älteste vierzehn Jahre alt geworden war.

Auch Friedrich Flicks besonderem Sicherheitsbedürfnis trug der Neubau Rechnung: Eine Spezialkonstruktion ermöglichte es dem Hausherrn, mit einem einzigen Knopfdruck alle Eingänge des Schlosses zu sperren und vor sämtlichen Fenstern die eisenbeschlagenen Blendläden fest zu schließen...

Indessen wurde diese Trutzburg zwar fertiggestellt, aber von der Familie Flick niemals bezogen. Als Friedrich Flick im Sommer 1933 – inzwischen war Hitler an die Macht gekommen und hatte mit Hilfe von KZs die angebliche Gefahr eines roten Aufstandes gebannt – seinen fünfzigsten Geburtstag beging und mit seltener Großzügigkeit seiner Frau Marie einen Wunsch freigab, da erbat sie sich, nachdem sie sich vergewissert hatte, daß es ihm damit Ernst war, eilig ein *kleines* Haus.

So kam es, daß Friedrich Flick den gerade fertiggestellten Charlottenhof samt Park, Turnhalle und Befestigungsanlagen dem Müttergenesungswerk der »Nationalsozialistischen Volkswohlfahrt« zum Geschenk machte und später das 30-Zimmer-»Haus Hohbeck« im Norden von Düsseldorf zu seiner Ruhr-Residenz erkor, ein kleines Palais mit fürstlichen Parkanlagen, in denen kräftige Männer in Trainingsanzügen sowie eine stattliche Anzahl deutscher Schäferhunde das Anwesen gegen ungebetene Gäste schützen.

Nach und nach kaufte sich Friedrich Flick noch vier weitere Landsitze: Neben dem schon erwähnten Hofgut Sauersberg bei Bad Tölz, wo ihn im Juni 1945 die Amerikaner verhafteten, gehört ihm ein Jagdhaus nebst herrlichem Revier bei Rottermann in der Steiermark, einst bevorzugter Aufenthalt österreichischer Kaiser, die Besitzung Ebersberg bei Kreuzlingen am schweizerischen Ufer des Bodensees sowie – könnte es anders sein? – ein schönes, geräumiges Landhaus mit großem Park, das in der Gemeinde Kreuth, zwischen Achenpaß und Tegernsee, dicht an der österreichischen Grenze liegt...

(Natürlich ist auch Friedrich Flick nicht im Tegernseer Telefonbuch verzeichnet. Unter den Fernsprechteilnehmern des Ortsnetzes Kreuth muß man ihn – wie den Herzog in Bayern – unter dem Namen seines Hauses suchen, nämlich unter G wie Grüneck...)

Haus Grüneck im Tegernseer Tal ist der bevorzugte Ruhesitz des fünfundachtzigjährigen Geldgiganten, der, zumal seit er Witwer ist, keinen Grund mehr sieht, warum er in Ruhrgebietsnähe leben soll. Seinen Konzern lenkt er von Oberbayern aus über Fernschreiber und Telefon.

Die idyllische Gebirgslandschaft eignet sich auch besonders gut für zwei seiner Hobbies: Holzhacken – wie einst Ex-Kaiser Wilhelm in Doorn – und ausgedehnte Spaziergänge in Begleitung seiner Hunde – wie Friedrich der Große, der Flicks besondere Verehrung genießt. Dazu kommt als drittes Steckenpferd das – allerdings in Bayern sonst wenig gepflegte – Studium der Geschichte Preußens...

Persönlich anspruchslos, äußerst sparsam, in strenger Selbstdisziplin geübt und jeder Publizität abhold, dabei wie ein absoluter Monarch seine Souveränität »wie einen rocher de bronce stabilierend«, scheint dieser Holzhändlersohn aus dem Siegerland selbst ein Stück altes Preußen zu verkörpern.

Hat er nicht seine kleine Markgrafschaft zur gefürchtetsten Kontinentalmacht entwickelt, den Herrschern des Ruhrgebiets Trotz geboten, selbst die furchtbarsten Niederlagen überwunden und über alle Ränke seiner Feinde triumphiert? Kennt er nicht, wie ein treusorgender Landesvater, sein mächtiges Reich bis in die letzten Winkel, weiß genau, mit wieviel Koks jeder Hochofen gefahren wird, wieviel ein Festmeter Holz *fob* Vancouver kostet und wann es sich lohnt, mit einem neuen »Mercedes«-Modell in Serienfertigung zu gehen? War er nicht immer ein gestrenger, mit sich selbst wie mit anderen rücksichtsloser, doch dann auch – nach dem Sieg – durchaus gnädiger Herr, der den eben noch seine eigenen Vertrauensleute schikanierenden Vorständen großer Unternehmen, die sich vergebens gegen eine Übernahme durch ihn gewehrt hatten, noch ehe das Feldgeschrei der Börsenschlacht verklungen war, ein Fernschreiben schickte:

»Habe Mehrheit übernommen. Erhoffe gute Zusammenarbeit. Flick.«

Ohne Rachegefühle, wenn auch mit souveräner Menschenverachtung...?

Nun, es lassen sich an Friedrich Flick nicht eben wenige friderizianische Züge entdecken, und wenn man will, kann man sogar seine raffinierten Börsenmanöver und gewagten Coups in den zwanziger Jahren mit den Schlachten von Hohenfriedberg und Kesselsdorf vergleichen.

Nur sollte man bedenken, daß die Preußenkönige *Unternehmer* waren, die sich mit ihrer alten Firma identifizierten, wogegen der »Alte Fritz« Flick zwar in den Ruhrzechen von »Gelsenberg« und »Harpen« sein Schlesien sah, fette Beute, die man sich mit dem Recht des Stärkeren und Geschickteren nahm, aber auch jederzeit bereit war, sein Stammland preiszugeben, wenn sich dafür an der Börse ein Käufer fand und anderswo etwas Aussichtsreicheres lockte...

Doch lassen wir Friedrich Flick ruhig den Anspruch auf königlich preußische Vorbilder, zumal wenn wir nun die Frage zu klären suchen, *wie* der Konzern-Monarch sein Reich regiert.

Ohne Zweifel betrachtet er sich als den »ersten Diener seines Staates«. Er sagt von sich: »Für mich persönlich habe ich nie eine Aktie gekauft!« Er ist sogar fest von der Richtigkeit seiner Behauptung überzeugt, denn er handelt stets nur für seinen jeweiligen Konzern. Als er in Nürnberg vor Gericht stand, entspann sich gleich zu Anfang seiner Vernehmung ein eigenartiger Dialog zwischen dem Vorsitzenden und dem Angeklagten:

»Einen Augenblick, Sie brauchen immer das Pronomen ›wir‹?« unterbrach ihn der Richter.

Darauf Flick: »Mit ›wir‹ meine ich ›uns‹...«

»Heißt das: Alle Leute, die an dieser Industrie interessiert waren?« wollte der Vorsitzende nun wissen, worauf der Angeklagte verwundert erwiderte:

»Nein, mit ›wir‹ meine ich die Mittelstahlwerke, meine Firmengruppe also.«

Man geht indessen fehl, wenn man nun glaubt, Friedrich Flick betrachte sich in seiner Konzernleitung nur als Erster unter Gleichen, als Mitglied eines Lenkungs-Teams, dem zwar alles allein gehört, das aber die Regierungsgewalt mit anderen teilt. Flicks »Wir« ist vielmehr ein *pluralis majestatis*, das Konzern-Management eine absolute Monarchie mit einem König von Gottes Gnaden an der Spitze, der seine einsamen Entschlüsse in der Mehrzahl kundgibt: »Wir sind zu der Überzeugung gekommen, daß es gut sei...«

Das schließt natürlich nicht aus, daß der Monarch sich von treuen Ratgebern und ergebenen Hofbeamten beraten läßt; daß er seine alten Marschälle um sich versammelt, wenn es eine neue Kampagne vorzubereiten und gewagte Schlachten zu schlagen gilt. Und natürlich hat er nicht nur seinen Alten Dessauer, seinen Keith und seinen Ziethen, sondern auch seinen jungen und genialen Protegé, seinen Seydlitz, auf den er große Hoffnungen setzte.

Um gleich mit dem letzten anzufangen: Er heißt Eberhard von Brauchitsch, ist Berliner vom Jahrgang 1926 und wurde bereits 1965 geschäftsführender Gesellschafter der Konzern-Holding; 1970 aber wanderte er zu Axel Springer ab.

Aus dem Kreis der älteren Marschälle und Hofbeamten ragen drei hervor: Wolfgang Pohle, Erfurter vom Jahrgang 1903, Jurist, von 1929 bis 1939 Justitiar des Vereins für die bergbaulichen Interessen, von 1940 bis 1959 Direktor bei Mannesmann, seit 1960 Generalbevollmächtigter und seit 1965 geschäftsführender Gesellschafter der Friedrich Flick KG, außerdem von 1953 bis 1957 und wiederum seit 1965 Mitglied des Bundestages, selbstverständlich bei den Christdemokraten, wo er im Auftrage Flicks zu den eifrigen Förderern der Kanzlerschaft Ludwig Erhards gehörte; sodann Fritz Welz, ein Mann vom Jahrgang 1915, Generalbevollmächtigter der Konzern-Holding und Flicks bevorzugter Mitarbeiter in besonders vertraulichen Angelegenheiten, sowie Dr. h. c. Otto Andreas Friedrich, Leipziger des Jahrgangs 1902, Bruder eines Harvard-Professors und Enkel des Reichsgerichtspräsidenten Carl von Bülow. Nach einer sehr erfolgreichen Karriere in der Kautschuk-Industrie wurde er 1965 ebenfalls geschäftsführender Gesellschafter der Friedrich Flick KG, nachdem er zuvor schon von Staats wegen mit dem Großen Bundesverdienstkreuz mit Stern ausgezeichnet worden war.

Und in der Rolle des Alten Dessauers finden wir den inzwischen siebzigjährigen Vetter des greisen Monarchen, Konrad Kaletsch, der ihm nun schon seit über fünfundvierzig Jahren treu zur Seite steht. Er ist persönlich haftender Gesellschafter der Friedrich Flick KG und trägt natürlich auch längst das Große Bundesverdienstkreuz...

Zum engeren Kreis der Kronräte und Marschälle gehören noch einige wenige, und dem Monarchen selbst und ihnen allen dient eine kleine erlesene Schar von etwa sechzig Getreuen. Dazu kommen noch die Statthalter in den einzelnen Provinzen, die Generaldirektoren der Konzern-Unternehmen, sowie eine Handvoll Vertrauensleute in Schlüsselstellungen und auf wichtigen Außenposten.

Zusammen mit dem Kammerdiener, der Haushälterin, den Leibwachen und anderen Vertrauenspersonen bilden Hofstaat und Regierungsapparat zusammen einen Kreis von höchstens hundert Menschen, während von den Entscheidungen des alten Königs selbst sicherlich mehr als zweihunderttausend Arbeiter und Angestellte, samt ihren Familienangehörigen also etwa eine Million Bundesbürger, unmittelbar betroffen werden.

Oberstes Gebot für alle Hofchargen und Mitarbeiter ist absolute Verschwiegenheit, zu der auch längst ausgeschiedene frühere Angestellte verpflichtet bleiben. Die Diskretion wird ihnen durch monatliche Zuwendungen erleichtert, die zwischen fünfhundert und einigen tausend Mark liegen. Mitunter kommen auch Außenstehende unversehens in den Genuß solcher Renten, beispielsweise allzu gut informierte und schreibfreudige Journalisten. So hielt es der Monarch von Anfang an, denn wenn er auch »Gazetten nicht genieret« sehen will, so verabscheut er doch nichts mehr als Veröffentlichungen über sich selbst und sein Regieren.

Als 1923, mitten in den Vorbereitungen zu komplizierten Überraschungsangriffen auf feindliche Börsenpositionen, ein Pressemann mit dem romantischen Namen Becker-Strecker von Rautenstrauch eine Artikelserie über den »Börsenjobber Flick« zu veröffentlichen begann, da schloß der damals schon weise König einen Pakt mit ihm. Er garantierte dem Artikelschreiber zwei Jahrzehnte lang ein arbeits- und müheloses Einkommen und blieb dafür von weiteren Veröffentlichungen verschont.

Der Fall des Herrn Becker-Strecker von Rautenstrauch, der laut Vertrag »von der Fortsetzung seiner Tätigkeit Abstand« nahm und so den »ersten schlesischen Krieg« des Monarchen nicht mehr gefährdete, liegt fast ein halbes Jahrhundert zurück. Parallelfälle jüngeren Datums mögen vielleicht auch erst in weiteren fünfzig Jahren bekannt werden. Dennoch sei, zumal für den unerfahrenen journalistischen Nachwuchs, warnend hinzugefügt, daß des Königs Hand nicht nur zu streicheln, sondern auch hart zu strafen weiß. Der Autor selbst, der sich manchmal nicht so einsichtig zeigte wie die Anzeigenabteilungen der Blätter, für die er schrieb, kann ein Lied davon singen, ganz ohne Groll übrigens, dank der Einsicht, daß große Reiche wohl ohne Sentimentalität und Skrupel regiert werden müssen.

Falsche Rücksicht kennt der greise Monarch nicht einmal seinen eigenen Kindern gegenüber, und das bringt uns zwanglos zum letzten Punkt, nämlich zu der beklemmenden Frage, wem der nun im sechsundachtzigsten Lebensjahr stehende Witwer sein gigantisches Vermögen zu hinterlassen, wem er die Herrschaft über seine Industrieprovinzen zu vererben gedenkt.

Bis vor wenigen Jahren konnten solche Fragen gar nicht aufkommen, schien doch die Thronfolge auf das beste geregelt: Zwei prächtige Prinzen, der Kronprinz Otto-Ernst und sein um zehn Jahre jüngerer Bruder Friedrich-Karl, sicherten den Fortbestand der Dynastie, wobei es von vielen als glücklich empfunden wurde, daß dem Kronprinzen und seiner Gemahlin Barbara, geborenen Rabe, Tochter eines »Maxhütte«-Direktors, auch bereits zwei Söhne, Gert-Rudolf und Friedrich, sowie eine Tochter, Dagmar, geboren waren. Damit stand nach menschlichem Ermessen einer Herrschaft des Hauses Flick auch im 21. Jahrhundert nichts mehr im Wege – eine, wie man zugeben muß, mindestens für die Dynastie selbst höchst erfreuliche Aussicht...!

Doch dann, im Frühjahr 1963, kurz vor dem achtzigsten Geburtstag des noch so rüstigen Monarchen, trat ein Ereignis ein, das nicht nur die Thronfolge in Frage stellte, sondern sogar den Fortbestand des Reiches auf das höchste gefährdete: Kronprinz Otto-Ernst Flick klagte vor dem Landgericht zu Düsseldorf gegen seinen Vater, den Konzern-König! Sein Antrag lautete, die Holding-Gesellschaft, die das Imperium zusammenhielt, also die Friedrich Flick KG, durch Gerichtsurteil aufzulösen!

Was war geschehen?

Nun, der in Königshäusern, zumal bei zählebigen Herrschern und alternden, nach dem Thron lechzenden Kronprinzen, nicht eben seltene Konflikt schwelte schon viele Jahre lang, bis zum Mai 1963 allerdings unter Ausschluß der Öffentlichkeit und nur dem engeren Hofstaat bekannt.

Otto-Ernst, am Hofe »OE« genannt, fühlte sich von seinem königlichen Vater schlecht behandelt. Dabei waren ihm in seiner Jugend ganz außerordentliche Gnadenerweise zuteil geworden, und er hatte sich zu den schönsten Hoffnungen berechtigt gefühlt!

Zum einundzwanzigsten Geburtstag hatte ihm der Papa einen Kommanditanteil an der Friedrich Flick KG im Nennwert von dreihunderttausend Mark geschenkt, was einem Millionen-Präsent gleichkam. Zwei Jahre später, nachdem »OE« sein Studium in Berlin auf eine königliche Order hin schon nach dem ersten Semester gehorsam abgebrochen und in der Siegerländer Eisenindustrie zur Zufriedenheit seines Vaters volontiert hatte, wurde er zum Dienst bei der »Maxhütte« kommandiert, erhielt aber gleichzeitig ein enormes Geschenk: Runde neun Millionen Mark Kapitalanteil!

Zwei Jahre danach, 1941, gab es noch einmal 6,6 Millionen, und 1944 rundete der, wie es schien, unerhört großzügige König durch eine vierte Schenkung den kronprinzlichen Anteil am Gesellschaftskapital der Flick KG auf genau fünfundvierzig Prozent ab.

Allerdings – Verfügungsgewalt, Verwaltung und Stimmrechte blieben beim königlichen Vater, der zudem seinem Jüngsten, dem 1944 erst siebzehnjährigen Friedrich-Karl, zu denselben Bedingungen einen ebenso großen Kapitalanteil überschrieben und für sich selbst nur zehn Prozent übrigbehalten hatte. Die »Schenkungen« waren eine reine Vorsichtsmaßnahme...

Im Jahre 1941 hatte der Monarch seinem Kronprinzen erstmals ein selbständiges Kommando übertragen, noch dazu in Feindesland: Er durfte eine vom Flick-Konzern übernommene Hütte in Lothringen leiten, erfüllte seine Aufgabe zufriedenstellend und wurde vom Vater noch 1945 zum Generaldirektor der »Maxhütte« befördert. Dann kam der Zusammenbruch, und König und Kronprinz kamen in amerikanische Gefangenschaft. Doch während der Vater dann zu längerer Freiheitsstrafe verurteilt wurde, ließen die Sieger den Kronprinzen laufen. Die Franzosen hatten ihm attestiert, daß er sich in Lothringen absolut korrekt verhalten und das von ihm im Kriege geleitete Unternehmen in besserem Zustand hinterlassen hätte, als es von ihm übernommen worden war.

Mit der Haltung seines Sohnes im Kriegsverbrecher-Prozeß scheint der alte Friedrich nicht zufrieden gewesen zu sein. Wenn sich »OE« auch als Entlastungszeuge um einen Freispruch des Vaters bemühte, so verbitterte es doch den Papa, daß sich sein Kronprinz im Prozeß nicht als der Tapfersten einer zeigte.

Auch ging »OE« dann, kaum daß er wieder frei war, eigene Wege: Mit einem alten Firmenmantel aus Flick-Besitz, den er in »Süd-Ferrum« umbenannte, begann er von München aus einen regen Eisen- und Stahlhandel und machte, erstmals auf eigene Faust, gute Geschäfte.

1950 kam auch der königliche Vater aus dem Gefängnis, und sofort nahm er wieder das Zepter in die Hand, exerzierte aller Welt und natürlich auch den Söhnen vor, wie man ein zerschlagenes Reich im Handumdrehen wieder aufbaut und erteilte nun auch dem Kronprinzen wieder Befehle: »OE« hatte seine »Süd-Ferrum« aufzugeben, als Geschäftsführer in die Konzern-Zentrale nach Düsseldorf zu kommen und den Papa in elf Aufsichtsräten würdig (aber natürlich nur weisungsgemäß!) zu vertreten. Zu seinem vierzigsten Geburtstag beförderte der offenbar zufriedene Monarch seinen Kronprinzen zum Generalbevollmächtigten.

Etwa zur selben Zeit wurde der jüngere Bruder, Prinz Friedrich-Karl, bei Hofe kurz »FK« genannt, Konzern-Geschäftsführer. Nun waren beide Brüder in der Friedrich Flick KG, der 1,94 Meter aufragende »OE« und der »nur« 1,83 Meter große

»FK«. Doch während der Ältere dem gestrengen Vater durch emsigen Fleiß und hartes Körpertraining zu gefallen suchte – er erwarb zehnmal hintereinander das Goldene Sportabzeichen! –, vertraute der damals noch ein wenig zur Bequemlichkeit neigende Junior mehr auf seinen Charme und sein Talent, zumal ihn auch kein kronprinzlicher Ehrgeiz plagte, es dem königlichen Vater, dem großen Friedrich, gleichzutun. Dennoch herrschte zwischen den Brüdern gutes Einvernehmen, um so mehr, als sie sich kaum in die Quere geraten konnten. Der Papa hatte die Ressorts zwischen ihnen aufgeteilt: »OE« war für Stahl und Autos zuständig, »FK« für Papier und Chemie.

Doch dann mußte eines Tages der Kronprinz aus der Zeitung erfahren, daß nicht mehr er den Konzern im Aufsichtsrat von Daimler-Benz vertrete, sondern sein jüngerer Bruder. Das war eine bittere Pille, doch der Kronprinz schluckte sie, ohne zu klagen. Er war schlechte Behandlung gewöhnt.

Bald danach passierte etwas, das das Faß zum Überlaufen brachte: »OE«, nur noch für Stahl zuständig, erbat sich vom Vater einige Unterlagen für eine Aufsichtsratssitzung der »Metallhüttenwerke Lübeck AG«. Der Papa lehnte schroff ab; der Sohn, »nur einfacher Aufsichtsrat«, brauche nicht alles zu wissen. Und als der Kronprinz daraufhin wagte, auf das Gesetz hinzuweisen, das es ihm zur Pflicht mache, als Aufsichtsrat über alles informiert zu sein, was »sein« Unternehmen betreffe, da fuhr ihn der Alte an: »Du vergißt, daß du nur von meiner Gnade lebst! Ich kann dich rausschmeißen und wieder holen – wie es mir paßt!«

Dieser Ausbruch, von erschrockenen Ohrenzeugen unter den Hofschranzen verbürgt, führte dazu, daß der Kronprinz still seine Sachen packte, die Konzern-Zentrale verließ und sich auf seinen Landsitz in Büderich bei Düsseldorf zurückzog. Das war am 27. März 1958.

Erst zwei Jahre später, im März 1960, rief der Monarch seinen Ältesten aus der Verbannung zurück, ernannte ihn zum Generaldirektor der »Metallhüttenwerke Lübeck AG« und meinte, daß damit alles wieder in Ordnung sei.

Wenige Wochen später gab es jedoch neuen Ärger: »OE« hatte seinen Bewährungsposten gleich nach Dienstantritt wieder verlassen, um an einer lange geplanten Afrika-Expedition teilzunehmen. Er hatte sich vom Aufsichtsratsvorsitzer seiner Firma die Erlaubnis dazu geben lassen, aber der Alte Fritz, nunmehr in der Rolle des Soldatenkönigs, sprach von »Fahnenflucht«, einem todeswürdigen Verbrechen.

Es bedurfte der vereinten Anstrengungen aller Hofchargen unter Führung des gebürtigen Luxemburgers Max Meier, Geschäftsführer in der Friedrich Flick KG, des Familienanwalts Otto Kranzbühler, ehedem Flottenrichter und heute vielfacher Aufsichtsratsvorsitzer mit Wohnsitz am Tegernsee, und des in den Sielen ergrauten Oberhofmarschalls Konrad Kaletsch, bis das neue Zerwürfnis wieder beigelegt werden konnte.

Zu Weihnachten 1960 wurde ein komplizierter neuer Gesellschaftsvertrag besiegelt, der den Frieden wenigstens notdürftig wiederherstellte, wenn auch die Gewichte deutlich zugunsten von »FK« und der Enkel verschoben wurden. Zusammen mit den diversen früheren Schenkungen kostete diese Regelung mehr als zweihundert Millionen Mark allein an Steuern, doch es lohnt nicht, sich mit den einzelnen Bestimmungen näher zu befassen. Denn bereits ein Jahr später stieß der greise Monarch alles wieder um. Er benutzte die Vollmachten, mit denen ihn seine Söhne, ehe sie »beschenkt« wurden, hatten ausstatten müssen, um damit im Alleingang die Thron- und Erbfolge völlig neu zu regeln. »FK«, der Jüngere, avancierte nun zum Kronprinzen, wogegen »OE« praktisch jederzeit ausgebootet werden konnte!

Daraufhin zog der Ex-Kronprinz vor den Kadi, verlangte die Auflösung der Friedrich Flick KG, weil »das Vertrauensverhältnis zerstört« sei, ferner die Feststellung, daß alle früher dem Vater erteilten Vollmachten »wegen Mißbrauchs« widerrufen seien und die vom alten Monarchen souverän dekretierte neue Regelung der Thronfolge keine Gültigkeit besitze. Der Alte Fritz konterte mit einem Widerruf aller Schenkungen an den Ältesten und seine Familie »wegen groben Undanks«, versuchte außerdem, die Gerichtskosten in eine Höhe zu treiben, bei der »OE« nicht lange durchhalten konnte.

Mehr als ein halbes Jahrzehnt lang stritten sich Vater und Sohn, Großvater und Enkel, ganz zu schweigen von den Brüdern und ihren Frauen. Als »FK«, der inzwischen die aus Schlesien zugewanderte, von ihm längst wieder geschiedene Wahl-Münchnerin Elga Reinbold geheiratet und sich mit ihr dicht neben seinem Bruder in Büderich sowie auf einer schönen Besitzung am Starnberger See häuslich eingerichtet hatte, seine Verlobung feierte, schickte er dem einzigen Bruder nicht einmal mehr eine Anzeige.

Im September 1966 gelang es endlich den Anwälten, einen Vergleich auszuhandeln: Ex-Kronprinz Otto-Ernst schied danach gegen eine sehr hohe Abfindung endgültig aus dem Familien-Konzern aus; seine drei Kinder dagegen behalten zirka dreißig Prozent der Anteile an der Konzern-Holdinggesellschaft. Die beiden Söhne, inzwischen muntere Twens, können, sobald sie achtundzwanzig Jahre alt sind, ihre Beteiligungen in der Firma persönlich vertreten. Haupterbe aber wird nun der (inzwischen schon recht »pingelig« gewordene, seinem Vater überhaupt immer ähnlicher werdende) konzernerfahrene und äußerst intelligente »Prinz Charming« des Hauses Flick, Friedrich-Karl, inzwischen wieder verheiratet – mit Ursula geborene Reuthen – und seit 1967 Vater einer Tochter, Alexandra, der damit jüngsten »Erbprinzessin« des Hauses Flick.

Der Konsumkönig

Gelegenheit macht nicht Diebe allein,
sie macht auch große Männer.
Georg Chr. Lichtenberg

Der »Alte Fritz« hat sich – wie wir uns überzeugen konnten – in den bislang achteinhalb Jahrzehnten seines Lebens allerlei auf die hohe Kante legen können, und zudem ist sein gigantischer Reichtum ausschließlich das Produkt seines eigenen Fleißes, wohl auch seines »Händchens«, wie man im Rheinland sagt und was weniger rastloses Schaffen als sicheren Griff bedeutet. Und da wir gerade bei Flicks Händen sind, sei angemerkt, daß er an einem Porträt, das Meister Padua von ihm fertigte, just an der Darstellung besagter Hände Anstoß nahm.

»Die sehen ja aus wie Krallen...!« bemerkte der »Alte Fritz« mit Stirnrunzeln, worauf Herr Professor Padua, bekannt für derbe Offenheit, nur meinte, so sei es.

Flick schwieg daraufhin, etwas betroffen, aber dann erkundigte sich Meister Padua: »Wenn Sie was in die Finger kriegen, Herr Flick, geben Sie das vielleicht wieder her...?«

Da lachte der »Alte Fritz«, denn auch das tut er mitunter, wenn ihm die Börse dazu Zeit und Lust läßt. In letzter Zeit lacht er allerdings nur noch selten, trotz flott steigender Kurse, denn der Gedanke, einmal alles hergeben zu müssen, all das viele schöne Geld und vor allem: die ganze gewaltige Macht, stimmt ihn recht bitter. Er hat so viele mächtige Männer überlebt und ihr Werk in Trümmer gehen sehen...!

Als er geboren wurde, da regierten noch Kaiser Wilhelm I. und der gerade 68jährige Bismarck. Als er in die Schule kam, war der nächste Kaiser, Friedrich, schon gestorben, Wilhelm II. auf dem Thron, und Bismarck regierte immer noch das von ihm gegründete Reich. Dann folgten, während »Flickens Fritz« Realschule, Lehre und Militärdienst hinter sich brachte, die Bismarck-Epigonen Caprivi, Hohenlohe, Bülow und Bethmann Hollweg.

Danach sah Friedrich Flick, nun bereits Direktor und bald auch Großaktionär eines kleinen, in der kräftigen Brise der Kriegskonjunktur munter dahinsegelnden Konzerns, noch die kaiserlichen Kanzler Michaelis, Graf Hertling und Max von

Baden. Als der badische Prinz zur Rettung der preußisch-deutschen Monarchie ins Kanzleramt geholt wurde, verkaufte Generaldirektor Flick gerade seine Kriegsanleihe und konnte nun ohne eigene Verluste, sondern mit sehr beträchtlichem Gewinn, den Zusammenbruch des Bismarck-Reiches und den Auszug der von ihm so hochverehrten Hohenzollern beobachten. Unter den Reichspräsidenten Ebert und Hindenburg und den Kanzlern Scheidemann, Bauer, Hermann Müller, Fehrenbach, Wirth, Cuno und Stresemann erjobberte und verschachtelte er seine Unternehmen, regelte nebenbei Stresemanns private Schulden und verdiente kräftig an der Inflation, die den Wohlstand des deutschen Bürgertums vernichtete...

Unter den Kanzlern Marx und Luther eroberte er sich den mächtigen »Stahlverein«; unter Brüning, den er kräftig förderte, konnte er »Gelsenberg« zum vierfachen Wert an das Reich verkaufen und sein mitteldeutsches Imperium konsolidieren, während die Weimarer Republik, von der Krise geschüttelt, schon im Sterben lag.

Auf Heinrich Brüning folgte Franz von Papen, und Flick eroberte sich über »Rheinbraun« das ersehnte »Harpen«-Paket. Der nächste war der General von Schleicher, dem Friedrich Flick die ewig leeren Taschen füllen mußte.

Dann kam das »Dritte Reich«. »Arisierung« und Rüstung machten den nun bereits zu den Giganten zählenden Flick noch reicher und mächtiger, auch bald vorsichtiger... Er subventionierte Himmlers Liebhabereien und sah doch schon das Ende des Großdeutschen Reiches kommen, die totale Niederlage und die Zerschlagung Deutschlands.

Es folgten die bitteren und zugleich so fruchtbaren Gefängnisjahre, die Entlassung und der Aufbau des so sorgsam geplanten nagelneuen Nachkriegskonzerns in der Ära Adenauer und seine weitere Festigung unter den Epigonen Erhard und Kiesinger...

Bismarck, Stresemann, Brüning, Hitler und Adenauer sind längst Geschichte, ihr Werk ist zu Staub geworden oder zerbröckelt langsam. Friedrich Flicks Imperium aber steht reicher, mächtiger und fester da als je zuvor! Nur der Schöpfer dieser Macht und dieses Reichtums ist darüber alt geworden und wird das Zepter bald seinem Jüngsten überlassen müssen, von dem er hofft, daß er das Reich in seinem Geist, mit seiner Energie und mit seinem sicheren Instinkt für sich anbahnende Entwicklungen weiterführen wird.

Eine Zeitlang, als diese Nachfolge noch ungewiß war, hatte Friedrich Flick mit dem Gedanken gespielt, einen Statthalter einzusetzen, einen Konzern-Kanzler seiner Wahl, eventuell einen Branchenfremden, einen Außenseiter sogar, wenn er nur tüchtig wäre, außerordentliche Leistungen vorzuweisen hätte, einen Mann, der es aus dem Nichts heraus zu großem Reichtum, zu einem mindestens zehnstelligen DM-Vermögen gebracht haben sollte...

Drei Namen flüsterte man schon bei Hofe. Drei Kandidaten ständen, so hieß es, zur engeren Wahl.

Einer der drei möglichen künftigen Hausmeier, so wollten sogenannte »gutunterrichtete Kreise« wissen, hieß Willy H. Schlieker, war ein echter Selfmademan vom Jahrgang 1914, Sohn eines Hamburger Werftarbeiters und einer Hausangestellten. Er hatte sich in jungen Jahren bis in eine leitende Stellung beim »Stahlverein« hochgearbeitet, wurde im Kriege der Stahl-Boß des Großdeutschen Reiches im Rüstungsministerium von Albert Speer, sollte für Flick 1945, zusammen mit Vetter Kaletsch, die »Mittelstahl«- und »Maxhütte«-Interessen in Berlin zu wahren versuchen, war dann der erste Chef der sowjetzonalen Stahlindustrie, setzte sich aber frühzeitig nach dem Westen ab, wurde Eisen- und Stahlhändler, stieg mit Ost- und Westgeschäften, vor allem während des Korea-Booms, zum hundertfachen Millionär auf und baute sich dann einen eigenen Konzern, der, als der »Alte Fritz« seinen einstigen Günstling auf die Kandidaten-Liste setzte, bereits einen Umsatz von fast einer Milliarde Mark erzielte.

Zum Schlieker-Konzern gehörten damals: die »Otto R. Krause Eisengroßhaus GmbH« in Düsseldorf, die »Willy H. Schlieker GmbH« in Hamburg, das »Walzwerk Neviges Willy H. Schlieker & Co.« in Neviges im Rheinland und die »Reederei Willy H. Schlieker & Co.« in Hamburg. Das Geld wurde vor allem im Eisen- und Stahlhandel sowie mit der Walzwerkproduktion verdient; das etwas kostspielige Prunkstück des Konzerns aber war die große Schlieker-Werft in Hamburg, die modernste Europas, der Stolz ihres Besitzers, der damit den hanseatischen Patriziern beweisen wollte, daß auch ein tüchtiger Mann aus dem Volke in die angestammten Domänen einiger privilegierter Familien einbrechen und es dort sehr weit bringen könnte.

Dieser tüchtige, robuste Willy Schlieker schien Friedrich Flick der rechte Mann zu sein, einmal sein Reich zu regieren. Doch der Plan zerschlug sich, vielleicht, weil Schlieker, selbst schon nahezu Milliardär, nicht der Kanzler und Prinzregent eines anderen, noch weit mächtigeren Monarchen werden wollte, vielleicht auch, weil Friedrich Flick mit sicherem Instinkt spürte, daß Schlieker eben doch aus anderem Holz geschnitzt war als er selbst; daß er viel sensibler, längst nicht so kalt und nüchtern, auch nicht so kühl kalkulierend war, ja, daß er, bei aller Hemdsärmeligkeit, sogar noch Skrupel hatte!

Kaum zwei Jahre nach diesen Überlegungen des »Alten Fritz« brach das Schlieker-Imperium zur Schadenfreude des hansestädtischen Patriziats zusammen. Schlieker hatte sich mit seiner Werft übernommen; die Banken, die ihn hätten retten können, halfen nicht; der Hamburger Senat sah Schliekers Abgang von der hanseatischen Bühne auch nicht ungern, und so mußte der kühne Reeder abtreten und lebt heute von den noch immer ansehnlichen Resten seines einstigen Reichtums in Ramsau bei Berchtesgaden...

War Willy H. Schlieker, der »dritte Mann« auf Friedrich Flicks Kandidatenliste, schon ein ungemein tüchtiger und – bis dahin – auch außerordentlich erfolgreicher Kaufmann und Industrieller, so hatte der Mann auf Platz zwei noch weitere Pluspunkte.

Er hieß Fritz-Aurel Goergen, war ein Mann des Jahrgangs 1909 und stammte aus einem Gelsenkirchener Bonbongeschäft, einem »Klümpches-Laden«, wie er zu sagen pflegt. Er mußte sich sein Studium selbst finanzieren, arbeitete in dieser Zeit vorzugsweise als Nachtwächter, weil er sich dadurch die Unterkunft ersparte, begann nach dem Kriege in der Stahlindustrie des Ruhrgebiets seinen Aufstieg, der ihn binnen zehn Jahren auf den Thron des Generaldirektors von »Phoenix-Rheinrohr« brachte. Er baute sich im Herzen von Düsseldorf ein seiner Bedeutung adäquates, ultramodernes Hochhaus, im Volksmund »Prinz-Aurel-Obelisk« genannt, doch noch ehe er es mit seinem Stab beziehen konnte, wurde er von der Hauptaktionärin seines Konzerns, der alten Frau Amélie Thyssen, kurzerhand gefeuert – nicht etwa, weil seine Tüchtigkeit bezweifelt wurde, sondern weil er, der robuste und auch in seinen Ausdrücken nicht eben wählerische Selfmademan, in heiklen Standesfragen seinen empfindlichen Aufsichtsratsvorsitzer, Professor Robert Ellscheid, rücksichtslos übergangen hatte. (Es handelte sich um eine Schiffstaufe, und Frau Ellscheid, nicht Frau Goergen, wäre an der Reihe gewesen...)

Der gestürzte »Prinz Aurel«, mit etlichen Millionen Mark

Abfindung nur unzulänglich getröstet, widmete seine Kraft alsdann, nach einem kurzen Gastspiel als Generalbevollmächtigter von Rudolf August Oetker, der Gesundung der arg heruntergewirtschafteten Kasseler Henschel-Werke. Als neuer Henschel-Boß machte er es genau wie einst Friedrich Flick in seiner ersten Generaldirektor-Position bei der »Charlottenhütte«: Er kaufte sich die Mehrheit der Aktien seines Unternehmens zusammen und wurde auf diese Weise sein eigener Chef, auch, je gesünder die Henschel-Werke wurden, desto reicher.

Man hätte annehmen können, daß der »Prinz Aurel«, wie Goergen auch als Henschel-König noch genannt wurde, genau der Mann nach dem Herzen Friedrich Flicks gewesen wäre. Wenn er dennoch nicht der Kanzler des »Alten Fritz« wurde, so lag das vielleicht daran, daß er lieber sein eigener Herr bleiben wollte, vielleicht aber auch an der Einsicht Flicks, daß auch Goergen im Grunde noch zu vollblütig, zu temperamentvoll, zu impulsiv war. Auch ihm fehlte die eiskalte Berechnung, das völlig leidenschaftslose Abwägen, obwohl auch der »Prinz Aurel« Poker zu spielen verstand. Für das ganz große Spiel an der Börse war er aber möglicherweise doch noch nicht den hohen Ansprüchen des »Alten Fritz« gewachsen.

Etwa vier Jahre nach Flicks Erwägungen, die zu nichts führten, wurde der Generaldirektor Senator Dr. h. c. Fritz-Aurel Goergen von der Abendtafel des Kanzlers Erhard weg verhaftet und in Untersuchungshaft genommen!

Man – das heißt: das Bundesverteidigungsministerium – warf dem Henschel-Boß einen »Milliarden-Betrug« vor! Es dauerte einige Monate, dann blieb nichts von diesen Vorwürfen übrig; der erst nur gegen hohe Kaution, dann bedingungslos aus der Haft entlassene, noch heute auf seinen Strafprozeß wartende und durch eine abgewiesene Schadenersatzklage des Bundes bereits voll rehabilitierte Goergen lebt heute in einem schönen Haus am Genfer See in der Schweiz, manchmal auch an der Riviera, wo ihm ebenfalls eine Villa gehört. Aber seine Henschel-Majorität hat er verkaufen müssen, und an einem bundesdeutschen Comeback des privatisierenden Multimillionärs scheint weder er selbst noch irgend jemand sonst interessiert zu sein...

So bleibt noch der Mann übrig, dessen Name an der Spitze der nur drei Persönlichkeiten zur Wahl stellenden Kandidatenliste des »Alten Fritz« stand. Auch er war ein sehr erfolgreicher Selfmademan und, im Gegensatz zu den beiden anderen, Schlieker und Goergen, ist er seitdem noch weiter aufgestiegen, sogar so hoch, daß man ihn heute bereits den ganz Großen der bundesdeutschen Wirtschaft, den Geldgiganten, zurechnen kann.

Von Willy H. Schlieker und Fritz-Aurel Goergen unterscheidet ihn nicht allein, daß er nie etwas mit Eisen und Stahl, Maschinen- oder Schiffsbau zu tun gehabt, ja, sich überhaupt noch nicht mit industrieller Produktion befaßt hat. Vielmehr ist er, ein reiner Kaufmann, auch ein wesentlich anderer Typ als der bullige und dabei recht sensible Schlieker oder der hemdsärmelige und ellenbogenstarke »Prinz Aurel«.

Noch weit mehr indessen unterscheidet er sich von Friedrich Flick, mit dem er seit langem recht freundschaftlich verkehrt. Zwar ist er, wie Flick, in Westdeutschland zu Hause, hat gleichfalls in Düsseldorf seine Konzern-Zentrale und wohnt privat gar nicht weit vom »Haus Hohbeck« des »Alten Fritz«. Aber während Flick Westfale aus dem Siegerland ist, von kleinbäuerlicher Herkunft, auch im Reichtum sparsam und jedem unnützen Aufwand abhold, ist jener ein Rheinländer aus Köln, zudem aus wohlhabendem, kultiviertem Hause und entsprechend großzügig und lebensfroh.

Der »Alte Fritz« ist ein, wie es heißt, recht frommer Lutheraner, jener stammt aus gutkatholischer Familie, die in jeder Generation der Kirche Priester gestellt hat.

Flick ist ein kühler, um nicht zu sagen: kalter Rechner; jener versteht zwar auch zu rechnen, aber ist alles andere als kaltblütig, vielmehr in einer Art nervös, wie es hochgezüchtete Rennpferde zu sein pflegen, ein unruhiger, dynamischer, unermüdlich tätiger Geist, dazu beredt, kreativ, phantasievoll und ehrgeizig.

Er ist, trotz seiner Herkunft aus gutbürgerlichem, begütertem Hause, ein echter Selfmademan, der sich von der Pike auf hochgedient hat und heute an der Spitze eines mächtigen Konzerns steht, der zu den größten seiner Art in Europa zählt. Doch, anders als bei Friedrich Flick, war sein Start als Selfmademan für seine Familie, zumindest anfangs, gar keine Freude, sondern eher peinlich.

Heute, als Milliardär und Chef eines Konzerns, der ihm allein gehört, kann er über diese bürgerlichen Vorurteile der Seinen milde lächeln, genauso wie über die Vorstellung, daß er sich – und sei es selbst für den großen Friedrich – mit einer Generaldirektoren- und Prinzregentenrolle zufriedengeben könnte.

Sein Name ist Helmut Horten.

Der heutige Kaufhaus-König Helmut Horten, ein sportlich-schlanker Endfünfziger, ist am 8. Januar 1909 in Bonn am Rhein zur Welt gekommen.

Im nahen Köln, wo sein Vater zuletzt Senatspräsident am Oberlandesgericht war, ist er aufgewachsen und zur Schule gegangen, natürlich aufs Gymnasium, denn der Junge sollte entweder Jurist werden (wie sein Vater und auch sein Großvater, der es bis zum Reichsgerichtsrat in Leipzig gebracht hatte) oder aber katholischer Theologe und Priester wie viele seiner Onkel und Großonkel, wie beispielsweise auch Dr. Titus Maria Horten, ein Bruder seines Vaters, der Prior der Dominikaner und Generalprokurator der China-Mission des Ordens war, außerdem der Pate des kleinen Helmut.

Helmut Horten aber mochte, obwohl er auf dem Gymnasium bis zum Abitur durchgehalten hatte, weder von der Juristerei noch von der Theologie etwas wissen. Er wollte vielmehr Kaufmann werden, doch nicht in einem vornehmen Comptoir einer altehrwürdigen Firma, nicht bei einer renommierten Privatbank und auch nicht bei einem traditionsreichen Außenhandelsunternehmen, sondern – der Familie Horten stockte der Atem! – in einem Warenhaus...

Glücklicherweise war Helmut Horten bereit, sich – wie er sagte: um der Familie willen – nicht im heimatlichen Köln zu bewerben und womöglich dann als Volontär beim Abstauben der Regale oder anderen »standeswidrigen« Tätigkeiten seiner Sippe den Spott zufälliger Augenzeugen aus dem Bekanntenkreis einzutragen. Er ging vielmehr in das zwar nahe, aber vom »hillije Kölle« durch Welten getrennte Düsseldorf, wo er »beim Tietz«, das heißt: in dem großen, für damalige Verhältnisse geradezu pompösen Kaufhaus der Leonhard Tietz AG an der Königsallee, das Geschäft von der Pike auf lernte.

Es machte ihm Spaß. Trotz der vielen Juristen und Theologen unter seinen Vorfahren lag ihm der Handel, vor allem das geschickte Verkaufen, sozusagen im Blut, vielleicht als Erbteil eines Ahnen, der Anfang des 19. Jahrhunderts am damals französischen Niederrhein als Seidenweber und -händler großen Reichtum erwarb. Weitere Vorteile, die er mitbrachte, waren seine gute Schulbildung und Erziehung, seine »Manieren«, die der Kundschaft imponierten, und sein sicherer Geschmack.

Als erstes lernte er, Oberhemden, Krawatten, Herrenunterwäsche und Socken zu verkaufen sowie etwas, das unbedingt dazugehört: Selbst stets modisch-elegant und zugleich korrekt gekleidet zu sein, immer »wie aus dem Ei gepellt« zu wirken.

Er arbeitete sich rasch vom Volontär zum Verkäufer, zum Substituten, Abteilungsleiter und schließlich zum Einkäufer hinauf, kehrte in dieser gehobenen und einträglichen Position nach Köln zurück, in das Kaufhaus Michel (heute Jacobi), und fand – wie Schillers Twen, Don Carlos –, daß es nun an der Zeit sei, etwas für die Unsterblichkeit zu tun.

Die Chance bot sich ihm im Mai 1936, als die jüdischen Inhaber des Kaufhauses Gebrüder Alsberg KG in Duisburg dringend einen Käufer für ihr Unternehmen suchten, weil sie das »Dritte Reich« verlassen wollten, ehe es zu spät wäre. Durch Vermittlung eines gemeinsamen Bekannten, des Commerzbank-Direktors Wilhelm Reinold, der auch für die nötigen Kredite und eine korrekte, für beide Seiten vorteilhafte Abwicklung sorgte, wurde der erst siebenundzwanzigjährige Warenhaus-Einkäufer Helmut Horten über Nacht Chef eines eigenen mittleren Kaufhauses in Duisburg.

Es wäre indessen nun verfehlt, zu glauben, daß er sich mit dem Erreichten zufriedengegeben hätte. Er sah darin nur die Ausgangsbasis, um im kräftigen Aufwind der Vorkriegskonjunktur vorzustoßen und sein Reich auszuweiten. Bis 1939 gründete er noch ein halbes Dutzend weitere Kaufhäuser: in Wattenscheid, in Bielefeld, in Gevelsberg und sogar weit im Osten, in Königsberg, Marienburg und Marienwerder.

Dann brach der Krieg aus, die Rationierung begann, auch Textilien gab es nur noch auf Marken, und Helmut Horten wurde mit der Verteilung der Textil-Kontingente im niederrheinischen Bereich betraut. Das hatte zunächst einige Vorteile, zumal für die UK-Stellung, die es Horten ersparte, zum Militärdienst einberufen zu werden, später große Nachteile:

Denn als der Krieg mit totaler Niederlage geendet hatte, als der ostpreußische Kaufhaus-Besitz endgültig verlorengegangen war und es in den großenteils zerstörten und geplünderten westdeutschen Niederlassungen der Horten KG keine Ware mehr gab, da entdeckte ein übereifriger britischer Kontrolloffizier die besonderen Verteileraufgaben Hortens während des Krieges, »ernannte« ihn nachträglich zum »Wehrwirtschaftsführer« und ließ ihn ins Internierungslager Recklinghausen bringen.

Das war 1946...

Weihnachten 1947 saß der »verdächtige« Helmut Horten, dessen Patenonkel, Dr. Titus Maria Horten, im Konzentrationslager gestorben war und für den in Rom nun ein Verfahren mit dem Ziel der Seligsprechung eingeleitet wurde, noch immer hinter Stacheldraht.

Seine Ungeduld wuchs von Tag zu Tag, denn er spürte, daß er zwar bislang nicht viel versäumt hatte, daß es aber nun bald einen wirtschaftlichen Neubeginn geben würde, den er nicht verpassen dürfte.

Helmut Horten bestürmte die Engländer mit Eingaben, forderte mit immer größerem Nachdruck, endlich freigelassen zu werden, da er sich schließlich nicht das geringste hätte zuschulden kommen lassen. Aber die Briten antworteten, wenn überhaupt, nur mit einem lakonischen: »Fall wird noch geprüft!«

Da griff Horten im Januar 1948 zur Selbsthilfe: Er trat in den Hungerstreik und hielt so lange durch, bis er nach fast drei Wochen – über ein Krankenhaus außerhalb des Lagers – endlich freigelassen wurde, gerade noch rechtzeitig, um an dem sich anbahnenden Umschwung der westdeutschen Wirtschaftslage einigermaßen vorbereitet teilnehmen zu können.

Noch im selben Jahr, am 1. Dezember 1948, kurz vor dem ersten Weihnachtsfest mit harter D-Mark, eröffnete Helmut Horten in Duisburg sein erstes Nachkriegs-Kaufhaus mit fast fünftausend Quadratmeter großer Verkaufsfläche. In der Rekordzeit von nur hundert Tagen war der Neubau sozusagen aus dem Boden gestampft worden. Gleichzeitig hatte die gesamte Inneneinrichtung und Dekoration fertiggestellt, vor allem aber die Ware herbeigeschafft werden müssen...

Das Ganze war ein enormes Risiko, das noch vermehrt wurde durch den Standort des neuen Kaufhauses, der nicht im alten, total zerstörten Einkaufszentrum von Duisburg lag, sondern für damalige Verhältnisse abseits, am König-Heinrich-Platz, einer Stelle, die erst in der Phantasie einiger weniger ein neuer Brennpunkt zu werden versprach.

Nun, Helmut Horten hatte richtig kalkuliert – in jeder Hinsicht! Sein neues Kaufhaus wurde zur Sensation, weit über Duisburg hinaus, ja, für die Menschen des Ruhrgebiets geradezu zum Symbol eines neuen Anfangs, zum sichtbaren, hell leuchtenden Zeichen dafür, daß nun die Elendsjahre vorbei waren und man sich für sein sauer verdientes Geld wieder etwas kaufen konnte...!

Zur Eröffnung herrschte solcher Andrang, daß sogar – man höre und staune! – Kordons berittener Polizei eingesetzt werden mußten und die Feuerwehren in Alarmbereitschaft standen.

Die Waren wurden den Verkäufern buchstäblich aus den Händen gerissen; die Registrierkassen klingelten Sturm, und die Einkäufer rauften sich die Haare bei dem Gedanken, was sie bis zu den nahen Weihnachtstagen noch alles würden wieder neu heranschaffen müssen...!

Die Kumpel des Ruhrgebiets, damals noch weit entfernt von allen Sorgen um Einkommen und Arbeitsplatz, vielmehr die verhätschelten, glänzend verdienenden Lieblingskinder des gerade beginnenden Wirtschaftswunders, wollten endlich ihre abgewetzten, umgefärbten Wehrmacht-Monturen ausziehen, sich ihrem hohen Lohn und ihrer sozialen Vorzugsstellung entsprechend kleiden und vor allem auch ihre Frauen und Kinder »fein in Schale« wissen. Und wie die Bergleute und Stahlwerker, so strömten auch das Heer der Büroangestellten und die »bessere Kundschaft« zu Horten. Mit einem Schlage war der Name des Mannes, der zu Beginn desselben Jahres noch ein unbekannter Häftling im Recklinghausener Internierungslager gewesen war, weithin bekannt und populär geworden.

Die nächsten Jahre entsprachen diesem stürmischen Neubeginn und brachten für das Duisburger Haus wie auch für die aus der Vorkriegszeit übriggebliebenen Filialen in Gevelsberg und Wattenscheid glänzende Umsätze. Helmut Horten, längst wieder Multimillionär, fieberte geradezu nach Expansionsmöglichkeiten. Mit ähnlicher Ungeduld wie in den letzten Monaten seiner Internierungshaft suchte er nach einer Bresche in den Bastionen der großen Kaufhaus-Konzerne, in die er, vorerst noch ein mittlerer Unternehmer und nur ein Zwerg im Vergleich zu den Riesen »Karstadt«, »Kaufhof« und »Hertie«, einbrechen könnte.

Die Chance bot sich, als der alte Salman Schocken, Gründer der »Merkur«-Kaufhäuser, seine im Wege der Restitution wiedererlangte Aktienmehrheit zum Verkauf anbot, weil seine Söhne, die mit ihm 1938 nach Amerika emigriert waren, an einer Rückkehr nach Deutschland kein Interesse hatten. Die großen Warenhaus-Konzerne zögerten; sie hatten mit dem eigenen Wiederaufbau noch genug zu tun. So konnte Helmut Horten zugreifen.

Anfang 1953 wurde er – mit Hilfe eines Bankenkonsortiums unter Führung seines Freundes Wilhelm Reinold – zunächst Mehrheitsaktionär, dann alleiniger Herr über die elf westdeutschen »Merkur«-Kaufhäuser.

Achtzehn Monate später hörte Horten von einem noch weit verlockenderen Angebot: Einem anderen Düsseldorfer, nämlich Friedrich Flick, waren die Aktien der Emil Köster AG zum Kauf angeboten worden, und zwar zum Fünffachen ihres Nennwerts, das heißt zum Preis von zehn Millionen Dollar. Aber Flick war nicht interessiert.

Um so begieriger war Helmut Horten auf die Köster AG, denn sie beherrschte eine weitere Kaufhauskette, die »Defaka«-Unternehmen, wobei »Defaka« »Deutsches Familienkaufhaus« bedeutete.

Auch Köster-Defaka war ein jüdisches Unternehmen, dessen Inhaber, Jacob Michael, nach Amerika ausgewandert war und nun, nach Wiederherstellung normaler Verhältnisse, das Interesse an Deutschland und seinen dortigen Kaufhäusern verloren hatte.

Anders als Salman Schocken war Jacob Michael kein Mann der Branche. Schocken hatte seinen Konzern aus kleinsten Anfängen mit Fleiß und Zähigkeit selbst aufgebaut, sich dabei vornehmlich auf arme Gegenden konzentriert, wo mit dem Pfennig gerechnet werden mußte, und stets besonders billige Lebensmittel angeboten: Margarine zu fünfundzwanzig, Bohnenkaffee zu 1,99 und Bruchreis zu achtzehn Pfennig das Pfund, letzterer nach 1933 weithin bekannt als der »Schrecken der NSV«, denn die Arbeiterfrauen in den roten Industriegebieten Sachsens und Schlesiens stifteten, wenn sie mit mehr oder weniger sanftem Zwang zu Lebensmittelspenden angehalten wurden, den braununiformierten Sammlern grundsätzlich nur Schockens Bruchreis, bis »König Mu«, wie Martin Mutschmann, Reichsstatthalter in Sachsen, genannt wurde, in Bruchreis zu ersticken drohte und zu Gegenmaßnahmen griff. Schocken gab schweren Herzens sein altes Unternehmen auf und rettete sich und seine Familie erst kurz vor Kriegsausbruch noch mit knapper Not nach Amerika.

Ganz im Gegensatz zu Salman Schocken hatte sich Jacob Michael seinen Defaka-Konzern nicht selbst aufgebaut, sondern im Zuge seiner Spekulationen an der Börse erjobbert. Schon 1932 war Michael nach New York emigriert, hatte dort eine amerikanische Firma gegründet und ihr seine Aktien übertragen. Dadurch war seine Emil Köster AG samt allen Defaka-Kaufhäusern vor »Arisierung« sicher. Der Konzern konnte im »Dritten Reich« glänzende Geschäfte machen und sich sogar noch beträchtlich ausweiten. Und 1945 bekam Jacob Michaels

New Yorker Gesellschaft ihren westdeutschen Besitz sogleich wieder in den Griff. Michael wartete dann bloß noch ab, bis sich die Verhältnisse in der Bundesrepublik stabilisiert hatten, und konnte nun seine Aktien zum fünffachen Nennwert zum Kauf anbieten.

Er konnte sogar noch mehr, denn als, nach Flicks Absage, Helmut Horten in das Angebot eintreten wollte, verlangte Jacob Michael plötzlich mehr als den doppelten Preis. Er witterte, sogar von New York aus, wie sehr Helmut Horten an der Defaka-Kette interessiert war.

Nach langen, zähen Verhandlungen einigten sich Horten und Michael schließlich auf einen Preis, der etwa bei dem Siebeneinhalbfachen des Nennwertes lag: Sechzig Millionen Mark!

Im Dezember 1954 wurde dieses Geschäft abgeschlossen, und damit war Helmut Horten, zwar nicht mit einem Schlag, aber mit zwei kurz aufeinander folgenden Schlägen, vom Inhaber eines modernen Kaufhauses mit fünf kleineren Filialbetrieben zum Herrn eines Konzerns aufgestiegen, der siebzehn »Defaka«-, zwei »Köster«-, fünfzehn »Merkur«- und zwei »Horten«-Kaufhäuser sowie das »Defaka«-Versandgeschäft umfaßte. Den Geschäftsbetrieb seines Duisburger Stammhauses überließ er samt den niederrheinischen Filialen Geldern und Emmerich der Rudolf Karstadt AG, da er nun seinen Verwaltungssitz nach Düsseldorf verlegte und sich um das Duisburger Geschäft nicht mehr selbst kümmern konnte.

Er war nun, Anfang 1955, Herr über sechsunddreißig Kaufhäuser in fünfunddreißig Städten der Bundesrepublik – in Stuttgart gab es sowohl »Defaka« wie »Merkur« –, und damit hatte er sich einen Platz in der Spitzengruppe der westdeutschen Kaufhaus-Konzerne erobert.

Dabei ist besonders bemerkenswert, daß zwei der nur drei noch größeren Unternehmen, nämlich »Karstadt« (samt »Kepa«) und »Kaufhof« (nebst »Kaufhalle«), nicht – wie die Horten-Gruppe – einem einzelnen gehören, sondern Aktiengesellschaften sind, deren Kapital sich in den Händen mehrerer Banken und Großaktionäre, zum kleineren Teil sogar in Streubesitz befindet.

Nur das dritte Großunternehmen der Spitzengruppe, der »Hertie«-Warenhauskonzern, zu dem auch die »bilka«-Kaufhäuser gehören, ist gleichfalls fest in privater Hand. »Hertie«-Alleininhaber ist die Familie Karg, die – was die Information der interessierten Öffentlichkeit über ihre geschäftliche wie private Sphäre angeht – ihrem Namen alle Ehre macht.

Austern sind dagegen vergleichsweise aufgeschlossen und mitteilsam.

Es gilt bei Familie Karg schon als unfein, wenn jemand nach der Anzahl ihrer Waren- und Kaufhäuser fragt, als rüde Taktlosigkeit, sich nach Beschäftigtenzahl, Umsatzentwicklung oder auch nur nach den Namen der Geschäftsführer zu erkundigen. Auch die üblichen Nachschlagewerke wie »Wer gehört zu wem?«, »Wer ist wer?« und dergleichen enthalten so gut wie nichts über die Familie Karg und den »Hertie«-Konzern, so daß wir – auf die Gefahr hin, uns damit allerhöchsten Kargschen Unmut zuzuziehen – dieses Versäumnis nachholen wollen:

Die Großen Vier der bundesdeutschen Kauf- und Warenhaus-Konzerne, »Karstadt«, »Hertie«, »Kaufhof« und »Horten«, haben zur Zeit einen Jahresumsatz von rund elf Milliarden Mark. Davon entfallen 3,3 Milliarden Mark auf die »Karstadt AG«, je etwa drei Milliarden Mark auf den »Hertie«-Konzern und die »Kaufhof«-Gruppe.

»Karstadt«, wo Angehörige der Familie von Opel die einzigen privaten Großaktionäre sind, zählt knapp fünfzigtausend Beschäftigte, »Hertie« etwa vierzigtausend, »Kaufhof« – derzeitiger Vorsitzer des Aufsichtsrats: Cai Graf zu Rantzau vom Vorstand der Dresdner Bank – über fünfunddreißigtausend.

»Hertie« liegt also deutlich an zweiter Stelle unter den Warenhaus-Riesen, und doch weiß kaum jemand etwas über diesen »schweigsamen Konzern« (FAZ), zu dem auch das Hamburger »Alsterhaus«, die Mehrheit von »Wertheim« in Berlin, vor allem aber das »KaDeWe«, das »Kaufhaus des Westens«, ein Prunkstück der alten Reichshauptstadt und heute wieder das größte Warenhaus des Kontinents, gehören. In der Firmenbezeichnung »Hertie« lebt der Name des Mannes fort, der als Seniorchef einer kleinen Firma 1882 in Gera ein »Garn-, Knopf-, Posamentier-, Weiß- und Kurzwarengeschäft« eröffnete: *Her*mann *Tie*tz.

Sein Neffe Oskar wurde der eigentliche Konzerngründer. In den zwanziger Jahren gehörte ihm bereits »der größte Warenhauskonzern Europas im Eigenbesitz« mit über sechzehntausend Angestellten, wobei bemerkenswerterweise die »reichen Verwandten« von Hermann und Oskar Tietz, die Linie Leonhard Tietz, damals Eigentümer der heutigen »Kaufhof«-Gruppe waren.

1933 wurden die in jüdischem Besitz befindlichen Warenhäuser »arisiert«. Die »Hermann Tietz OHG« übernahm eine Auffanggesellschaft, zu deren Geschäftsführer ein damals fünfundvierzigjähriger Fachmann bestellt wurde, der Tietz-Einkäufer Georg Karg.

Der neue »Hertie«-Chef stammte aus Friedeberg, einem winzigen Städtchen in der Neumark. Als Georg Karg dort am 2. August 1888 zur Welt kam, zählte Friedeberg etwas über sechstausend Einwohner. Sein Vater soll Tuchfabrikant gewesen sein, doch im Verzeichnis der damals in Friedeberg florierenden Unternehmen findet sich kein Hinweis auf eine Weberei. Wie dem auch sei, Georg Karg konnte nur die Volksschule besuchen und kam mit fünfzehn Jahren in die Lehre nach Meseritz, polnisch: Miedzierzecz, einem noch etwas kleineren Städtchen im Regierungsbezirk Posen, wo er in einem Warenhaus seine Ausbildung erhielt.

Der junge Mann war offenbar sehr tüchtig, denn es gelang ihm der Absprung aus der verschlafenen Provinz und der Start in Berlin, wo er bei der Firma Jandorf zum Einkäufer und schließlich sogar zum Direktor aufsteigen konnte. Dann wurde Jandorf von der Hermann Tietz OHG übernommen, und Georg Karg avancierte 1926 zum Mitglied der Einkaufsleitung des Tietz-Konzerns. 1933 wurde er dann Geschäftsführer der Auffanggesellschaft, die die »Arisierung« durchführte. Wie diese vonstatten ging, darüber ist nur bekannt, daß die Bankengruppe, die zunächst die Abwicklung durchführte und den Löwenanteil am neuen Gesellschaftskapital der »Hertie Waren- und Kaufhaus GmbH« übernahm, sich schon bald aus der Firma zurückzog und sie Georg Karg allein überließ.

Und heute, nach enormen Kriegszerstörungen und dem Verlust des gesamten ost- und mitteldeutschen Besitzes, nach mühsamem Wiederaufbau in West-Berlin und Westdeutschland und Ankauf einer Reihe kleinerer Unternehmen, gehört der »Hertie«-Konzern mit zweiundsechzig Warenhäusern uneingeschränkt der Familie Karg.

Georg Karg selbst, inzwischen achtzig Jahre alt, rüstig und schweigsam, regiert seinen Konzern wie seit fünfunddreißig Jahren, kommt morgens als erster ins Büro und verläßt die Firma abends als letzter.

Will er eines seiner Warenhäuser unerkannt besichtigen, so setzt er sich einen Hut auf, einen schönen schwarzen oder grauen Homburg, wie es einst sein jüdischer Lehrherr in Meseritz tat, nur daß jener sich davon kein Inkognito versprach... Und bei Konferenzen mit seinen leitenden Angestellten, bei Besprechungen mit Geschäftsfreunden, aber auch abends im trauten Heim und im Gespräch mit den Seinen, pflegt der alte Herr durch die ganze Länge des jeweils zur Verfügung stehenden Raumes auf und ab zu gehen und Monologe zu halten, wobei die Blicke seiner gebannt lauschenden Zuhörer ihn natürlich begleiten, und da ihre Köpfe die Bewegung unwillkürlich mitmachen, entsteht der seltsame Eindruck, als zöge der auf und ab wandernde Warenhaus-König die Häupter seiner Getreuen an unsichtbaren Fäden...

Man braucht kein Hellseher zu sein, um sich vorstellen zu können, wie autokratisch der Achtzigjährige seinen Konzern regiert und wie wenig er von »Mitbestimmung« hält, wobei angemerkt sei, daß ihm in der Geschäftsführung sein Sohn Hans-Georg, Berliner vom Jahrgang 1921, und sein Neffe Dietrich (»Dieter«) Karg bereits zur Seite stehen dürfen.

Das Gesellschaftskapital von nur wenigen Millionen Mark Nennwert ist im wesentlichen einer »Kargschen Familienstiftung, Hamburg« übertragen worden. Mitgesellschafter in zwei weiteren Holdinggesellschaften des Konzerns sind die beiden Kinder des alten Herrn, Hans-Georg Karg und dessen Schwester Brigitte, die mit dem aus Ungarn gebürtigen, in der Branche wenig hervorgetretenen Filmregisseur Roger Maria Hypolith Graf von Norman und Audenhove verheiratet ist, drei Kinder, zwei Töchter und einen jetzt zwölfjährigen Sohn hat und in Icking an der Isar, südlich von München, standesgemäß, aber recht zurückgezogen lebt.

Auch die männlichen Mitglieder der Familie Karg, einschließlich des Grafen von Norman, treten nie hervor und glänzen auch in Wirtschaftshandbüchern und sonstigen Nachschlagewerken durch Abwesenheit, was vom Standpunkt des Sammlers bundesdeutscher Geldgiganten der Multimilliardärsklasse aus nur bedauert werden kann...

Doch zurück zu Helmut Horten, der durch die Zusammenfassung von »Köster«-»Defaka«, »Merkur« und seiner eigenen kleinen Warenhaus-Gruppe nun auch schon zu den Königen der Branche gehörte und den Kargs ebenbürtig geworden war, auch wenn sein Reichtum sich zunächst mit dem dieser so schweigsamen Familie noch nicht messen konnte.

Überspringen wir die nächsten anderthalb Jahrzehnte, ersparen wir uns auch die zahlreichen gesellschaftsrechtlichen Veränderungen und Umgruppierungen, die Helmut Horten vornahm (und die im wesentlichen nur die Finanzämter betroffen, vielleicht auch betroffen gemacht haben, denn Helmut Horten ist ein Steuersparer von hohen Graden...).

Werfen wir nur noch einen kurzen Blick auf den gegenwärtigen Umfang der Horten-Gruppe, ehe wir uns wieder der Person des Alleininhabers zuwenden, der noch vor wenig mehr als vier Jahrzehnten als Verkäufer bei Tietz zögernden Kunden modische Krawatten und Oberhemden anpries.

Derzeit gibt es nur noch elf »Defaka«-Kaufhäuser (in Berlin, Bremen, Essen, Frankfurt, Hagen, Hamburg, Hannover, Kiel, Köln, Krefeld und Oberhausen), und in Kürze werden es sogar nur noch zehn sein, denn in Hamburg entsteht, dicht am Hauptbahnhof und in unmittelbarer Nachbarschaft zur Konkurrenz der Mönckebergstraße, ein ultramoderner »Horten«-Neubau, der das alte Hamburger »Defaka«-Kaufhaus ablösen wird.

Die Anzahl der »Merkur«-Warenhäuser – auf den Unterschied zwischen Waren- und Kaufhäusern werden wir noch zurückkommen – ist dagegen auf achtzehn gestiegen, wobei »Merkur« heute in Augsburg, Bremerhaven-Geestemünde und -Lehe, Erlangen, Heidenheim, Heilbronn, Hildesheim, Ingolstadt, Kiel, Köln, Ludwigshafen, Nürnberg, Pforzheim, Pirmasens, Regensburg, Reutlingen, Schwäbisch Gmünd und Stuttgart vertreten ist.

Die dritte und stärkste Säule des Konzerns aber bilden die »Horten«-Warenhäuser, mit dem Hamburger Neubau dreiundzwanzig an der Zahl und verteilt auf Aachen, Bremerhaven-Mitte, Dortmund, Düsseldorf, Duisburg, Duisburg-Hamborn, Gevelsberg, Heidelberg, Mannheim, Münster, Moers, Neuß, Oldenburg, Osnabrück, Schweinfurt, Stuttgart, Ulm, Viersen, Wattenscheid, Wiesbaden, Witten und Wuppertal.

Die »Horten«-Warenhäuser mit ihren charakteristischen Wabenfassaden als Erkennungszeichen (übrigens Helmut Hortens eigene Idee) sind Einzelhandels-Großunternehmen eines neuen Typs: man kann dort nahezu alles kaufen vom billigen Konsumartikel und den Lebensmitteln des alltäglichen Bedarfs über Kleidung und Wäsche aller Art, Haushaltswaren und Gebrauchsgüter bis zu erlesenen Delikatessen, kostbaren Pelzmänteln und sogar Juwelen, deren Gold und Brillanten sich auch in den Auslagen feinster Geschäfte sehen lassen könnten.

Die einzelnen Abteilungen bilden in sich geschlossene Einheiten mit eigenen Namen wie »Alles für das Kind«, »Do it yourself«, »Boutique Miss H.« oder »Tonstudio«, und das ganze ist deutlich auf ein modernes, reichhaltiges, auch dem sogenannten »gehobenen Bedarf« noch Überraschungen bietendes Angebot ausgerichtet.

Die »Horten«-Häuser entsprechen dem Trend zum »Warenhaus mit Vollsortiment«, wie es in der Fachsprache heißt, wogegen der Kaufhaus-Typ, der hauptsächlich Textilien, kaum oder gar nicht »Hartwaren« (wie Kochtöpfe, Kühlschränke, Kristall oder Lampen) und überhaupt keine Lebensmittel führt, an Popularität verliert, weshalb auch immer mehr »Defaka«-Kaufhäuser in »Horten«-Warenhäuser umgewandelt werden. Das aber ist fast immer mit Neubauten und Umzügen verbunden, denn Warenhäuser brauchen, von allem anderen abgesehen, eben mehr Platz als reine Kaufhäuser.

Der Gesamtumsatz der »Horten«-»Merkur«-»Defaka«-Gruppe ist auch in der flauen Konjunktur der Jahre 1966/67 weiter gestiegen und erreichte 1967 über 1,7 Milliarden Mark.

Die Anzahl der Beschäftigten hat dann zwar etwas zugenommen und belief sich 1968 auf rund sechsundzwanzigtausend, doch fällt auf, daß trotz starker Vermehrung und Vergrößerung der Niederlassungen und rapiden Umsatz-Anstiegs dennoch während der letzten vierzehn Jahre erhebliche Personaleinsparungen vorgenommen werden konnten. Das läßt auf erfolgreiche Rationalisierung schließen sowie auf ein erstklassiges Management, wobei anzumerken ist, daß die Hauptverwaltung (mit den Hauptabteilungen »Verwaltung«, »Einkauf«, »Verkauf« und »Planung«, in denen zusammen fast tausend Angestellte beschäftigt sind) von Helmut Horten bis 1970 selbst geleitet wurde.

Mit seinen Vorstandsmitgliedern Gerhard Potthoff, Gerd Kade, Hans vom Brauck und Fritz Seydaack residierte er in einem supermodernen, von Knoll-International kostbar möblierten Direktionsgebäude inmitten seiner neuen Konzern-Zentrale am sogenannten Seestern, das heißt an der linksrheinischen Auffahrt der Düsseldorfer Rheinbrücke, wo sich die Stadtautobahnen kreuzen, die das Autobahnnetz und die Schnellverkehrsstraßen nach Holland und Belgien verbinden.

Diese Konzern-Zentrale ist mehr als ein modernes Verwaltungsgebäude: Sie ist die Visitenkarte des Geschäftsmanns Helmut Horten und – durchaus zu Recht – sein besonderer Stolz, denn dort manifestiert sich der eigentliche »Horten-Stil«. Alles ist durchdacht bis ins kleinste Detail, technisch der Zeit weit voraus, elegant, geschmackvoll und bequem. In dem vollklimatisierten Verwaltungsgebäude, komplett mit Cafeteria,

Schwimmhalle, Ruheraum, Arzt- und Zahnarzt-Praxis, Ping-Pong und Kegelbahn für die Angestellten, Rechenzentrum, Schreibmaschinen-Pool mit Aufnahmegeräten für Funk-Diktate über Haussender und halbautomatischer Telefonzentrale, sind die Teakholzwände verstellbar, alle Farben sorgsam aufeinander abgestimmt und sämtliche Arbeitsplätze so angeordnet, daß das Licht von links einfällt. Alle Räume und Flure sind mit lichtblauem Teppichbelag von beinahe wollüstiger Weichheit ausgelegt, und auch mit Blumen- und Grünpflanzen-Arrangements wurde wahrlich nicht gespart. Das ganze wirkt unerhört modern, praktisch und wohlhabend.

Wie mag erst der Mann selbst leben, so fragt man sich, der seinen Mitarbeitern soviel extravaganten Komfort und Luxus gönnt...?

Die Antwort auf diese Frage findet man – sofern sich das schwere, elektrisch betätigte Bronze-Relief-Schiebetor für einen öffnet – in Düsseldorf-Lohausen, Am Leuchtenberger Kirchweg 63, dem Hauptwohnsitz des Konzernherrn Helmut Horten, der sich selbst schlicht als »Kaufmann« bezeichnet.

Die Villa, die man über eine breite asphaltierte Auffahrt, eingerahmt von unglaublich gepflegten Spitzenerzeugnissen der Gartenbaukunst, vorbei an Pförtnerhaus und der Schmalseite eines langen Garagen-Trakts, verhältnismäßig rasch erreicht, läßt sich am ehesten als ein königliches Lustschloß aus dem 21. Jahrhundert beschreiben. Äußerlich sehr schlicht und schmucklos, dabei edel in der Harmonie der Linienführung, wirkt der einstöckige Flachbau mit dem überdachten Eingang und den großen Fenstern äußerlich so anonym und freundlich wie das ultramoderne Direktionsgebäude eines ungemein finanzstarken Unternehmens.

Doch schon der Park, der das Haus umgibt, läßt erkennen, daß es sich um eine königliche Residenz handelt: Landschaftsgärtnerei, so weit das Auge reicht, Rhododendron, Jasmin, seltene Nadelhölzer, Azaleen, sogar Palmen, sanft abfallende, weite, unendlich gepflegte Rasenflächen, deren saftiges Grün selbst einen englischen Herzog neidisch werden ließe, ein malerischer Teich und überall majestätische Vögel – blaßrosa Flamingos, Pfauen, Königskraniche... Sie erwecken in dem Betrachter zunächst enormen Respekt, dann wohl auch etwas Sorge um den frühmorgendlichen Schlummer aller Bewohner der Residenz und ihrer Nachbarn.

Außer den Vögeln im sechzigtausend Quadratmeter großen Park gibt es noch mancherlei Getier: Zwergponies, Chinchillas, einen Raben, eine Meute großer Hunde bis zum Bernhardiner aufwärts, in einem Reitstall in der Nähe drei edle Pferde und im Haus ein ganzes Zimmer voller Papageien, außerdem einen privilegierten Kakadu und – ebenfalls mit Familienanschluß – das preisgekrönte Boxerpaar Ajax und Heike.

Das Innere des Hauses entspricht durchaus den von Parkanlagen und Menagerie bereits geweckten Erwartungen: Es gibt eine hundertachtzig Quadratmeter große Kamin-Halle mit Bibliothek, eine Bar (komplett mit hauseigenem Mixer), einen Vorführraum mit tiefen, unerhört bequemen Sesseln und sanfter indirekter Beleuchtung, der sich durch entsprechenden Knopfdruck in einen Stereo-Konzertsaal, ein kleines Privattheater oder ein Breitwand-Kino verwandeln läßt...

In den Gängen des Erdgeschosses hängen allerlei Gemälde – Werke von Chagall, Degas, Corinth, Nolde, Cézanne und, ach, auch zwei Porträts des Hausherrn von Meister Padua...

Über dem Schreibtisch im Arbeitszimmer des ebenso tier- wie kunstliebenden Kaufhaus-Krösus aber findet sich Lenbachs berühmtestes Bismarck-Porträt. (Ein anderes bekanntes Lenbach-Bild des »Eisernen Kanzlers« hängt über dem Schreibtisch von Friedrich Flick...)

Es wäre indessen ein Irrtum, wollte man nun aus dem Beschriebenen folgern, die Lohausener Besitzung sei gewiß Helmut Hortens bevorzugter Aufenthalt und einzige Liebhaberei. Eher ist das Gegenteil richtig, denn die prächtige Residenz – Schätzwert: dreißig Millionen Mark – samt ihrem Heer von Domestiken, ergänzt durch Koch, Tierpflegerin und eine für reibungslosen Ablauf des Haushalts verantwortliche Hausdame, dient dem Konzernchef nur als eine Art von Absteige im arbeitsreichen Alltag, den er um sechs Uhr früh mit ein paar Runden im geheizten Haus-Swimmingpool und anschließender Sauna beginnt.

»Punkt sieben Uhr ist dieses Haus mich los«, erklärt er selbst dazu, »denn spätestens um halb acht muß ich an meinem Schreibtisch im Haus am Seestern sitzen« – ein Vorbild für seine Angestellten, die kurz vor acht Uhr eintreffen und dann schon vom Auto aus ihren obersten Chef hinter den hellerleuchteten Scheiben seines Arbeitszimmers erblicken können.

Das Mittagessen nimmt Horten dann wieder in der Villa am

Leuchtenberger Kirchweg ein – mit täglich wechselnden Gästen und anschließenden Besprechungen und Verhandlungen, je nach Teilnehmerzahl in der riesigen Kamin-Halle oder im kleineren Arbeitszimmer, unter Lenbachs Bismarck-Porträt, bei schönem Wetter auch auf der Terrasse, mit Blick auf Park, Teich und Flamingos.

Zu diesem Arbeitsstil gehört natürlich auch eine Flotte schneller und repräsentativer Wagen, darunter drei Rolls Royce – einen »Phantom V«, »wie ihn die Queen benutzt«, einen für Horten spezialgefertigten Roadster und ein zweitüriges Kabriolett –, außerdem ein firmeneigenes Düsenverkehrsflugzeug vom Typ BAC 1-11 mit reichlich Platz für vierunddreißig Passagiere...

Doch verlassen wir nun diese zwar ungemein luxuriöse, im Grunde aber doch nur einem Spitzenmanager, der topfit sein und bleiben will, das Dasein etwas erleichternde und verschönernde Arbeitswelt Helmut Hortens und wenden wir uns lieber seiner Freizeitgestaltung und seinen Hobbys zu.

An der Spitze seiner Liebhabereien steht das edle Waidwerk, und natürlich begnügt er sich nicht mit den Karnickeln und Fasanen, die die Felder am Leuchtenberger Kirchweg zu bieten haben. Vielmehr hat er sich in der österreichischen Steiermark ein eigenes Gebirgsrevier zugelegt, zehntausend Hektar groß und komplett mit Schloß (Neuberg) und (ehemals k. u. k. Franz-Josephs-)Jagdhaus, Meute und Waffenkammer. Die hochwildreiche Jagd wird ständig beaufsichtigt von sieben eigens dazu abgestellten österreichischen Staatsförstern, deren Gehälter Helmut Horten bezahlt, der natürlich auch Ehrenbürger der Gemeinde Neuberg ist.

Da indessen auch die Steiermark nicht alles zu bieten vermag, was ein passionierter Waidmann begehrt, durchstreift Helmut Horten häufig auch die jugoslawischen Staatsreviere zwischen Drau und Donau, wo kapitale Hirsche und die stärksten Bären für ihn (gegen harte Dollars) ständig reserviert sind. Oder er läßt die eigene Düsenverkehrsmaschine auf dem Rückflug von einer Einkaufsreise auch einmal einen zentralafrikanischen Flugplatz ansteuern und jagt Elefanten, Löwen, Büffel, Antilopen und Nashörner...

Ein zweites Hobby des Konzerngewaltigen ist seine Hochsee-Motorjacht »Carinthia IV« mit Heimathafen Cannes. Sie ist – zum heimlichen Kummer einiger bundesdeutscher Multimillionärskollegen Helmut Hortens – die schnellste Jacht des Mittelmeeres und war nicht eben billig: vier bis fünf Millionen Mark kassierte die Werft, von den laufenden Unterhaltskosten seit dem Stapellauf ganz zu schweigen...

Weil man als Eigner einer Jacht wie die »Carinthia IV« (und als Chef eines Warenhaus-Konzerns mit Milliarden-Umsätzen) allerlei Repräsentationspflichten hat, andererseits aber die Bewirtungsmöglichkeiten an Bord natürlich begrenzt sind, erwarb Helmut Horten auch noch die Traumvilla des französischen Apéritif-Königs Dubonnet am supermondänen Cap d'Antibes (für nur eine Million Mark, wie man sich an der Riviera erzählt). Er machte das weiße Haus, das auf einem ins Mittelmeer ragenden Felsvorsprung direkt am Wasser liegt, zu einem der beliebtesten Treffpunkte der an der Côte d'Azur faulenzenden internationalen Society. Dort gelegentlich bis zu zwölf Dutzend VIPs* und Stars auf einmal fürstlich zu bewirten, ist ihm ein kleines Vermögen wert. Doch er kommt nicht allzu häufig in sein schönes Haus am Cap d'Antibes; dafür wohnen dort fast immer ein paar gute Freunde und in ständigem Wechsel einige seiner engsten Mitarbeiter...

Horten selbst bevorzugt, wenn er nicht gerade irgendwo zur Jagd weilt, ein anderes Feriendomizil, nämlich seinen Besitz am Wörther See. Dort, im südlichen Kärnten, fühlt er sich am wohlsten, zumal er sein stattliches Haus bei Sikirn ebenso komfortabel und großzügig ausgestattet hat wie seine Düsseldorfer Residenz. Dort, so sagt er, findet er manchmal sogar Ruhe und Muße, ein Buch zu lesen...

Allerdings – überallhin, selbst nach Sikirn, reist sein Geschäft sozusagen mit. Dem Alleininhaber und Top-Manager eines Konzerns mit über fünfundzwanzigtausend Beschäftigten gelingt es nicht, auch wenn er sich, wie Horten, frei von Routinearbeit hält und die Verantwortung in den einzelnen Bereichen an die Vorstandsmitglieder delegiert hat, einmal völlig »abzuschalten«. Ständig sind letzte Entscheidungen zu treffen. Dafür wiederum benötigt man Informationen, muß sich dauernd auf dem laufenden halten. Und so sind denn, in der Traumvilla am Cap d'Antibes wie auf der Motorjacht »Carinthia IV«, auf Schloß Neuberg im steiermärkischen Jagdrevier wie auf dem Landsitz bei Sikirn am Wörther See, überall Telefone und Fernschreiber installiert, bleibt der Konzernchef auch im afrikanischen Busch

* VIP, in der Fachsprache der internationalen Fluggesellschaften gebräuchliche Abkürzung für *very important personality*, sehr wichtige Persönlichkeit.

über Funk in Verbindung mit der Konzernzentrale am Düsseldorfer Seestern, verfolgen sofortige Antwort heischende Telegramme den Warenhaus-Krösus selbst noch auf der Bärenjagd in den Urwäldern Slavoniens . . .

Trotzdem (oder, so sagt er, deswegen) ist er zufrieden. Nichts liegt ihm ferner, als sich ins reine Privatleben zurückzuziehen, nur noch seinem Vergnügen zu leben und die Sorgen anderen zu überlassen.

»Dann wäre ich ja draußen!« sagte er, verwundert, daß man so etwas überhaupt in Erwägung zieht.

Übrigens, Helmut Horten ist einer der ganz wenigen Geldgiganten (und der einzige, den ich kenne), den sein märchenhafter Reichtum nicht bloß unbekümmert läßt, sondern der auch freimütig gesteht, so wie er lebt, glücklich zu sein! Er bekennt sich offen zu seinen Millionen und ist alles andere als geizig. Er gönnt sich alles, was sein Herz begehrt und man sich kaufen kann, liebt gelegentlich sogar verschwenderische Gesten und läßt sich seine Hobbys etwas kosten. Dazu gehört auch, daß er etwa dem Duisburger Zoo einen Elefanten stiftet, Geld für Anschaffungen und Ausbau gibt, dazu noch mancherlei Anregungen; daß er den Münchener Tierpark Hellabrunn um ein »Helmut-Horten-Institut für Wildforschung« bereichert und auch die Zoologischen Gärten von Berlin und Köln bedenkt.

Sein Mäzenatentum beschränkt sich indessen keineswegs nur auf Bereiche, die man seinen besonderen Liebhabereien zurechnen kann. Er gibt gern und großzügig, wenn er den guten Zweck sieht (und weit über das hinaus, was die Pflege der Public Relations erfordert), beispielsweise fast fünf Millionen Mark für Caritas-Pflege- und Altersheime in Düsseldorf oder eine halbe Million Mark für das Hallenbad im niederrheinischen Kempen, wo seine Vorfahren einst lebten.

Er stiftete auch für den Umbau der »Brücke«, in der die Düsseldorfer Kammerspiele in modernen Räumen zeitgemäß untergebracht werden sollen, oder kaufte aus schweizerischem Privatbesitz Franz Marcs ›Rote Füchse‹ für die Sammlung des städtischen Kunstmuseums seiner rheinischen Residenzstadt.

Kurz, Horten sitzt nicht auf seinem Geld, und nicht selten hilft er auch in menschlichen Notfällen, beispielsweise indem er einer ihm völlig unbekannten Frau, die ihm geschrieben hatte, die Kosten einer unerläßlichen und sehr komplizierten Herzoperation abnimmt, dazu die Reisekosten für den Flug nach Amerika und zurück . . .

Er spart natürlich auch nicht an sich selbst:

Während Friedrich Flick in alten, längst unmodern gewordenen Anzügen herumläuft, kleidet er sich (wie schon als Volontär bei Tietz) unerhört elegant und stets nach der erst kommenden Mode.

Während sich August von Finck nur einen Volkswagen gönnt, hält sich Helmut Horten, neben vielen anderen Luxuskarossen, gleich fünf handgefertigte Rolls-Royce-Automobile, jedes etwa zwanzigmal so teuer wie ein VW...

Er knausert nicht – wie etwa die (ihm nach Herkunft und Milieu so verwandten) Neußer Kaufherren aus dem Werhahn-Clan, und die Vorstellung, er könnte – wie einst Wilhelm Werhahn – die ausgetretenen Treppenstufen seines Hauses aus Sparsamkeit nicht erneuern lassen, ist geradezu grotesk...! Im Gegenteil – das Beste ist Horten gerade gut genug! Er kann es sich leisten, und er leistet es sich! Jeder Mangel an Perfektion ist ihm ein Greuel, und der Gedanke, daß das jeweilige Optimum meist auch maximale Ausgaben erfordert, schreckt ihn überhaupt nicht.

»Ich kann es ja nicht mitnehmen...!« meint er dazu rheinisch-philosophisch.

Helmut Horten sieht auch keinen Vorteil darin, seinen Reichtum ängstlich zu verbergen und so heimlich zu herrschen wie etwa sein greiser Konkurrent Georg Karg, der Inhaber des schweigsamen »Hertie«-Konzerns. Er freut sich vielmehr seines Erfolges und des daraus resultierenden Milliardenvermögens, ist stolz darauf, ein echter Selfmademan zu sein, und zeigt sich ungeniert, mal als kunst- oder tierliebender Mäzen, mal als Harun-al-Raschid (wobei anzumerken wäre, daß er, wenn er an »langen Samstagen« eines seiner Warenhäuser unerkannt durchstreift, seinen Besuch taktvollerweise vorher ankündigt...)

Und obwohl die Herren Flick, Werhahn, von Finck und Karg noch etwas reicher sind als der Milliardär Helmut Horten, so möchte man stark bezweifeln, daß sie sich dabei auch nur halb so wohl fühlen wie der um eine halbe Nummer kleinere Geldgigant, der nicht immerfort seine Groschen zählt und Eleganz, Kunst, Schönheit, Tempo, Nervenkitzel und großzügige Gesten liebt...

Und da wir gerade bei der Liebe sind – hier noch ein wichtiger Punkt, den wir bislang vernachlässigt haben:

Seit ein paar Jahren ist Helmut Horten verheiratet, mit der zweiunddreißig Jahre jüngeren charmanten Wienerin Heidi, geborenen Jellinek.

Es war keine »Heirat auf den ersten Blick«. Die beiden sind schon seit langem befreundet. Und es ist gewiß auch kein Zufall, daß diese junge Ehe, trotz des beträchtlichen Altersunterschiedes, so harmonisch ist wie selten in Geldgiganten-Kreisen.

Helmut und Heidi Horten haben viele gemeinsame Interessen – angefangen von der Jagd, die Frau Horten mit ebensoviel Passion betreibt wie ihr Mann, den sie, zünftig angezogen und gegen Wind und Wetter abgehärtet, auf jeder Pirsch begleitet. Kunstinteresse, sportlicher Ehrgeiz, Freude an Haustieren und gepflegte Eleganz, wann immer sie am Platz ist, sind weitere Gemeinsamkeiten, dazu kommt unbekümmerte Natürlichkeit, Lebensfreude und ein Gefühl der Kameradschaft.

Helmut Horten, der Mann, von dem es heißt, daß ihm das Beste gerade gut genug sei, scheint sich auch bei der Wahl dieser Partnerin an solche Maxime gehalten zu haben . . .

Bleibt die Frage, worin der Sinn weiteren Geldverdienens besteht, wenn man alles hat, was man sich wünscht, alles haben kann, wovon andere nicht einmal zu träumen wagen. Nun, Horten braucht nicht erst lange nach Ausreden zu suchen. Er antwortet ganz spontan, daß er »nicht raus kann«, daß er »sich seinem Unternehmen verbunden fühlt«, und ausnahmsweise braucht man bei dieser oft gehörten Redensart nicht innerlich zusammenzuzucken. Es ist ja keine leere Phrase. Der Konzern, wie er heute dasteht, ist ja wirklich das Resultat der persönlichen Leistung dieses Mannes. Er hat ihn nicht geerbt, nicht fertig gekauft, nicht an der Börse zusammengejobbert, und deshalb kommt ihm auch gar nicht der Gedanke, sich jemals freiwillig davon zu trennen, ihn gegen irgend etwas anderes, noch Lukrativeres einzutauschen oder auch nur das Steuer seinen Managern zu überlassen und sie zu beauftragen, weiter für guten Gewinn zu sorgen, während er selbst nur noch seinen Passionen nachgeht.

Er fühlt sich verantwortlich für sein so gewaltig gewachsenes Unternehmen, für die Arbeitsplätze von mehr als fünfundzwanzigtausend Menschen. Er hat deshalb auch Vorsorge für den Fall getroffen, daß ihm einmal etwas zustoßen sollte: Dann soll der Horten-Konzern in eine Stiftung umgewandelt und von einem Team erprobter Mitarbeiter weitergeführt werden.

Aber bis dahin gedenkt er weiterzumachen wie bisher – nach Perfektion lechzend, das Unternehmen immer größer, immer schöner, immer moderner, immer leistungsfähiger zu machen suchend, dabei unbekümmert seinen Reichtum genießend und sich seines Lebens freuend...

Wenige Wochen nach diesem Besuch in Düsseldorf-Lohausen verzog Helmut Horten, der Mann, der nicht aussteigen wollte – »Dann wäre ich ja 'raus!« – samt Ehefrau Heidi, Privat-Menagerie, Tierpflegerin und allem Anhang ins sonnige Tessin. In der Nähe der kleinen Gemeinde Madonna del Piano hatte er unterderhand eine komfortable Villa nebst sechzehntausend Quadratmeter großem Garten erworben. Natürlich war ihm beides zu klein. Die Villa wurde durch unterirdische Schwimmhalle, Kinosaal und Kegelbahn ergänzt; der Park um hunderttausend Quadratmeter vergrößert. »Das mußte ich doch«, meint Horten dazu. »Stellen Sie sich vor, da baut einer und kann einem dann auf den Hof schauen. Dann muß man doch schon wieder umziehen...!«

Wenn alles fertig ist, wird Helmut Horten dreizehn Millionen Mark für diese Tessiner Besitzung, die den Namen »Villalta« trägt, ausgegeben haben. Begreiflich, daß er dafür auch eine Daueraufenthaltserlaubnis der schweizerischen Behörden haben wollte (und natürlich auch bekam). Diese dreizehn Millionen, auch wenn sie sich durch Extrawünsche verdoppeln sollten, kann Horten leicht verschmerzen; er hat sie an anderer Stelle längst schon wieder eingespart, nämlich beim Düsseldorfer Finanzamt...

Als Heidi und er Am Leuchtenberger Kirchweg die Koffer packten, nahmen sie nämlich nicht bloß für etliche Millionen Mark Garderobe, Pelze und Schmuck mit, darunter das 110-karätige Brillant-Trostbonbon, das Horten seiner Frau zum dreißigsten Geburtstag schenkte, weil das eigentliche Präsent, eine Brillant-Tiara, nicht rechtzeitig zum Wiener Opernball fertig geworden war. Nein, sie nahmen auch – bildlich gesprochen – ein paar Waschkörbe voll Geld mit – ziemlich genau 825 Millionen Mark...! Das war der Erlös, den Helmut Horten, nachdem er seinen Konzern in eine Aktiengesellschaft umgewandelt hatte, aus dem Verkauf von 75 Prozent der Aktien an den Wertpapierbörsen hatte erzielen können. Das Nachsehen hatte das Düsseldorfer Finanzamt, das diesen Aktienverkauf mit rund zweihundert Millionen Mark versteuert wissen wollte. Der Kaufhaus-Krösus konnte sich auf das deutsch-schweizerische Doppelversteuerungsabkommen berufen, nach dem der

Gewinn aus Wertpapierverkäufen nicht dem deutschen Steuerrecht unterliegt, wenn der glückliche Gewinner dauernd in der Schweiz lebt...

Immerhin ist Helmut Horten ja noch die Sperrminorität am Aktienkapital seines Konzerns verblieben, und auf die Erträge dieser rund zweihundertsiebzig Millionen könnten die Düsseldorfer Finanzbehörden ihre gierigen Hände legen, falls sie Hortens Argumenten nicht zu folgen gewillt wären. Aber, so steht für den Auswanderer zu hoffen, wahrscheinlich wird der Streit ausgehen wie das Hornberger Schießen. Schließlich beschäftigt Horten noch immer, wenn auch nunmehr ferngesteuert, fast dreißigtausend Angestellte, Arbeiter und Aushilfskräfte, und er war auch immer sehr großzügig, wenn ihm nahestehende politische Parteien durch Wahlkämpfe in finanzielle Not geraten waren. Dergleichen pflegt sich auszuzahlen, denn der nächste Wahlkampf kommt bestimmt...

Seit Helmut Horten nicht mehr frühmorgens in sein Chefbüro am Seestern fährt, hat er noch mehr Muße, zumal in Villalta auch ein Generalbevollmächtigter für ihn die täglichen Geschäfte erledigt (und dazu innerhalb der Besitzung eine eigene Villa erbaut bekommen hat). Infolgedessen wird bereits an einer noch weit größeren, noch schnelleren und natürlich auch noch luxuriöseren Hochsee-Jacht gebaut, mit der die Hortens selbst den Atlantik sicher und bequem überqueren können. Und auf einer drei Kilometer langen, von Horten in Gänze gekauften Bahama-Insel (Kostenpunkt: knapp acht Millionen Mark) entsteht schon ein neues sonniges und (noch mehr steuerbegünstigtes) Horten-Quartier, das zunächst als Winterresidenz dienen soll...

Trotz dieser gewaltigen Ausgaben, die durch immer neue Anschaffungen von kostbarstem Schmuck für die juwelenbegeisterte junge Frau noch beträchtlich vermehrt werden, wird Helmut Horten immer reicher und reicher. »Ich kann gar nichts dagegen tun«, bemerkt er dazu (obwohl es, zumindest theoretisch, ja die Möglichkeit gäbe, wieder heimzukehren ins Konzernreich und sofort ein paar hundert Millionen an den bundesdeutschen Fiskus loszuwerden...). Für seinen Umzug aus dem Rhein-Ruhr-Revier in das sonnige Tessin weiß Helmut Horten aber zwei gewichtige Gründe zu nennen: Da ist erstens die Luftverschmutzung, die ihn, der um nichts mehr besorgt ist als um die eigene Gesundheit und ständig einen Leibarzt mit modernsten Apparaten und beträchtlichem Medikamenten-Depot um sich hat, zur Flucht gezwungen hat, und da ist zweitens das

Klima, das ihm nicht mehr behagte. Dabei denkt er übrigens weniger an die durchschnittliche Luftdruck- und -feuchtigkeitswerte der Niederrheinischen Tiefebene als an den politischen Klimawechsel, der sich Ende 1969, just als er sich in die Schweiz absetzte, in Bonn vollzog. Mit dem Mann, der bis dahin Finanzminister gewesen war, hatte er sich ausgezeichnet verstanden, ihn sogar modisch beraten. »So wie du aussiehst«, erinnert sich der Kaufhaus-König einmal zu diesem Minister gesagt zu haben, »so kannst du nicht mehr verkauft werden! Kannst du dir nicht Maßhemden machen lassen? Ich zahle ja gern dafür ...« Er gab dem Duzfreund, der einst an der Spitze des Bundesfinanzministeriums gestanden hatte, auch noch einen anderen Rat: »Reise doch mal, du mußt eine Weile von der Bildfläche verschwinden – fahr nach Südafrika, nach Rhodesien, meinetwegen auch nach New York ...«

Der Rat wäre übrigens gut gewesen, nur passierte dann dem Freund gerade in New York ein Malheur, das – obwohl rein privater Natur – wieder peinliche Schlagzeilen machte ... »Er benimmt sich wie ein Elefant im Porzellanladen«, meinte Heidi Horten dazu, und sie dachte wohl dabei auch an den vorletzten Wiener Opernball. Da war ihr nämlich dieser Spezi ihres Gatten beim Tanz so heftig auf den Fuß getreten, daß der Schuh platzte. Sie hatte vor Schmerz aufgeschrien; ihr Brillant-Diadem, eigens von einer per Jet herbeigeholten Maskenbildnerin ins blonde Haar geflochten, war total verrutscht, und Heidi Horten, sonst voll Begeisterung für exotische Vögel, hatte den Strauß aus ihrer Privatmenagerie verbannt.

So leben sie alle Tage ...

Das Leben ist ein Raub,
das Leben eine Beute:
Wer weiß, wer's morgen nimmt!
Wer's hat, genieß' es heute.
Friedrich Rückert

Fürstliche Residenzen bei Düsseldorf, im Tessin, am Wörthersee und an der Riviera, eine eigene Bahama-Insel, ein Jagdrevier nebst Schloß in der Steiermark und so kostspielige Hobbys wie die Pirsch auf Bären und Elefanten oder die Hochseejacht »Carinthia IV«, ganz zu schweigen von der runden Million Mark, die in Form von Luxusautomobilen in seinen Garagen eingelagert ist, oder von der BAC 1-11, seinem privaten Düsenverkehrsflugzeug – mit alledem versteht es Helmut Horten, sich das Leben angenehm zu machen.

Im Vergleich zu den noch viel reicheren und mit sich so knauserigen Herren August von Finck und Friedrich Flick scheint Helmut Horten geradezu ein Verschwender zu sein. Doch täuschen wir uns nicht!

Was beispielsweise die Anzahl (und erst recht den Wert!) der zur Verfügung stehenden palaisähnlichen Villen und feudalen Landsitze angeht, so wird der scheinbar so überaus aufwendig lebende Warenhaus-Krösus, sowohl von seinem so bescheidenen Freunde Flick wie von dem für seine Sparsamkeit berüchtigten Münchener Bankier von Finck, weit in den Schatten gestellt.

Und die meisten anderen alten und neuen Geldgiganten haben sich – wie wir bei den hocharistokratischen Milliardären des ersten Bandes, bei den Fürsten von Thurn und Taxis, von Bismarck und zu Fürstenberg, aber auch bei Rudolf August Oetker, den Baronen Oppenheim oder den Vettern von Opel bereits deutlich gesehen haben und bei den neuen Reichen der folgenden Kapitel noch überdeutlich sehen werden – hinsichtlich Vielzahl, Lage und Ausstattung ihrer Behausungen gleichfalls keinen Zwang auferlegt.

(Dabei stört es sie offenbar nicht, meist dicht beieinander zu hocken – wie beispielsweise in Marbella, der bundesdeutschen Multimillionärs-Kolonie an der südspanischen Costa del Sol, wo die Fürstin Ann-Mari von Bismarck Nachbarin der Münchener Finanzmaklersgattin Lucia Münemann, geborenen Minck, der sportbegeisterte Industrie- und Kaufhaus-Großaktionär Georg von Opel Nebenmann des »Café Society«-Prinzen Alfonso zu Hohenlohe-Langenburg ist; wie auch am Suvretta-Hang bei St. Moritz, wo sich der steinreiche Baron »Heini« Thyssen-Bornemisza, Herbert von Karajan, Konsul Herbert Pavel – Nadel-Nabob aus Aachen mit einer runden Viertelmilliarde Mark Jahresumsatz – und Erich Benteler, der hünenhafte Mitbesitzer und Aufsichtsratsvorsitzer der Bielefelder Benteler-Stahlwerke, ebenfalls Umsatz-Viertelmilliardär, mit sehr repräsentativen Wintersport-Villen einträchtig nebeneinander niedergelassen haben; oder wie in dem einst so stillen Kampen auf Sylt, dem derzeit bevorzugten Prominenten-Grill für streifenlose Bräune, wo sich derselbe Erich Benteler ein standesgemäßes Haus mit dem Hamburger Privatbankier und Salonlöwen Enno von Marcard – in Firma Marcard & Co., Ballindamm 35 – teilt, wo Düsseldorfs Gebraucht- und Luxus-Neuwagen-König Wilhelm Becker seine Cadillacs und die so energisch-mütterliche Hildener Lackfabrikantin Ellen Wiederhold ihre sechs kostbaren Turnierpferde bewegt, wo eine Krupp-Villa für den Ex-Konzernerben Arndt von Bohlen und Halbach und eine andere für seinen väterlichen Freund Berthold Beitz bereitsteht und der – mit eigenem Hubschrauber anreisende – Großmogul der bundesdeutschen Presse, Axel Caesar Springer, den schönen alten Klenderhof zu eigen hat, außerdem noch weitere Ferienhäuser; ganz zu schweigen von der uns ja schon vertrauten Zusammenballung von Residenzen alt- und neureicher Geldgiganten im Tegernseer Tal ...)

Auch mit seiner Flotte von Luxus-Automobilen steht Helmut Horten keineswegs allein. Schon der – im Vergleich zu dem Düsseldorfer Warenhaus-Krösus geradezu minderbemittelte – Münchener »Wunderbankier« Rudolf Münemann besaß ein ganzes Geschwader von kostspieligen Straßenkreuzern mit einem überlangen schwarzen Cadillac (Kennzeichen: M-RM 500) als Flaggschiff, das er alljährlich zu Ostern außer Dienst zu stellen und durch das jeweils neueste Modell zu ersetzen pflegte.

Von den (nur zur Wahrung des Image der Firma Fichtel & Sachs scheinbar miteinander zerstrittenen, in Wirklichkeit sehr innigen) Brüdern Sachs ist zu berichten, daß sogar der (angeblich) so ernste Ernst-Wilhelm einen – von Pininfarina junior persönlich gehämmerten – stahlblauen »Ferrari-Superfast« hat (Grundpreis 106000 DM; Kennzeichen: SW-E 1); seine sehr reizende Frau, das frühere Mannequin Eleonora (»Lo«), geborene Ollschner-Vollweiler aus Augsburg, benutzt für kleine Besorgungen ein Mercedes-Coupé (Kennzeichen: SW-E 2), wogegen (der geschäftlich sehr clevere) Playbruder Gunter an jedem seiner Wohnsitze – also in München, Lausanne, St. Tropez und Paris, Avenue Foch – ein anderes standesgemäßes Gefährt unterhält, in der Seine-Metropole, mit feinem Sinn für das dem Quartier Angemessene, einen spezialgefertigten Rolls-Royce mit kriegsstarker Besatzung (Chauffeur *und* Diener)... Auch den repräsentativen Wagenpark von Axel Springer (alle Vehikel mit Kennzeichen HH-AS) führt ein Rolls-Royce an, der indessen von seinem Eigner nur außerhalb des Verbreitungsgebiets von ›BILD‹ und ›BZ‹ benutzt, innerhalb der Bundesgrenzen durch einen bescheidenen grauen Mercedes 300 ersetzt wird. Und sogar Münchens »Society-Doyen« (so die Londoner ›Sunday Times‹), der frühere Generalkonsul von Thailand, von der Boulevardpresse etwas respektlos »Ex-Thai« genannte, als Textilhändler einst sehr erfolgreiche und allgemein beliebte Herbert G. Styler, leistet sich und seiner hochbetagten, dabei verblüffend jugendlich wirkenden und für ihren atemberaubenden Schmuck berühmten Gemahlin Ysabel, Tochter des »Diamantenkönigs von Amsterdam«, den Luxus eines Rolls-Royce...

Nicht einmal mit seiner Luftmacht steht Helmut Horten allein! Zwar kann kein anderer bundesdeutscher Geldgigant der vierunddreißigsitzigen BAC 1-11 des rheinischen Selfmade-Milliardärs etwas Vergleichbares entgegenstellen, aber in quantitativer Hinsicht wird Horten von weit weniger reichen Landsleuten übertrumpft:

Allein die Presse-Lords und Druckherren der Bundesrepublik verfügen zusammen über ein ganzes Privatgeschwader, und an ihrer Spitze steht, zwar nicht mit der Auflage seiner ›Bunten Illustrierten‹, wohl aber mit nicht weniger als sechs verlagseigenen Flugzeugen, der Offenburger Großverleger Senator Dr. Franz Burda. Ihm folgt – mengenmäßig – erst in weitem Abstand der Zeitungszar Axel Springer mit drei Maschinen, und auch der Heinrich Bauer-Verlag (›Quick‹, ›Neue Revue‹, ›TV-Hören & Sehen‹ und so weiter), die Bertelsmann-Gruppe, die Daimler-Benz AG, der Wienerwald-Konzern oder auch die Grafischen Großbetriebe E. Gundlach KG in Bielefeld des Oetker-Halbbruders Richard Kaselowsky junior haben hauseigene Flugzeuge.

Der Itzehoer Großdrucker Richard Gruner, Gesellschafter und Geschäftsführer von Gruner + Jahr (›Stern‹, ›Zeit‹, ›Constanze‹, ›Brigitte‹, ›Capital‹, ›Petra‹ und ›Schöner Wohnen‹) wie auch des ›Spiegel‹-Verlages*, ist von seiner privaten »Beech 65-80« (Listenpreis: 540000 DM) auf eine »King Air«-Turboprop-Maschine (zu 1,8 Millionen DM) umgestiegen, und er fliegt nur deshalb keinen noch teureren Jet, weil er damit an seinem schweizerischen Refugium bei Ascona nicht landen könnte.

Selbst ein Provinzzeitungs-Verleger wie Georg Fürst von Waldburg zu Zeil und Trauchburg konnte bereits vor einigen Jahren mit einer eigenen »Piper PA 23-250« (Preis: 225000 DM) aufwarten, wofür aber wohl weniger Verlagsinteressen den Ausschlag gaben als vielmehr sportliche Neigungen und glänzende Vermögenslage.

Georg Fürst von Waldburg zu Zeil war übrigens schon damals keineswegs der einzige fliegende Fürst mit eigener Maschine. Die Ausstattung der bundesdeutschen Hocharistokratie reichte bereits 1964 von der bescheidenen »Auster MK 5« (zu 15000 DM) des – uns aus dem ersten Band als Kleinförderer der NPD wohlbekannten – Fürsten Christian zu Bentheim und Steinfurt über die »Cessna 172« (zu 45000 DM) des Hohenzollern-Chefs Prinz Louis Ferdinand von Preußen und die »Cessna 210 B« (zu 60000 DM) des Fürsten Emich zu Leiningen bis zur »Aero Commander 560 F« (zu 400000 DM) des steinreichen Prinzen Friedrich Max zu Fürstenberg auf Schloß Werenwag (Sekretariat: Schloß Meßkirch), dreifachen Bankaufsichtsrat und Inhaber des Autohauses Breisgau in Freiburg.

Indessen verblaßte selbst der Ruhm der kombinierten Geschwader des Hochadels und der Presse-Lords angesichts der Armada privater Flugzeuge, die die bundesdeutschen Industrie- und Handelsherren schon 1964 aufbieten konnten. Die Luftüberlegenheit der Wirtschaft war bereits damals enorm, quantitativ wie qualitativ:

Mehr als dreihundert Firmen stellten ihren Bossen Privatmaschinen. Die größte und teuerste hatte schon seinerzeit Helmut Horten – eine »Fokker F 27 MK 100« (zu fünf Millionen Mark); die meisten Privatflugzeuge leistete sich der Mein-

* Hauptgesellschafter Rudolf Augstein macht Richard Gruner die Geschäftsführung beim ›Spiegel‹-Verlag streitig wegen Gruners Konkurrenz-Interessen. Der Rechtsstreit ist noch nicht entschieden.

erzhagener Maschinenfabrikant und MÜWAG-Großaktionär Werner Battenfeld – acht Maschinen, darunter vier zu je vierhunderttausend Mark, und selbst der »Wienerwald«-Hähnchengriller Friedrich Jahn verfügte bereits über eine »Cessna 320« (zu 160000 DM).

Übrigens, der gelernte Kellner Jahn aus Linz, Jahrgang 1923, der im März 1955 mit achttausend Mark Ersparnissen in einer heruntergewirtschafteten Schwabinger Kneipe anfing – zuerst mit Hühnersuppe, die zu Hause gekocht und in großen Kannen in das küchenlose Lokal geschleppt wurde, dann mit Brathendln vom selbstgebastelten Drehspieß –, der damals noch mit dem Fahrrad zum Viktualienmarkt einkaufen fuhr, als Aushilfskellner hinzuverdiente, was zum Unterhalt fehlte, während seine Frau Hermine, auch sie gelernte Serviererin, noch jahrelang selbst die Toiletten putzte, weil Hilfskräfte zu teuer gewesen wären, und der knapp zwölf Jahre nach dem mühevollen Start bereits mit einem internationalen Konzern von rund zweihundertfünfzig Gaststätten und zwei Dutzend Hotels weit über eine Viertelmilliarde Mark Jahresumsatz erzielte, auch dieser echte Selfmademan, der heute so rasch expandiert, daß man seine Brathendl-Stationen und sonstigen Unternehmen, zu denen auch Luxusrestaurants gehören, kaum noch zählen kann, ist längst zum »Jet-Set« gestoßen:

Zur ersten »Cessna« ist eine zweite gekommen, dann, als dritte Maschine, eine zweistrahlige »Mystère 20« (Kostenpunkt: 4,5 Millionen Mark), des Hähnchengrillers Düsenschreibtisch. Damit jagt er, auch hoch über den Wolken Post diktierend oder Verhandlungen führend, von einem »Lokaltermin« zum anderen. Es werden ihm nämlich im Monatsdurchschnitt etwa zweihundert Gaststätten zum Kauf angeboten, und er besichtigt sie alle selbst. Er ist so beschäftigt (und so reich geworden), daß es ihn nicht kratzt, von Staffelchef Senator Dr. Franz Burda, dessen Wohlstand schon ein paar Jahre älter ist als Jahns, nicht zum »Bal paré« eingeladen zu werden. Im Gegenteil: Der »Wienerwald«-Meister, der seinen Angestellten Betriebsausflüge nach Amerika und Israel beschert und ihnen in Notfällen aus einem Sonderfonds nicht rückzahlbare Zuschüsse bis zu zweitausend Mark gewährt, ist solz auf seinen Aufstieg aus dem Nichts und macht keinen Hehl daraus. »Wenn's schiefgeht, kann ich wieder kellnern«, erklärt er jedem, der es hören will. Und dann eilt er, zu neuen Käufen und immer weiteren Expansionen entschlossen, zu seiner startklaren »Mystère 20«, einem Jet, den auch

Helmut Horten, wie er mir gestand, gern für sich gekauft hätte, nur ist diese Maschine für ihn »leider viel zu klein«...

Für die rastlosen Reichen der Bundesrepublik ist der »Jet« – nur ältere Damen sagen noch »Düse« – zum unentbehrlichen Requisit geworden. Wie sonst sollen sie ihre vielfältigen Verpflichtungen einhalten und sich daneben auch noch etwas Luxus gönnen? Wenn man beispielsweise in Düsseldorf wohnt, mittags ein »Arbeitsessen« in Saarbrücken, zur Cocktailstunde eine Verabredung in München, vorher Anprobe bei Max Dietl, dem Prominenten-Schneider der Isar-Metropole, hat und abends Karten für die Festspiele in Salzburg; wenn man am selben Tag noch um 9.30 Uhr beim Zahnarzt angemeldet ist, die Gemahlin hingegen um 14 Uhr bei »Alexandre« in Paris eine »Opernfrisur« bestellt hat; wenn man zwischendurch auch noch die dringendste Post erledigen und ein bißchen telefonieren will – dann hilft nur der Privat-»Jet«...! Traurig ist nur, daß man an manchen Plätzen damit nicht landen kann, weshalb man daneben auch noch eine »Queen Air« (zu nur einer Million Mark), eine zweimotorige, fünfsitzige »Piper Aztec« (aus zweiter Hand schon für hunderttausend Mark) für die Kinder und ihre Freunde sowie – für Kurzstrecken und zum Besuch des Jagdreviers, manchmal auch zur Vermeidung von Verkehrsstauungen, zum Beispiel bei Golfverabredungen auf Plätzen am anderen Ende der Stadt – einen *'copter*, einen Hubschrauber, haben muß...

Nein, Privatflugzeuge, selbst »Jets«, sind längst keine Sensation mehr! Und Helmut Hortens »BAC 1-11«, auch wenn sie sich zu den »King Air«-Turboprops gewöhnlicher Multimillionäre wie sein Rolls-Royce zum VW seines Milliardärskollegen August von Finck (oder dem »Opel Kadett« des kaum minder wohlhabenden Georg von Opel) verhält, ist ja oft im Einsatz für den Warenhaus-Konzern und nicht nur zum Privatvergnügen ihres Eigners da.

Anders ist es mit der Motorjacht »Carinthia IV«, deren Anschaffung für rund fünf Millionen Mark sich geschäftlich kaum rechtfertigen ließe. Sie ist ein reiner Luxus, aber auch als solcher gar nicht so außergewöhnlich!* Die Reichen der Bundesrepublik sind längst auch um Seegeltung bemüht, und das nicht nur auf dem »Schwäbischen Meer«, dem Starnberger oder Chiemsee, sondern auch auf fernen Ozeanen, in der Karibischen See, an

* Sie wird jetzt durch eine noch größere, schnellere und luxuriösere Horten-Jacht ersetzt.

den Küsten Afrikas, vor allem aber im Mittelmeer. Es sind auch keineswegs nur die Geldgiganten, die sich den Luxus einer schnittigen Jacht (mit gekachelten Bädern, Telefon, Fernsehen, gutbestückter Bar und Tanzparkett) leisten; auch viele gutverdienende Top-Manager, Chefredakteure und freiberufliche Spitzenverdiener suchen und finden Erholung nebst Prestige, zumal bei jüngeren Damen, durch eine eigene komfortable und seetüchtige Jacht.

Daß aber Helmut Horten auch mit seiner großzügigen Gastlichkeit nicht allein steht – ›Spiegel‹-Society-Kolumnist Peter Brügge meldete von Hortens Einstand an der Côte d'Azur, er habe sich »in den Augen französischer Gäste durch ein Zuviel an Kaviar, ein Zuviel an teuer eingekauftem Unterhaltungsprogramm« ausgezeichnet –, dafür sorgen einige nimmermüde, gesellschaftlich äußerst ambitionierte Hausfrauen bundesdeutscher Geldgiganten, an ihrer Spitze Gabriele Henkel.

Sie, die Tochter des Hals-Nasen-Ohren-Spezialisten am Düsseldorfer Marienhospital, Professor Theodor Hünermann, und Gattin des »Persil«-Potentaten Dr.-Ing. Konrad Henkel, Jahrgang 1915, kann in ihrem Hause Chamissostraße 9 im vornehmsten Düsseldorf allein in ihrer »guten Stube«, einem mit grünem Samt ausgeschlagenen Saal von den Dimensionen einer übergroßen Turnhalle, leicht eine kriegsstarke Kompanie bewirten, und sie macht davon regen Gebrauch.

(Außerdem steht ihr, zur Bewältigung auch des größten Andrangs, ein gewaltiges Zelt zur Verfügung, ähnlich wie es reisende Feldherren bis ins späte Rokoko als mobiles Hauptquartier zu benutzen pflegten, und das, im Garten vor der Terrasse aufgeschlagen, eine weitere Hundertschaft aufnehmen kann.)

Als Gemahlin des drittgrößten Waschmittel-Produzenten der Welt und mehr als tausendfachen Millionärs, aber auch als gutkatholische Professorentochter, fühlt sich Gabriele Henkel zu mehr verpflichtet als nur möglichst viele und möglichst vornehme Gäste möglichst gut und reichlich abzufüttern. So bietet sie den selten weniger als fünf Dutzend Eingeladenen meist als eine Art geistigen Apéritif zunächst einen ernsten Vortrag eines Fachgelehrten, beispielsweise den Monolog eines Bankiers über das soziale Gewissen oder die Rezitation eines katholischen Moraltheologen mit allen Variationen zum Thema »Gotteslästerung«. Sodann wird – nach ausgetüftelter Tischordnung und mit fein gedruckten Menükarten – das Diner serviert, wobei es – je nach dem Thema des Vortrags – leichtere oder schwerere Kost gibt: Hummerschwänze oder Möweneier, Consommé von Känguruhschwanz oder Essenz von jungen Tauben, Spanferkel oder getrüffelten Kapaun, Käse und Dessert...

Spätestens zur Suppe setzt die Tischmusik ein, wobei – wie auch bei den Dekorationen – Renaissance-Motive von der Gastgeberin bevorzugt werden. Und nach dem Mokka werden von der angemieteten Hauskapelle Tanzrhythmen offeriert, die allerdings nicht zu modern sein dürfen und an den »Five o'clock« auf dem Eden-Dachgarten im Berlin der früheren dreißiger Jahre erinnern.

Gleich was Gabriele Henkel ihren – im Jahr rund tausend – Gästen bietet, ob Ionesco, Bach, Soziale Marktwirtschaft oder das Leben Jesu, stets ist Smoking (und entsprechendes Abendkleid) vorgeschrieben, und die bildschöne Gastgeberin, die eine Vorliebe für Goldbrokat und tiefe Dekolletés hat, trifft an der Spitze eines Stabes erprobter Mitarbeiterinnen so detaillierte Vorbereitungen, als handele es sich nicht um ein Abendessen mit Freunden, sondern um eine Papstkrönung oder die Inthronisation des Herrschers aller Reußen...

Gabriele Henkels Soireen sind nur ein – wenngleich leuchtendes – Beispiel dafür, daß auch andere Reiche kostspielige Geselligkeit pflegen. Und daß Helmut Horten selbst mit seinen ausgefallensten Hobbys keine seltene Ausnahme bildet, läßt sich ebenfalls beweisen, und zwar am Exempel eines Nachbarn von ihm, zwar nicht in Düsseldorf-Lohausen, in der Steiermark oder am Wörthersee, aber am Cap d'Antibes, dort, wo die Riviera ihre schmalsten und teuersten Baugründe zu bieten hat.

Dieser Nachbar Helmut Hortens ist vor noch nicht langer Zeit tödlich verunglückt. Im Herbst 1967 stürzte er bei einem Flug nach Nizza in Oberitalien ab. Doch es wäre unverzeihlich, seiner in einem Bericht über die neuen Geldgiganten der Bundesrepublik nicht zu gedenken, denn er war nicht nur einer der allerreichsten, vergleichbar nur noch mit Friedrich Flick und allenfalls August von Finck, sondern auch – ein seltener Fall! – zugleich einer der konsumfreudigsten. Halb Top-Manager seiner eigenen Unternehmen, Generaldirektor und vielfacher Aufsichtsrat, halb Playboy, der nicht nur mit Gunter (»Sexy«) Sachs und dem auch in der High-Society populären Boxer »Bubi« Scholz ausgelassene Partys zu feiern verstand, sondern auch daheim in Bad Homburg jungenhafte Freude an allerlei kostspieligen technischen Finessen hatte:

Da war die riesige Hausbar, von der dreihundert Quadratmeter großen Wohnhalle durch eine Wand getrennt, die sich auf ein »Sesam öffne dich!« des Hausherrn sanft und lautlos in den Boden senkte...

Da war die HiFi-Stereo-Anlage, deren Lautsprecher aus dem Keller mit der gewünschten Musik versorgt wurden, elektronisch ferngesteuert mit Hilfe einer Wählscheibe...

Da war das Heimkino, wo sich durch entsprechenden Knopfdruck auch eines der Fernsehprogramme auf die Leinwand projizieren ließ...

Da war der in die Schlafzimmerdecke eingebaute Bildschirm für den Fall, daß der Hausherr es vorzog, das TV-Programm vom Bett aus zu genießen; der Schießstand und die Kegelbahn, beide natürlich vollautomatisch, und als Clou des Ganzen die einzigartige Modelleisenbahn, für die er, weil die Anlage immer ausgedehnter und komplizierter wurde, schließlich sogar einen Fachingenieur als privaten Fahrdienstleiter beschäftigte...

Diese technischen Spielereien kosteten natürlich sehr viel Geld, das irgendwo herkommen mußte, und sie dürfen uns deshalb auch nicht darüber hinwegtäuschen, daß der Krösus zwar in diesem Sinn ein »Playboy«, daneben aber auch ein recht aktiver Unternehmer war. Zusammen mit (und zunächst angeleitet von) seinem elf Jahre älteren Halbbruder (aus der ersten Ehe seines Vaters), der ihn überlebt hat und heute den Konzern allein regiert, hat er aus einem zwar sehr beträchtlichen, aber – im Vergleich zu dem, was dann daraus wurde – auch wiederum recht bescheidenen Erbe in wenigen Jahren ein so gewaltiges Vermögen gemacht, daß – wenn nicht vorgesorgt gewesen wäre – sein Tod das umfangreichste Erbschaftssteuerverfahren hätte auslösen können, das bundes- oder reichsdeutsche Finanzämter jemals zu bewältigen hatten!

Trotzdem war sein Name in der breiten Öffentlichkeit weitgehend unbekannt. In der populären Presse tauchte er erstmals nach dem tragischen Unfall auf, der dem Fünfundvierzigjährigen das Leben gekostet hatte.

Da stand dann in den Zeitungen, daß ein reicher Industrieller mit dem Flugzeug abgestürzt wäre; daß er eine noch junge Witwe und fünf Töchter zwischen sechzehn Jahren und acht Wochen hinterlassen hätte, außerdem ein dickes Paket von Aktien, vornehmlich der deutschen Automobilindustrie; daß er mit seiner Privatmaschine vom Typ »King Air« – Preis: 1,8 Millionen Mark – nach Nizza hatte fliegen wollen, um sich dort am nächsten Morgen eine Bademodenschau anzusehen. Und das alles interessierte die Leser natürlich weit mehr als der ihnen bis dahin unbekannte Name des Verunglückten: Harald Quandt...

Harald Quandt, am 1. November 1921 in Berlin geboren, war der Sohn des Industriellen Günther Quandt aus dessen zweiter Ehe mit einer Society-Schönheit. Magda, geborene Ritschel, wie sie hieß, ließ sich eines Tages von ihrem Manne scheiden, um später einen anderen zu heiraten, dessen Charme sie erlegen war, nämlich den damaligen – es war 1931 – NSDAP-Reichstagsabgeordneten, Herausgeber des Radaublattes ›Angriff‹ und für sein demagogisches Talent berühmten »Gauleiter« von Groß-Berlin, späteren Reichsminister für Volksaufklärung und Propaganda und von Hitler testamentarisch zu seinem Nachfolger bestimmten ehemaligen Jesuitenzögling aus Rheydt im Rheinland, Dr. Joseph Paul Goebbels.

In diese neue Verbindung brachte Magda Goebbels, geschiedene Quandt, nicht nur etliches Geld ein – es hieß: die Hälfte des auf etwa acht Millionen Reichsmark geschätzten damaligen Quandt-Vermögens –, sondern auch den gerade zehnjährigen Harald, das einzige Kind aus ihrer geschiedenen Ehe. Fotos aus jener Zeit zeigen den kleinen Harald in einer für ihn offenbar maßgeschneiderten SA-Uniform, mit Schaftstiefeln, Breecheshosen, Braunhemd, Koppel und Schulterriemen, wie er an der Hand seines neuen Stiefpapas durch ein Spalier Berliner SA-Rabauken schreitet, die ihrerseits, wegen eines gerade verhängten Uniformverbots, weiße Hemden trugen und auch auf andere Attribute wehrhafter Zusammengehörigkeit hatten verzichten müssen...

In der Goebbels-Villa auf der romantischen Havelinsel Schwanenwerder wuchs Harald Quandt nun heran. Die zweite Ehe seiner Mutter wurde sehr kinderreich. Harald bekam, Jahr für Jahr, immer neue Halbgeschwister, insgesamt fünf kleine Schwestern und ein Brüderchen.

Gleich nach bestandenem Abitur – inzwischen war der Zweite Weltkrieg ausgebrochen – meldete sich Harald Quandt freiwillig zu den Fallschirmjägern. Er erwarb sich bei zahlreichen Fronteinsätzen auf dem Balkan, auf Kreta und in Nordafrika hohe Auszeichnungen und geriet 1944 in Tunesien als Oberleutnant in britische Kriegsgefangenschaft.

So überlebte er den Untergang des »Dritten Reiches«, während seine Mutter und sein Stiefvater noch kurz vor der Kapitulation sich selbst – und zuvor ihre sechs kleinen Kinder – umbringen ließen ...

Schon bald nach Kriegsende kehrte Harald Quandt aus der Gefangenschaft zurück, studierte Maschinenbau und schrieb seine Diplomarbeit über Stufenpressen. Ja, und dann trat der frischgebackene Diplom-Ingenieur, der schon als Student im Aufsichtsrat mehrerer großer Unternehmen gesessen hatte, in den Vorstand der Industrie-Werke Karlsruhe AG ein und wurde zudem Großaktionär einer Firmengruppe, die damals bereits etwa fünfzigtausend Beschäftigte zählte!

Ein Wunder? Keineswegs! Schließlich hatte Harald Quandt ja nicht nur einen Stiefvater gehabt, der einer der Mächtigsten im Großdeutschen Reich unseligen Angedenkens gewesen war, sondern er hatte auch einen richtigen Vater, der damals noch lebte. Und dieser Vater, Günther Quandt, der geschiedene erste Ehemann von Magda Goebbels, hatte nicht nur aus dem Vermögensrest, der ihm nach der kostspieligen Trennung von Haralds Mutter verblieben war, wieder ein kleines Industrie-Imperium geschaffen und es sicher durch den Krieg und auch – bis auf die unvermeidlichen Verluste östlich der Elbe – einigermaßen intakt durch die erste Nachkriegszeit gebracht, sondern er erwies sich nun auch als ein sehr fürsorglicher Papa.

Noch zu seinen Lebzeiten übertrug er seine Aktienpakete auf seine beiden Söhne, auf Herbert, seinen Ältesten aus erster Ehe, und auf Harald, den um elf Jahre jüngeren, der ihm auch durch die Erziehung im Hause des Dr. Goebbels nicht entfremdet worden war. Und zugleich vermachte er seinen beiden Söhnen auch noch etwas anderes, nämlich seine Erfahrungen, vor allem die, daß das erste Gebot für Multimillionäre lautet: Du sollst schweigen, jedes Aufsehen vermeiden und niemanden in deine Karten gucken lassen ...

Nach diesem Gebot hatte sich Günther Quandt zu richten gelernt, und auch die Söhne hielten sich streng daran. Zwar sind auch andere Geldgiganten schon dahintergekommen, daß es vorteilhaft ist, sein Licht unter den Scheffel zu stellen, weil Reichtum und Macht besser im tiefen Schatten gedeihen. Aber von allen, die ihre Milliarden verstecken – ob sie nun Werhahn oder Karg, von Finck oder Flick heißen –, sind die Quandts ohne Zweifel diejenigen, die den Umfang ihres Besitzes am besten zu verschleiern verstanden haben und

– soweit es an ihnen selbst liegt – tiefstes Schweigen zu wahren wissen.

Das gilt für die geschäftliche, erst recht natürlich für die private Sphäre. Ohne den Skandal, den Magda Quandt entfachte, als sie sich von ihrem Ehemann, immerhin einem Industriellen, trennte und den in besseren Kreisen Berlins damals noch sehr anrüchigen Chefpropagandisten Hitlers heiratete, wäre der Name Quandt in den Jahren der Weimarer Republik und des »Dritten Reiches« höchstens einigen sehr aufmerksamen Lesern des Wirtschaftsteils gutinformierter Blätter gelegentlich einmal aufgefallen, doch auch ihnen hätten sich schwerlich die Zusammenhänge offenbart, die zwischen den weitgestreuten und vielfältigen Interessen Günther Quandts bestanden.

Und in der Nachkriegszeit war es dann wiederum eine Frau, eine gutgewachsene Blondine von Anfang dreißig namens Hella Ariane Tebbenjohanns, die für eine den Quandts höchst unliebsame Publicity sorgte:

Frau Tebbenjohanns, eine Stiefschwester von Magda Goebbels, hatte sich 1962, nach der Lektüre eines Illustriertenberichts, Hals über Kopf in den amerikanischen Arzt Dr. Samuel Sheppard verliebt, der wegen angeblichen Mordes an seiner Ehefrau im Zuchthaus von Marion (Ohio) saß. Sie reiste sogleich nach Amerika und setzte dort ihre beträchtliche Energie und ihr nicht minder beachtliches Vermögen ein, um Dr. Sheppards Unschuld nachzuweisen, und sie erreichte wirklich ein Wiederaufnahmeverfahren, das mit einem Freispruch für den Arzt endete.

Natürlich heirateten nun die beiden, und ihre Geschichte machte Schlagzeilen in der ganzen Welt. Bis dahin wäre vom Standpunkt der Quandts aus alles in Ordnung gewesen; sie wurden von der ganzen sensationellen Affäre ja nicht berührt. Doch dann ließ sich die neue Mrs. Sheppard dazu hinreißen, auf ihre »Verwandtschaft« mit den »steinreichen Großindustriellen« Quandt, ihren Stiefstiefneffen, hinzuweisen, ja, sie behauptete sogar, im Quandtschen Privatflugzeug den Atlantik überquert zu haben – eine technische Unmöglichkeit, die aber von diversen Boulevard- und Wochenblättern der Bundesrepublik dankbar aufgegriffen worden wäre, hätte Herbert Quandt nicht eingegriffen. Es gelang ihm, alle Nachrichten über die familiären Zusammenhänge zu unterdrücken...

Solche Diskretion, erst recht die Möglichkeit, sie von anderen wahren zu lassen, wirft natürlich die Frage auf, wieviel Macht eigentlich hinter dem Namen Quandt steckt, worauf sie beruht und wie sie entstanden ist.

Um mit den Ursprüngen Quandtscher Macht anzufangen: Sie liegen verblüffenderweise in einer Gegend, in der sich nach landläufiger Meinung zu jener Zeit die Füchse gute Nacht sagten und die auch heute noch nicht gerade zu den Zentren der Hochfinanz, nicht einmal zu den wirtschaftlich aktiven Gebieten gerechnet werden kann, nämlich in der Ostpriegnitz, in den Städtchen Pritzwalk an der Dömnitz und Wittstock an der Dosse.

Es waren beides, zumal in der sogenannten »guten alten Zeit« vor dem Ersten Weltkrieg, recht idyllische kleine Nester. Doch galt schon im Mittelalter Kurbrandenburg als »des Heiligen Römischen Reiches Erz-Streusandbüchse«, so hatte sich daran in der Priegnitz bis zum ausgehenden neunzehnten Jahrhundert wenig geändert: Ihr Reichtum bestand im wesentlichen aus Sand, und Städtchen wie Pritzwalk und Wittstock konnten allenfalls Anspruch darauf erheben, bei dem Vergleich mit der Streubüchse als deren Löcher zu gelten...

Immerhin gab es um die Mitte des vorigen Jahrhunderts selbst in Pritzwalk schon ein bißchen Industrie, vor allem eine Tuchfabrik der Gebrüder Draeger. In diese gutbürgerliche und sicherlich auch schon – für Pritzwalker Maßstäbe – recht wohlhabende Familie Draeger heiratete der Großvater von Herbert und Harald Quandt.

Emil Quandt – so hieß dieser Gründer der Dynastie, zumindest ihres Wohlstandes – war ein sehr rühriger Kaufmann. Nachdem er Mitinhaber der Tuchfabrik Gebr. Draeger geworden war, gab er diesem Unternehmen einigen Auftrieb, nicht zuletzt durch Pflege und Ausbau der Beziehungen zur Konfektion, die im nahen Berlin rund um den Hausvogteiplatz ihr Zentrum hatte.

Die Bevölkerung Berlins nahm damals sprunghaft zu, vor allem durch ununterbrochenen Zuzug vom Lande. Die Neubürger der Reichshauptstadt, in ihrer überwältigenden Mehrzahl arme Schlucker, brauchten Nahrung und Obdach – zu mehr langte es meist gar nicht. Aber alle paar Jahre benötigte auch der Ärmste Ersatz für seine zerschlissene Kleidung, und addiert brachte selbst diese bescheidene Nachfrage für die Textilindustrie rund um Berlin eine beträchtliche Umsatzsteigerung. Zwar war ihr Aufstieg nicht annähernd vergleichbar mit dem Boom, den die Schwer- und Elektroindustrie, das Baugewerbe und der

Nahrungsmittel-Einzelhandel damals erlebten, aber dafür verlief die Entwicklung stetig, ohne Überhitzung der Konjunktur und ohne plötzliche Krisen.

Emil Quandt und die Seinen konnten sich also eines gemächlich wachsenden Wohlstandes erfreuen, und davon profitierte insbesondere der Sohn und Erbe, Günther, der 1881 in Pritzwalk zur Welt gekommen war. Die Eltern beschlossen nämlich, ihren Sprößling einer etwas höheren Bildung teilhaftig werden zu lassen, als die Schule seines Heimatstädtchens zu bieten hatte. Sie schickten ihn auf die Luisenstädtische Oberrealschule in Berlin, wo er in neun Jahren nicht nur Französisch und Englisch, Algebra und Zinseszins-Rechnung sowie manches andere Nützliche lernte, sondern auch zu einem Hauptstädter wurde, der das heimatliche Pritzwalk nur noch in den Ferien besuchte und sich dann dort – obwohl das Städtchen inzwischen auf über siebentausend Einwohner angewachsen war! – als ein in die tiefste Provinz verschlagener Berliner fühlte.

Der Schulzeit des jungen Tuchfabrikantensohnes folgten einige Lehrjahre in den verschiedenen Zweigen der Textilindustrie des In- und Auslands, und im Jahre 1909 finden wir den Achtundzwanzigjährigen wieder daheim in Pritzwalk, nunmehr bereits als Mitinhaber, nicht nur der Stammfirma Gebrüder Draeger, sondern auch der Tuchfabrik Friedrich Wilhelm Wegener in Wittstock an der Dosse, außerdem als angetrauten Gatten der Antonie Ewald, einer jungen Dame aus gutbürgerlichem Hause.

Im Jahr darauf bekam das junge Ehepaar einen Sohn, den am 22. Juni 1910 geborenen heutigen Konzernchef Herbert Quandt, und ein weiteres Jahr später, 1911, wurde Günther Quandt auch noch Mitinhaber der Tuchfabrik Friedrich Paul in Wittstock. Er hatte sich, so scheint es rückblickend, mit der »Provinz« abgefunden, und man könnte meinen, er hätte sich damals gesagt: »Lieber als Chef und Mitinhaber dreier Tuchfabriken der Erste in der Priegnitz, als anderswo einer unter vielen . . . !«

Das ist jedoch ein Irrtum – von der Rolle des »Ersten« konnte weder in Pritzwalk noch in Wittstock die Rede sein! Das preußische ›Jahrbuch der Millionäre‹ von 1912 nennt zwar einige Dutzend Inhaber von siebenstelligen Goldmark-Vermögen, die damals in der Priegnitz lebten, zumindest dort Steuern zahlten, aber Günther Quandt (oder ein anderer kleinstädtischer Tuchfabrikant) ist nicht darunter. Es sind durchweg adlige Rittergutsbesitzer, die sich eines solchen Reichtums erfreuen konnten.

Auch die Familie von Günther Quandts Frau, die Ewalds, und die seiner Mutter, die Draegers, zählten keineswegs zu den Millionären – mit einer Ausnahme:

In Charlottenburg bei Berlin, im Hause Kurfürstendamm 26, lebte damals ein Fabrikant Draeger, der im Jahre 1911 etwa 1,5 Millionen Mark versteuerte. Man darf vermuten, daß es sich bei ihm um den Hauptteilhaber des kleinen priegnitzschen Tuchfabriken-Konzerns handelte, einen älteren Herrn, der sich in Berlin von seinen Renditen gute Tage machte und die Sorge um die Betriebe seinem tüchtigen Neffen und Associé Günther Quandt überließ.

Es scheint, als hätte dieser Onkel Draeger nicht nur über viel Geld, sondern auch über ausgezeichnete Beziehungen verfügt, denn als bald darauf der Erste Weltkrieg ausbrach, brauchte der Fabrikant Günther Quandt nicht als Soldat ins Feld zu ziehen, sondern wurde mit einem Posten in der Verwaltung betraut, die die Bewirtschaftung kriegswichtiger Rohstoffe vorzunehmen hatte. Dort erwies er sich offenbar als äußerst tüchtig, denn schon 1915 übertrug man ihm eine Schlüsselposition: die Leitung der Reichswoll-AG.

In der Praxis bedeutete dieses Amt, daß Günther Quandt für die Erfassung und Verteilung eines der wichtigsten und knappsten Rohstoffe im gesamten deutschen Machtbereich verantwortlich war. Der erst Vierunddreißigjährige erwies sich dabei als glänzender Organisator, der seine großen Vollmachten mit viel Improvisationsgeschick und fachmännischem Können dazu benutzte, die rasch schwindenden Rohstoffvorräte des Reiches auf jede nur erdenkliche Weise zu strecken und nur dem dringlichsten Bedarf entsprechend zu verteilen.

Bis 1919 blieb Günther Quandt auf diesem wichtigen Posten. Anschließend wurde er ins Reichswirtschaftsministerium übernommen und schied erst 1922 aus dem Staatsdienst aus. Nach Pritzwalk zurückgekehrt, reorganisierte der nun schon erfahrene Manager die alten Familienunternehmen, faßte sie zu den »Draeger-Paul-Wegener-Werken (Pritzwalk und Wittstock)« zusammen und wurde das geschäftsführende Vorstandsmitglied des neuen Konzerns.

Damit, so könnte man glauben, wäre sein weiterer Lebensweg vorgezeichnet gewesen: Ein Textilfachmann, der reiche Erfahrungen in Wirtschaft und Verwaltung gesammelt und sein Organisationstalent an einem großen, staatlichen Unternehmen erprobt hat, widmet nun seine ganze Kraft dem eigenen Familienbetrieb und macht daraus vielleicht einen über die Priegnitz hinausreichenden Textilkonzern...

Eine solche Vermutung wäre indessen nur als sehr bedingt richtig zu bezeichnen, denn Günther Quandt schuf sich zwar einen solchen Textilkonzern, doch nur, sozusagen, nebenbei. (Heute umfaßt dieser Bereich der Quandt-Gruppe, dessen Holding die – inzwischen in Stuttgart beheimatete und in eine GmbH umgewandelte – Stammfirma Gebr. Draeger geblieben ist, eine ganze Reihe von Unternehmen, von denen jedes bedeutender ist als die »Draeger-Paul-Wegener-Werke« der frühen zwanziger Jahre. So hält die Gebr. Draeger GmbH die maßgebliche Beteiligung an der Kammgarnspinnerei Stöhr & Co. AG in Rheydt, die ihrerseits die starke Mehrheit an der ETAG Textilwerke GmbH in Leverkusen-Schlebusch und an der OLBO Textilwerke GmbH in Solingen-Ohligs besitzt, außerdem die Leipziger Wollkämmerei GmbH in Rheydt beherrscht, die wiederum mit 27,48 Prozent an der Hamburger Wollkämmerei GmbH in Hamburg beteiligt ist.)

Doch, wie gesagt, der Textilbereich ist nur eines der vielen Interessengebiete der heutigen Quandt-Gruppe, und auch schon Günther Quandt, der bald nach dem Ersten Weltkrieg in zweiter Ehe Magda Ritschel geheiratet hatte und Vater eines weiteren Sohnes, des 1921 in Berlin geborenen Harald Quandt, geworden war, begann sich dann (und sehr intensiv!) gänzlich anderen Bereichen zuzuwenden, zunächst dem Kali, genauer: der Wintershall AG.

»Die Geschichte des Giganten unter den Kalikonzernen, der (Ende 1921 gegründeten) Wintershall AG«, schrieb schon Kurt Pritzkoleit, »würde sich als eine Chronik des Börsengeschäfts, der Manipulationen mit Majoritäten und Sperrminoritäten, der Überrumpelungen, der Wortbrüche und der Kunst darstellen, vollendete Tatsachen zu schaffen, und der nicht geringeren, sie hinzunehmen, die den Fachleuten, die damals jung waren, ein Lächeln seliger Erinnerungen aufs Gesicht zaubern, die Experten von heute jedoch über die ganze Gefühlsskala vom Staunen bis zur Entrüstung jagen würde...«

Der Mann, der den Wintershall-Konzern aufbaute, hieß August Rosterg. Er war 1870 in einem Dorf bei Unna als zehntes Kind einer Bergmannsfamilie zur Welt gekommen und hatte sich, nach einer sehr harten Jugend, im Kalibergbau langsam hochgearbeitet.

In den Inflationsjahren nach dem Ersten Weltkrieg war er bereits der große Mann bei Wintershall, unter dessen Führung mehr als fünfzig Unternehmen des Kalibergbaus ihre Selbständigkeit aufgaben und vom Wintershall-Konzern geschluckt wurden.

Die Methoden, die Rosterg dabei anwandte, waren oft nicht gerade fein zu nennen, aber das kümmerte ihn herzlich wenig. Solange sich die Transaktionen noch im Rahmen des gesetzlich Statthaften abspielten, solange sich zumindest das Gegenteil nicht beweisen ließ, war ihm das Gerede der Leute gleichgültig.

Im übrigen kannte ohnehin kaum jemand seinen Namen. Noch 1924, als er bereits zu den mächtigsten Männern der reichsdeutschen Wirtschaft zählte, schrieb selbst der sonst wohlinformierte Wirtschaftsredakteur des angesehenen ›Berliner Tageblatts‹, Felix Pinner, in seinen Artikeln beharrlich von »Herrn Rosberg«...

August Rosterg, neben Hugo Stinnes und Friedrich Flick wohl bedeutendster Konzern-Bastler (und Inflationsgewinnler) jener wilden Jahre, suchte Macht, nicht Ruhm. Deshalb legte er nicht nur keinen Wert auf Publicity, sondern mied die Presse und jedes öffentliche Aufsehen wie die Pest. Ihm genügte – fürs breite Publikum – die Rolle des Mackie Messer, »dem man nichts beweisen kann«, und den »man nicht fragt, und der nichts weiß«...

Immerhin, alles konnte auch Rosterg nicht allein machen. Er brauchte einen zuverlässigen und diskreten Gehilfen und Ratgeber, einen Mann mit Erfahrungen und Beziehungen, und er fand ihn in Günther Quandt, dem einstigen Chef der Reichswoll-AG, Referenten im Reichswirtschaftsministerium und Mitinhaber eines kleinen Tuchfabriken-Konzerns.

Die Transaktionen, Börsenmanöver, Verschachtelungen und Umgruppierungen, die Rosterg und Quandt zusammen durchführten, teils um ihren Einfluß immer weiter zu verstärken, teils um Kapital (und Steuern!) zu sparen und die frei gewordenen Mittel erneut wirksam einzusetzen, sind so vielfältig und kompliziert, daß es Bände füllen würde, sie auch nur in Umrissen zu schildern. Die volle Wahrheit wird ohnehin nie mehr ans Tageslicht kommen. August Rosterg und Günther Quandt haben sie mit ins Grab genommen.

Begnügen wir uns also damit, das Resultat kennenzulernen:

Die heutige Wintershall AG mit Sitz in Celle und Kassel ist ein Unternehmen, das mit rund zehntausend Beschäftigten und knapp siebenhundert Millionen Mark Bilanzsumme keineswegs zu den Giganten zu zählen scheint. Indessen gehören der Gesellschaft, um nur die wichtigsten Beteiligungen zu nennen, auf dem Düngemittel- und Erdölsektor:

75,9 Prozent der Burbach-Kaliwerke AG in Kassel
50 Prozent der Gesellschaft für Kali-Interessen mbH (GKI)
56,6 Prozent der Gewerkschaften Baden und Markgräfler in Buggingen
100 Prozent der Gewerkschaft Uchte
50 Prozent der Gewerkschaft Victor in Castrop-Rauxel
50 Prozent der Guano-Werke AG, Hamburg
25 Prozent der Thomasmischdünger GmbH in Düsseldorf
100 Prozent der Chemikalien-AG, Frankfurt am Main
39,2 Prozent des Deutschen Kalisyndikats GmbH, Berlin
25 Prozent der Verkaufsgemeinschaft Deutscher Kaliwerke GmbH, Hannover
100 Prozent der Erdölraffinerie Franken GmbH in Eggolsheim
60 Prozent der Erdölraffinerie Mannheim GmbH in Mannheim
65 Prozent der Gewerkschaft Erdöl-Raffinerie Emsland in Lingen
15 Prozent der ARAL AG in Bochum
100 Prozent der »Mihag« Handelsgesellschaft für Mineralölerzeugnisse mbH in Düsseldorf
100 Prozent der »Wiesöl Mineralölhandelsgesellschaft mbH« in Wiesbaden
100 Prozent der Gewerkschaft Haidkopf in Celle
100 Prozent der Gewerkschaft Prinz Eugen in Kassel
25 Prozent der Gewerkschaft Drescheid in Hannover
25 Prozent der Heizöl-Handelsgesellschaft mbH Essen
25 Prozent der Emsland-Erdölleitungs GmbH in Osterwald
16,7 Prozent der Erdgas-Verkaufs-GmbH in Münster/Westfalen
3 Prozent der Rhein-Donau Ölleitung GmbH, Karlsruhe
3 Prozent der Deutsche Transalpine Ölleitung GmbH in München

sowie an Auslandsbeteiligungen:

100 Prozent von Delfzee NV, Amsterdam
100 Prozent von Hercules Oil Co. Ltd., Calgary (Kanada)

100 Prozent von Wintershall Oil of Canada Ltd., Calgary
99,7 Prozent von Wintershall Saharienne SA, Paris
49,8 Prozent von UNIPETROL, Paris
12,5 Prozent von DEMINEX, Düsseldorf
10 Prozent der Persian Gulf Petroleum Co., Teheran
33,3 Prozent der Companhia Riograndense de Adubos CRA, Porto Alegre;

außerdem (zu hundert Prozent) die Kali-Bank AG in Kassel und (zu 26 Prozent) die einflußreiche Westfalenbank AG in Bochum, letztere ihrerseits beteiligt mit

über 50 Prozent am Bankhaus Poensgen, Marx & Co. in Düsseldorf,
über 25 Prozent an der Allgemeine Bankgesellschaft AG in Frankfurt am Main,
über 25 Prozent an der Schlegel-Scharpenseel-Brauerei AG, Bochum,
über 25 Prozent an der Maschinenbau AG Balcke, Bochum,
über 25 Prozent an der Westfalia Dinnendahl Gröppel AG, Bochum,
über 25 Prozent an der Müller & Wahmann AG für Hoch-, Tief- und Stahlbetonbau in Bochum sowie
über 50 Prozent an der Westfälischen Hypothekenbank, Hagen.

Ja, und dann war da noch die Gewerkschaft Elwerath in Hannover, die führend auf dem Gebiet der bundesdeutschen Erdölförderung ist und von deren achthundert umlaufenden Kuxen je 115 im Besitz der ESSO AG und der Deutschen Shell AG, 339 Kuxe aber wiederum bei der Wintershall AG waren. Und natürlich gehören zur Gewerkschaft Elwerath – wie zu fast allen bisher aufgezählten Beteiligungs-Unternehmen der Wintershall-Gruppe – noch zahlreiche Tochterfirmen, die dann wiederum Töchter haben, und hie und da paaren sich auch noch die Töchter oder treiben Inzucht mit der Mutter...

Diesen ganzen Elwerath-Komplex verkaufte der Wintershall-Konzern vor kurzem für weit über hundert Millionen Mark!

Alles in allem ist es ein recht munterer (und immens mächtiger) Konzern, doch nachdem wir nun – in Umrissen – wissen, was alles zur Wintershall AG gehört (wobei wir von dem umfang- und erdölreichen Felderbesitz in Nord- und Südamerika, Nordafrika und Vorderasien noch gar nicht gesprochen haben!), erhebt sich natürlich die Frage, in wessen Eigentum sich nun das Unternehmen selbst befindet.

Die Antwort ist ganz einfach: Die Wintershall AG und damit der ganze Wintershall-Konzern wird von einem einzigen Großaktionär beherrscht: der Gewerkschaft Wintershall. Ihr gehören heute mehr als die Hälfte der Wintershall-Aktien, wobei ihr früher zwei Prozent an der Majorität fehlten.

So stellt sich also die nächste Frage: Wer beherrscht die Gewerkschaft Wintershall? (Und es wäre natürlich auch noch interessant zu wissen, wer der Gewerkschaft zur Aktienmehrheit verholfen hat...)

Nun, die Gewerkschaft Wintershall, bei der alle Fäden zusammenlaufen, gehört zu etwas mehr als der Hälfte den Erben von August Rosterg, der erst nach dem Zweiten Weltkrieg – im Dezember 1944 spendete er noch als Mitglied des »Freundeskreises des Reichsführers SS Heinrich Himmler« diesem zum letzten »Julfest« des »Tausendjährigen Reiches« hunderttausend Mark! – hochbetagt und natürlich auch hochgeehrt verstorben ist.

Ein knappes Drittel – genau 32,5 Prozent – sind im Besitz der Erben von Rostergs einstigem Gehilfen und Ratgeber, Günther Quandt, der 1954 während einer Geschäftsreise nach Ägypten plötzlich erkrankte und in Kairo starb.

Und knapp acht Prozent gehören einer in der Öffentlichkeit ebenfalls wenig bekannten Persönlichkeit, nämlich dem langjährigen (1953–1961) CDU-Bundestagsabgeordneten, Rechtsanwalt und Notar Heinrich Lindenberg in Hannover.

Die Rosterg-Erben vertritt, als Testamentsvollstrecker des Konzerngründers und Aufsichtsratsvorsitzers der Wintershall AG, der langjährige Vorsitzende des Grubenvorstands der Gewerkschaft Wintershall, Otto Werthmann, wohnhaft in Lemgo, Waterfohr 40, ein Mann, der den Herren Rosterg und Quandt mindestens in einem Punkte wesensverwandt ist: Sein Mitteilungsbedürfnis entspricht etwa dem eines toten Goldfischs...
Ja, und dann gibt es natürlich noch einen Repräsentanten der Quandt-Interessen! Es ist Günther Quandts Ältester, Herbert Quandt, stellvertretender Aufsichtsratsvorsitzer sowohl der Gewerkschaft Wintershall wie der Aktiengesellschaft, und er ist es auch, der der Gewerkschaft in der Hauptversammlung der Wintershall AG zur Mehrheit verholfen hat: Die bislang fehlenden zwei Prozent der Wintershall-Aktien waren nämlich in Quandt-Besitz...!

Wir sehen also: Rosterg und Quandt haben nicht nur den Wintershall-Konzern zusammengebastelt; sie sind auch, nach und nach, von bloßen Managern weitgehend zu Eigentümern geworden, und heute kontrollieren praktisch ihre Erben die ganze mächtige Wintershall-Gruppe!

Es wäre indessen verfehlt, nun anzunehmen, daß sich Günther Quandt mit dem, was er bei August Rosterg lernte und – im doppelten Sinne des Wortes – »mitbekam«, schon zufriedengegeben hätte. Es lag ihm nicht, nur die zweite Geige zu spielen, sondern er wollte, einmal auf den Geschmack gekommen, ein Dirigentenpult und ein eigenes großes Orchester!

Also sah er sich nach einer neuen Domäne um (was ihn natürlich nicht davon abhielt, seine Wintershall-Kali- und Erdöl-Interessen fest im Griff zu behalten, genauso wie seinen älteren Textilbesitz...!), und das geeignete Objekt zum Aufbau eines eigenen Reiches, ohne Rosterg, fand er in Hagen in Westfalen und in einer ihm bisher völlig fremden Branche: in einer alten Akkumulatorenfabrik.

Die »Accumulatoren-Fabrik AG« in Hagen, im Börsenjargon »Accu-Hagen« genannt, war im Jahre 1887, zunächst als Installationsgeschäft für Dampfheizungen, von einem Manne gegründet worden, der sich später einen legendären Ruf als »Raubfisch der Elektrobranche« erwarb. Er hieß Adolph Müller, genannt »Accu-Müller«. Er baute zunächst mit einem belgischen Patent Säure-Akkumulatoren, eroberte sich mit rabiaten Werbe- und Preiskampfmethoden den Markt und vernichtete seine Konkurrenten, deren Betriebe er aufkaufte. Um 1905 hatte er bereits eine mitteleuropäische Monopolstellung, wobei allerdings eine Beteiligung von Siemens und AEG an Müllers »Accu-Hagen« der Tribut war, den er den Elektro-Giganten zu entrichten hatte. Nach dem Ersten Weltkrieg ließ das Geschäft plötzlich nach, weil sich die Elektrizitätswerke, die bis dahin die größten Abnehmer gewesen waren, vom Batteriebetrieb auf Überlandzentralen umstellten, andererseits die Automobilindustrie, die ein noch größerer Abnehmer zu werden versprach, in Europa noch nicht mit der Serienproduktion begonnen hatte. In dieser Situation gehörte viel Optimismus dazu, »Accu-Hagen«-Aktien zu kaufen, und gerade deshalb griff Günther Quandt zu.

Mitte der zwanziger Jahre begann er, sich vorsichtig in das alte Unternehmen einzukaufen, wurde Großaktionär und Aufsichtsratsvorsitzer, erwarb weitere Aktienpakete und war schon 1930 der maßgebende Großaktionär des »Accu-Hagen«-Konzerns...!

Wie er dabei verfuhr, ist im einzelnen natürlich nicht mehr zu klären, zumal Günther Quandt stets äußerst diskret vorzugehen pflegte. Aber eine kleine Episode, die sich aus vergilbten Pressenotizen der späten zwanziger und frühen dreißiger Jahre rekonstruieren läßt, wirft ein Schlaglicht auf die Methoden des gelehrigen Rosterg-Schülers:

Im Sommer 1929 war der Börsenkurs der »Accu-Hagen«-Aktien aus zunächst unerfindlichen Gründen kräftig gestiegen. Dann hieß es, die AEG plane, sich den »Accu-Hagen«-Konzern anzugliedern, woraufhin der Kurs noch höher kletterte. Aber dann ließ Quandt bekanntgeben, von einem Kaufinteresse der AEG sei ihm nichts bekannt, und er könne sich die Kurssteigerung überhaupt nicht erklären. Man werde zwar auch im laufenden Jahr die normale Dividende zahlen können, im übrigen aber sehe es nicht gerade rosig aus: Das Akku-Geschäft sei stark rückläufig, einmal wegen der Absatzkrise der Autoindustrie, zum anderen wegen der Umstellung der Rundfunkindustrie, die vom Akku- zum Netzanschlußgerät überzugehen im Begriff stehe...

Bei so pessimistischer Beurteilung der Lage des Unternehmens durch dessen Großaktionär und Aufsichtsratsvorsitzer und bei gleichzeitig so unverhofft hohem Aktienkurs gab es für die Besitzer von »Accu-Hagen«-Anteilen natürlich nur eine Entscheidung: rasch verkaufen!

Wenige Tage später – doch zu spät für die, die ihren »Accu-Hagen«-Besitz schon abgestoßen hatten – erfuhr die Öffentlichkeit, daß das Unternehmen, außer der üblichen Dividende, noch einen Sonderbonus von zehn Prozent an seine Aktionäre verteilen könne, wodurch sich die Ausschüttung mehr als verdoppeln würde. Des weiteren wurde bekanntgegeben, daß das Akku-Geschäft zwar rückläufig, dafür aber eine enorme Umsatzsteigerung bei Trockenbatterien erzielt worden sei, die allem Anschein nach noch gewaltig zunehmen würde... Die (ehemaligen) »Accu-Hagen«-Aktionäre fielen aus allen Wolken, als sie von dieser völlig anderen Situation erfuhren! Es war für sie zwar nur noch von theoretischem Interesse, aber es schmerzte sie natürlich, daß ihnen nicht nur eine Millionenreserve jahrelang verheimlicht worden war, die nun, da sie selbst nichts mehr davon hatten, als »Sonderbonus« verteilt wurde, sondern daß die Verwaltung es auch nicht für nötig gehalten hatte, ihnen, den (einstigen) Aktionären, von einem völlig neuen Produktionszweig zu berichten!

Tatsächlich hatte »Accu-Hagen« schon 1926 mit der Produktion von Trockenbatterien begonnen und war, nachdem sich der Absatz in den folgenden Jahren sehr stark erhöht hatte, bereits 1929 zur Massenerzeugung übergegangen, wobei sich der Umsatz bis 1930 wiederum fast verdoppelte...

Warum war diese höchst erfreuliche Entwicklung den Aktionären konsequent verschwiegen worden?

Nun, der Herr Aufsichtsratsvorsitzer Günther Quandt erklärte es den wenigen, die das noch etwas anging, mit viel Geduld: »Von den Erfolgen der neuen Fabrikation von Trockenbatterien«, sagte er nach einem Bericht des ›Berliner Tageblatts‹, »hat unsere Verwaltung sehr bewußt nichts verlauten lassen. Man wollte erst einmal abwarten, ob sich das neue Produkt auch technisch bewährt...«

»Uns scheint diese Heimlichkeit der Verwaltung zu weit zu gehen«, meinte zu diesem Punkt das ›Magazin der Wirtschaft‹, wobei der Verfasser des Berichts auch noch einige sehr verbitterte Ex-Aktionäre zu Worte kommen ließ, die fanden, Quandts Zurückweisung der Beschuldigung, »die Verwaltung« habe selbst Aktien aufgekauft, genüge nicht; das müsse erst »besser bewiesen werden«!

Es zeigte sich jedoch, wenn auch erst viel später, daß Günther Quandt durchaus die Wahrheit gesagt hatte: Nicht »die Verwaltung« hatte die alten Aktionäre hinausgedrängt und die Aktien des Unternehmens aufgekauft, sondern natürlich er selbst...!

Doch als dies deutlich geworden war, urteilte die Presse schon sehr viel milder, und die angesehene ›Frankfurter Zeitung‹ fand (1931) nur noch, daß Günther Quandt »als äußerst gelehriger Instrumentator aller die Herrschaft verschaffenden Möglichkeiten der Aktie aufgefallen« wäre. Zu diesem Zeitpunkt besaß der »äußerst gelehrige Instrumentator« bereits die »Accu-Hagen«-Mehrheit, die er dann noch erheblich verstärkte. Und heute ist das, was Krieg und Zusammenbruch von dem Konzern übriggelassen haben und was im Boom des »Wirtschaftswunders« neu hinzugekommen ist, in fast alleinigem Besitz seiner Erben.

Dieser Besitz gruppiert sich jetzt um die Varta AG mit der Hauptverwaltung in Frankfurt am Main, der die Rolle der Konzernmutter zugefallen ist. Ihre sehr zahlreichen, ungemein üppigen und regsamen Töchter heißen indessen keineswegs alle Varta, obwohl es auch davon eine ganze Menge gibt – zum Beispiel Varta-Pertrix, Varta-DEAC oder auch Varta-

Plastic – und sie produzieren durchaus nicht nur das, was man vermuten kann.

Das ganze Produktionsprogramm der Varta-Gruppe aufzuzählen, würde einige hundert Seiten füllen, doch es steht zu befürchten, daß dazu nicht einmal die Top-Manager des Konzerns imstande wären. Beschränken wir uns deshalb auf einen flüchtigen Überblick:

Außer Akkus und Batterien aller Art, Ladegeräten, Lampen, Lichtanlagen, Kontrollgeräten nebst allem erdenklichen Zubehör, die die Varta-Gruppe selbst produziert, werden auch Keilriemen, Sicherheitsgurte, Energit-Bremsbeläge und (nur für die Bundesrepublik) Champion-Zündkerzen gehandelt; auch ist natürlich der berühmte Varta-Führer ein Kind dieser Gruppe, und Varta-Plastic produziert, was ja nicht weiter überrascht, Kunststofferzeugnisse, vor allem Verpackungsmaterial und Tragtaschen. Sodann werden – von dem Tochterunternehmen »Dominitwerke GmbH« in Brilon – alle erdenklichen Transformatoren, Kondensatoren und Spezialleuchten hergestellt; von der CEAG – »Concordia Elektrizitäts-AG« in Dortmund – ein reichhaltiges Sortiment von Elektrogeräten, Leuchten, Filtern und Feuerlöschern, auf Wunsch auch große Feuerwehrfahrzeuge mit allem Drum und Dran; von der »Byk-Gulden Lomberg Chemische Fabrik GmbH« in Konstanz zahlreiche human- und veterinär-medizinische Spezialitäten, von einfachen Mitteln gegen Kopfschmerzen bis zu den modernsten Antibiotika, vom Vitaminpräparat bis zu »Kunststoff-Spezialpipetten für die künstliche Besamung beim Wiederkäuer«, wie es im Prospekt präzise heißt, und von der »Chemischen Fabrik Promonta GmbH« in Hamburg, einer Tochterstochter, neben Pharmazeutika auch Haut- und Haarpflegemittel...

Weitere Arzneimittel produzierende und vertreibende Töchter sind die E. Tosse & Co. GmbH in Hamburg und die Bika GmbH in Stuttgart. Außerdem gibt es in Paris, Wien, Amsterdam, Mailand, New York, Mexico City und Buenos Aires je ein Tochterunternehmen von »Byk-Gulden«.

Dazu kommen dann noch Inlandsbeteiligungen der Konzernmutter Varta AG bei der Hans Still GmbH in Hamburg (40 Prozent) und bei der Gesellschaft für elektrische Zugbeleuchtung mbH in Berlin (50 Prozent) sowie Auslandsbeteiligungen in nahezu allen wichtigen Ländern der Erde an Unternehmen, die Akkumulatoren und Batterien herstellen wie etwa die N. V.

Bataafsche Accu-Fabriek in Rotterdam oder die »Globelite«-Batteries Ltd. in Winnipeg und Vancouver...

Alles in allem stellt schon die Varta-Gruppe mit ihrem vom Gasanzünder bis zur Feuerwehr, von der Kleinstbatterie für Hörgeräte bis zum Hochspannungstransformator reichenden Sortiment einen riesigen, weltweiten Konzern dar. Und doch ist sie heute, neben dem Wintershall-Komplex und den bedeutenden Textilinteressen, nur eine Perle im Kollier der Quandts!

Eine weitere, wenn auch etwas kleinere Perle, die sich schon Günther Quandt zu etwas mehr als der Hälfte aneignete und die heute zu über achtzig Prozent im Besitz seiner Erben ist, heißt »Busch-Jaeger Dürener Metallwerke AG«, Lüdenscheid, ist aus alten, von Günther Quandt zwangsweise zusammengeführten Unternehmen entstanden und produziert Halb- und Fertigfabrikate aus Kupfer, Zinn, Zink, Aluminium, Magnesium und anderen Metallen und deren Legierungen, ferner Isolier- und Installationsmaterial aller Art.

Tochtergesellschaften sind die Dürener Metallwerke Berlin GmbH, die Wuppermetall GmbH in Wuppertal-Barmen und die Wildfang Metallwerk GmbH in Gelsenkirchen, die zusammen mit ihrer Konzernmutter die »Busch-Jaeger-Gruppe« bilden und 1967 einen Jahresumsatz von etwa 175 Millionen Mark erzielen konnten.

Weit größer, »runder« und infolgedessen auch wertvoller ist die nächste Perle auf der Schnur: die IWK-Gruppe, wobei IWK die Abkürzung von »Industrie-Werke Karlsruhe AG« ist. Mit rund zehntausend Beschäftigten wurde in dieser Gruppe 1967 ein Umsatz von rund 275 Millionen Mark erreicht, und die IWK-Töchter heißen: »Berlin-Karlsruher Industriewerke GmbH«, Karlsruhe; »Comet-Apparatebau GmbH«, Bremerhaven-Wulsdorf; »Deutsche Waggon- und Maschinenfabriken GmbH«, Berlin; »DWM Automatenbau GmbH«, Berlin; »TN Verkaufsautomaten GmbH«, Frankfurt am Main; »AVG Automatischer Verpflegungsdienst GmbH«, Berlin und Essen; »Donar Gesellschaft mbH für Apparatebau«, Bremerhaven; »Maschinen für Massenverpackung GmbH«, Lübeck-Schlutup; »FREA-Frankfurter Ein- und Ausfuhr-Gesellschaft mbH«, Karlsruhe; »Mauser-Meßzeug GmbH« und »MBZ Meßzeug GmbH«, beide in Oberndorf am Neckar; »Regel- und Meßtechnik GmbH«, Kassel; »Schaerer-Werke GmbH«, Karlsruhe, sowie (zu 51 Prozent) die »Adam Richter Maschinenfabrik GmbH«, Kassel.

Außerdem, und das ist besonders wichtig, sind die Mauser-Werke AG in Oberndorf am Neckar (vormals Deutsche Waffen- und Munitionsfabriken) hundertprozentig in IWK- und damit in Quandt-Besitz, ebenso die Nederlandsche Wapen- en Munitiefabriek »De Kruithoorn« NV in 's Hertogenbosch...

Bei den Mauser-Werken – sie haben nichts zu tun mit der Kölner »Mauser-Werke GmbH«, die vornehmlich Büro- und Stahlmöbel herstellt und im Besitz der Familie Mauser ist – wird erstmals deutlich, daß die Quandt-Gruppe auch an der Rüstung beteiligt ist. Tatsächlich sind aber die diversen Unternehmen der Gruppe – entgegen anderslautenden Gerüchten – keineswegs der größte und wichtigste Rüstungsproduzent, den die Bundesrepublik aufzuweisen hat. Sie stellt zwar – zum Beispiel bei der ETAG in Leverkusen – Uniformtuche her, bei der CEAG in Dortmund Gerät für Nachrichtentruppen, bei der COMET Apparatebau in Bremerhaven-Wulsdorf Signalmittel, Leinenschieß- und Seenotgeräte sowie manches andere auf Raketenbasis, bei DOMINIT Weit- und Signalleuchten und bei Varta Spezial-Batterien für Panzer. Die Gruppe liefert auch noch vieles andere – von »Starfighter«-Munition bis zu Spezial-Fahrzeugen. Aber, und das läßt Rückschlüsse auf die gigantische Größe des Konzerns zu, der gesamte Rüstungsanteil ist kleiner als drei Prozent der Gesamtproduktion! So hängt es also kaum mit besonders engen Beziehungen des Quandt-Konzerns zur Bundeswehr zusammen, daß der langjährige Staatssekretär im Verteidigungsministerium, Dr. Josef Rust, nach seinem Ausscheiden im Jahre 1959 für seine nicht immer segensreiche Tätigkeit in der Ära Strauß – man denke nur an den Kauf des Schützenpanzers HS 30! – nicht allein mit dem Großen Bundesverdienstkreuz mit Stern und Schulterband belohnt, sondern auch Generaldirektor der Wintershall AG wurde, außerdem vielfacher Aufsichtsrat, darunter Vorsitzer bei der Volkswagenwerk AG, mit jährlichen Gesamtbezügen von schätzungsweise mehr als einer Million Mark...

Es gibt übrigens noch manche andere Perle im Quandt-Kollier, zum Beispiel die »Keller & Knappich GmbH« in Augsburg, abgekürzt »KUKA«, deren Lieferprogramm von Fahrzeug-Spezialaufbauten bis zum KUKA-Autoschnellwäscher und zur »Princess«-Kleinschreibmaschine reicht.

Die »KUKA« ist keiner Quandt-Konzerngruppe angegliedert, sondern befindet sich ganz im Besitz zweier Holdinggesellschaften, die die oberste Konzernspitze bilden und ihrerseits ebenfalls hundertprozentig in Quandt-Besitz sind. Im Tresor dieser beiden Holdings, der »Allgemeinen Gesellschaft für Industriebeteiligungen mbH« und der »Industriebeteiligungsgesellschaft mbH«, beide mit Sitz in Stuttgart-Feuerbach, liegen auch die restlichen Juwelen des Quandt-Schatzes:

– etwa 14 Prozent der Aktien der Daimler-Benz AG, der Herstellerin von »Mercedes«-Automobilen, und

– mindestens 40 Prozent der Aktien der Bayerischen Motorenwerke AG (BMW), der wiederum die »Hans Glas GmbH Isaria Maschinenfabrik« in Dingolfing gehört.

Zudem verfügen die beiden Holdinggesellschaften der Quandt-Gruppe, teils direkt, teils indirekt, über gewaltigen, sich über die ganze Bundesrepublik erstreckenden, vornehmlich großstädtischen Haus- und Grundbesitz...

Allein die Daimler- und BMW-Aktienpakete, mit denen die Quandt-Gruppe am bundesdeutschen Automobilbau der Marken »Mercedes«, »BMW« und »Goggomobil« stark beteiligt ist, stellen einen Börsenwert von gegenwärtig mindestens achthundert Millionen Mark dar...!

Auch kommt immer mehr hinzu: Erst im Juli 1968 gründete die Quandt-Gruppe die »IWT Industriewerke Transportsysteme« in Hamburg, zu der auch die alte, von der »Demag« übernommene »Kampnagel AG vormals Nagel & Kaemp«, gegründet 1865, gehört. Die IWT soll vornehmlich moderne Container, also Großtransportbehälter, und alles Zubehör, außerdem Waggons und Kompressoren herstellen. Schon der voraussichtliche Jahresumsatz 1968 wird auf mehr als zweihundert Millionen Mark geschätzt.

Alles in allem setzt die Quandt-Gruppe – ohne ihre Wintershall-, Daimler- und BMW-Beteiligungen! – weit über eine Milliarde Mark im Jahr um. Und der Gesamtwert aller Quandt-Beteiligungen und sonstigen Vermögenswerte hat sicherlich die Drei-Milliarden-Mark-Grenze bereits überstiegen...!

Wem gehört nun dies alles? Und wer lenkt den ganzen, ebenso großen wie vielfältigen Konzern?

Der Gründer, Günther Quandt, starb 1954 in Kairo. Von seinen beiden Söhnen, dem 1910 in Pritzwalk geborenen Herbert (aus erster Ehe) und dem 1921 in Berlin geborenen Harald (der dann im Hause Goebbels aufwuchs) erbte jeder die Hälfte der väterlichen Aktienpakete, auf deren Verwaltung sie vom Papa gut vorbereitet worden waren.

Die Brüder kamen überein, ihren riesigen Besitz zu poolen und in zwei Holdinggesellschaften zu konzentrieren, wobei an beiden Holdings jeder mit fünfzig Prozent beteiligt war. Im Konzern-Management vollzogen die Brüder unter sich eine gewisse Teilung der Interessen: Herbert Quandt, der Ältere, nahm sich mehr der ihm seit langem vertrauten Elektro- sowie der Chemie-, Kali- und Erdölinteressen, der technisch begabte Harald der IWK-Gruppe und der anderen metallverarbeitenden Betriebe sowie der Textilinteressen an. Im Aufsichtsrat der feudalen Daimler-Benz AG vertraten die Brüder ihr Aktienpaket gemeinsam. Dagegen waren die Bayerischen Motorenwerke (BMW) wiederum Herbert Quandts Domäne: Er half, das zur Zeit der Übernahme schon in Agonie liegende Unternehmen zunächst durch kräftige Finanzspritzen vor dem Ableben zu bewahren (wobei natürlich auch das Land Bayern sein Scherflein beizutragen hatte), dann durch ein neues Management wieder kerngesund zu machen.

Zu ihren engsten Mitarbeitern, Ratgebern und Generalbevollmächtigten ernannten die Brüder zwei Männer, die ihnen noch ihr Vater wärmstens empfohlen hatte. Herbert Quandts Top-Manager wurde der Jurist Dr. Horst Pavel, Berliner vom Jahrgang 1908, Haralds Hausmeier der Kaufmann Gerhard Vieweg, Jahrgang 1906 und ebenfalls Berliner.

Der »Viererkreis«, wie das aus den beiden Brüdern und ihren Generalbevollmächtigten gebildete Führungsgremium der Quandt-Gruppe genannt wurde, regierte von Bad Homburg aus das weite Reich – »unauffällig, lautlos und routiniert«, wie der ›Spiegel‹ nachträglich bemerkte, nachdem die »stille Gruppe« über Nacht ins Rampenlicht der Öffentlichkeit geraten war, sehr zum Kummer der Männer an der Spitze der Konzern-Zentrale im »Günther-Quandt-Haus« zu Bad Homburg vor der Höhe.

Der tragische Anlaß für das plötzliche allgemeine Interesse an der Quandt-Gruppe war diesmal von keinem Außenstehenden geliefert worden, sondern von einem der beiden Brüder selbst: Der noch nicht sechsundvierzigjährige, lebensfrohe und begabte jüngere Bruder Harald war am 22. September 1967 mit seinem Privatflugzeug tödlich verunglückt...

Schon zwei Jahre zuvor war Harald Quandt, der nicht nur Diplomingenieur, Konsul (von Nicaragua) und IWK-Generaldirektor, sechsfaches Vorstandsmitglied und dreizehnfacher Aufsichtsrat, sondern auch ausgebildeter Düsenpilot war, beim Start in Zürich mit seinem »Lear Jet« (Preis: etwa drei Millionen Mark) über die Piste hinausgeschossen und an einem Zaun hängengeblieben. Dabei zerschellte die Maschine, aber er selbst kam mit nicht allzu schweren Verletzungen noch einmal glücklich davon.

»Mir ist es wichtiger, heil anzukommen, als allzu sportlich zu fliegen...«, hatte er damals erklärt und sich dann ein weniger schnelles und leichter zu handhabendes Propeller-Flugzeug vom Typ »King Air« angeschafft...

Aber am Abend des 21. September 1967 ließ er sich trotz ungünstiger Wetterlage nicht davon abhalten, von Frankfurt am Main aus nach Nizza zu starten. Über Norditalien, in der Nähe von Turin, streifte seine Maschine einen Berggipfel und stürzte ab. Harald Quandt und die anderen Insassen des kleinen Flugzeugs fanden dabei den Tod.

Zurück blieben seine Frau Inge, geborene Bandekow, und fünf Töchter – Katarina, Gabriele, Anette, Colleen-Bettina und Patricia –, von denen die älteste sechzehn Jahre, die Jüngste gerade acht Wochen alt war...

Und zurück blieb auch Harald Quants elf Jahre älterer Halbbruder, der Konsul Dr. h. c. Herbert Quandt, Vorsitzender des Vorstands der Varta AG und in siebzehn Aufsichtsräten, meist als Vorsitzer, verheiratet (in dritter Ehe und seit 1960) mit Hanna, geborene Bruhn, und Vater von vier Töchtern und zwei Söhnen: Sylvia (Jahrgang 1939), Sonja (1951), Sabina (1953), Sven (1955), Susanne (1963) und Stephan (1966).

Zurück blieb schließlich auch eine Unternehmensgruppe, in der mit einem Schlage mehr als zwei Dutzend Posten im Top-Management verwaist waren.

Es war ein sehr schwerer Verlust für die Familie und für die ganze Quandt-Gruppe, aber es hätte, so dachten viele der leitenden Herren, noch schlimmer kommen können:

Die Brüder Quandt, so wußten sie, verstanden sich ausgezeichnet, berieten sich in allen Fragen miteinander und unternahmen auch privat vieles gemeinsam... Was wäre geschehen, wenn sie an jenem Abend des 21. September 1967 *zusammen* nach Nizza geflogen wären...?

Nun, was diejenigen, die so dachten, nicht wußten: Herbert und Harald Quandt waren übereingekommen, das eine oder andere aus eben diesem Grunde *nicht* gemeinsam zu unternehmen, zum Beispiel: niemals zusammen zu fliegen... Im Interesse ihrer gleichermaßen töchterreichen Familien und Unternehmen versagten sie sich solche und andere auch nur von ferne waghalsig erscheinenden »Abenteuer zu zweit« – übrigens, was das Fliegen betraf, sehr zum Bedauern von Herbert Quandt, der dazu meinte: »Ich wäre schon aus sportlichem Interesse gern einmal mit Harald geflogen, denn er war ein ausgezeichneter Pilot...«

Die weise Vorsorge, die die Brüder schon in solchen – wie sich dann erweisen sollte: sehr wichtigen – Details trafen, ließen sie natürlich erst recht im großen walten. Um zu vermeiden, daß im Falle des plötzlichen Ablebens des einen oder des anderen eine gewaltige Summe an Erbschaftssteuer ihre Unternehmensgruppe allzusehr belasten könnte, hatten sie ihr riesiges Vermögen schon zu einem sehr beträchtlichen Teil auf ihre Angehörigen übertragen und die Schenkungssteuer dafür bereits abgegolten...

Die Brüder waren auch so einsichtig und vorausschauend gewesen, testamentarisch dafür zu sorgen, daß in jedem Falle die Einheit und Aktionsfähigkeit der Konzerführung erhalten bliebe, und so konnten nach dem plötzlichen Tode des jüngeren Bruders die drei übrigen Mitglieder des »Viererkreises« – Herbert Quandt, Dr. Horst Pavel und Gerhard Vieweg – die Gruppe völlig intakt und auf altem Kurs halten, wobei im »Dreierkreis«, der seitdem regiert, die Herren Dr. Pavel und Vieweg zugleich Testaments-Mitvollstrecker von Harald Quandt und Einzelbevollmächtigte seiner Erben sind. (Weitere Testamentsvollstrecker sind: Frau Inge Quandt, geborene Bandekow, Dr. Jochen Bandekow und Notar Friedrich Sigloch.)

Auf den ersten Blick will es scheinen, als sei durch diese Regelung die Macht der Hausmeier verstärkt, die Position von Herbert Quandt geschwächt worden. Doch in Wirklichkeit ist es eher umgekehrt: An der Besitzverteilung hat sich ja nichts geändert – die eine Hälfte gehört nach wie vor dem älteren Bruder und seiner Familie, die andere den Erben von Harald Quandt, also seiner Frau und seinen Töchtern –, doch während Herbert Quandt für sein Teil allein verfügungsberechtigt ist, teilen sich in die Verwaltung des Erbes von Harald Quandt die beiden Bevollmächtigten der fünf Testamentsvollstrecker. Und zudem werden im »Dreierkreis« ja keine Mehrheitsbeschlüsse gefaßt, bei denen Herbert Quandt überstimmt werden könnte. Vielmehr werden die Richtlinien der Unternehmenspolitik gemeinsam erarbeitet, und dabei kommt dem Wort des Seniors der Gründerfamilie sicherlich besonderes Gewicht zu, zumal er auch über dreißigjährige Erfahrung im Management der Quandt-Gruppe verfügt.

Wie sein Vater ist auch Herbert Quandt zwar in Pritzwalk geboren, aber in Berlin aufgewachsen und zur Schule gegangen. Er erhielt dann eine sehr sorgfältige Ausbildung im Ausland, wobei er sich bereits – darüber waren sich Vater und Sohn einig – auf seine spätere Tätigkeit im Akkumulatoren-Konzern vorbereiten sollte.

Nach weiteren Jahren der praktischen und theoretischen Ausbildung auch in deutschen Fabriken und schließlich in der Zentralverwaltung der inzwischen längst von Günther Quandt beherrschten »Accu-Hagen«, wurde der Siebenundzwanzigjährige am 1. Mai 1937 Prokurist der »Pertrix Chemische Fabriken AG« in Berlin. Ein knappes Jahr später rückte er in den Pertrix-Vorstand auf und 1940 schließlich in den Vorstand der AFA, wie die Konzernholding damals hieß.

Nach vierzehn bewegten Jahren auf diesem Posten übernahm er dann im April 1954, also noch zu Lebzeiten seines damals dreiundsiebzigjährigen Vaters, der übrigens im August 1948 von der Spruchkammer Starnberg als »Mitläufer« eingestuft worden war und der erst im Dezember 1954 in Kairo starb, den Vorsitz im Konzern-Vorstand. Und seit damals steht Dr. h. c. Herbert Quandt auf der Kommandobrücke des heutigen Varta-Konzerns.

Daneben führt er, ebenfalls bereits seit Jahren, den Vorsitz im Aufsichtsrat der KUKA, der Varta GmbH in Ellwangen und der Kammgarnspinnerei Stöhr & Co. AG, außerdem den stellvertretenden Aufsichtsratsvorsitz bei Daimler-Benz, Busch-Jaeger, Wintershall AG und Gewerkschaft Wintershall sowie bei der Deutsche Waggon- und Maschinenfabriken GmbH in Berlin-Borsigwalde. Und schließlich sitzt Dr. h. c. Herbert Quandt auch noch im Aufsichtsrat der Frankfurter Bank sowie des Gerling-Versicherungskonzerns, an dem er vermutlich auch ein wenig beteiligt ist...

Kaum ein zweiter bundesdeutscher Manager hält eine solche Fülle von Schlüsselpositionen besetzt, und kein einziger im Top-Management der Bundesrepublik besitzt als Basis seiner Macht ein auch nur annähernd so großes Vermögen wie Herbert

Quandt. (Friedrich Flick, der ja noch ein wenig reicher ist, beschränkt sich heute darauf, sein Imperium von der obersten Spitze aus zu regieren. Er ist nicht mehr sein eigener Generaldirektor und überläßt das Management im weiten Reich Männern seines Vertrauens...)

Wie lebt nun ein Multimilliardär, der nicht nur auf der Kommandobrücke eines Mammut-Konzerns mit unerhört vielfältigen Interessen – vom Haarwasser bis zum Sahara-Öl und vom Varta-Führer bis zum Feuerwehrauto – steht, sondern auch noch eine Teilgruppe des Konzerns als Generaldirektor selbst leitet?

Es ist müßig, darüber Spekulationen anzustellen. Am besten läßt man ihn das selbst erzählen:

Der heute siebenundfünfzigjährige Herr über »ein halbes Hundert Fabriken und etwa dreißig Firmen, die andere Firmen verwalten«, dessen Gruppe so viele Artikel fabriziert, daß der Gesamtkatalog sechsunddreißig enggedruckte Seiten füllt und der sich als Arbeitgeber von rund hundertfünfzigtausend Beschäftigten für das Wohlergehen von mehr als einer halben Million Bundesbürger verantwortlich fühlen kann, dieser Mammut-Unternehmer, Konsul Dr. phil. h. c. Herbert Quandt, führt kein sehr geruhsames Leben.

»Mein Arbeitstag beginnt eigentlich um sieben Uhr«, berichtet er, »mit den Nachrichten und der Zeitung. Das erste Gespräch mit dem Büro führe ich dann zwischen 8.00 und 8.15 Uhr, auch auf Reisen. Eine halbe Stunde später bin ich dann selbst im Büro und erledige eilige Dinge, und um zehn Uhr beginnen dann die Besprechungen, Vorstandssitzungen, die Beratungen der Konzernspitze... Abends bin ich dann gegen sieben, spätestens um acht Uhr wieder zu Hause. Ich habe mir vor ein paar Jahren eine ›Managerglocke‹ anbringen lassen. Mein Mitarbeiter Dr. Pavel hat die Neigung, abends kein Ende zu finden. Und in Anbetracht der vielen Todesanzeigen von Herren mit ähnlicher Tätigkeit, die ich Woche für Woche in der Zeitung sehe, gebe ich mit dieser Glocke um 18 Uhr Vorwarnung, um 18.30 Uhr Alarm...«

Herbert Quandt beschäftigt drei Sekretärinnen, reist viel – allein mit dem Auto jährlich sechzig- bis siebzigtausend Kilometer!

Seine Post erledigt er meist auf Reisen – im Büro fehlt, vor lauter Konferenzen, die Zeit dazu.

»Ich diktiere fast alles selbst«, sagt er. Und: »Wenn meine Frau mich auf Reisen begleitet, muß sie mitarbeiten...« Das

Arbeitspensum ist enorm, das Tempo nicht minder. Unwillkürlich drängt sich einem die Frage auf, wann sich der Konzernchef zur Ruhe zu setzen gedenkt. An solche Möglichkeit scheint er selbst noch nicht gedacht zu haben. Erst nach kurzem Zögern antwortet er:

»Wenn meine beiden Söhne soweit sind, daß sie das Geschäft übernehmen können...« (Dazu ist anzumerken, daß der Älteste, Sven, damals gerade dreizehn, der Jüngste, Stephan, erst zwei Jahre alt war...)

Als er merkt, daß man sich wundert, meint er: »Für mich ist meine Tätigkeit keine ›Arbeit‹, zumindest keine Last. Sie füllt mein Leben aus. Arbeit ist mein Hobby. Und ich arbeite nicht einmal um des Geldes willen. An die Verdoppelung des Vermögens habe ich zum Beispiel in den letzten Jahren nie gedacht. Es hat sich so ergeben... Natürlich: Je mehr Erfolg man hat, desto mehr Freude macht es. Aber ich freue mich auf meine Arbeit genauso wie auf einen schönen Urlaub – und umgekehrt...«

Von Mäzenatentum hält er nichts, sofern nicht genau erkennbar ist, wohin sein Geld geht. »Ich denke nicht daran, jemandem Geld zu geben, nur weil er meinen Namen mal irgendwo gelesen hat«, sagt er. Und: »Ich verschenke nur gezielt und nur dahin, wo man Erfolg sieht!« Zum Beispiel: An Universitäten, für bestimmte Forschungsaufträge...

Auch die Börse interessiert ihn wenig, das normale Auf und Ab der Kurse läßt ihn kalt. »Ich bin primär an den Unternehmen interessiert, nicht an den Kursgewinnen der Papiere. Ich bin kein Spekulant, kein Kuponschneider. Meine Einstellung zur Börse ist folgende: Dort verdient man sein Geld am besten mit dem Hinterteil, indem man darauf sitzen bleibt. Auf eine Baisse folgt meist eine Hausse. Wenn aber der Himmel einstürzt, dann sind alle Spatzen tot...!«

Diese Weisheit – er gibt es freimütig zu – hat er von seinem Vater gelernt. Vom Vater ist häufig die Rede. In dem Haus, das den Namen Günther Quandts trägt, ist sein Geist noch sehr lebendig, sogar in scheinbar ganz nebensächlichen Dingen.

Sein erstes Geld, so erinnert sich Herbert Quandt, verdiente er als Zwölfjähriger: Er richtete mit einem Freund zusammen einen Fährdienst über die Havel ein und kassierte von den Spaziergängern, die sich übersetzen ließen, fünfzig Pfennig pro Person. Davon kaufte er sich Süßigkeiten, ein Taschenmesser, später auch Zigaretten.

»Ich war ein ziemlich starker Raucher«, bekennt er, »zwanzig Zigaretten am Tag waren nicht außergewöhnlich. An meinem sechzehnten Geburtstag bot mir mein Vater dann einen Vertrag an: Er wollte mir fünfundzwanzig Mark monatlich zahlen, wenn ich ein Jahr lang mein Rauchen ließe. Ich willigte ein, und mein Vater zwang mich zur Vertragstreue. Für die dreihundert Mark, die ich damals kassierte, kaufte ich mir dann ein Segelboot...«

»Rauchen Sie heute wieder?« erkundigt man sich unwillkürlich, und Herbert Quandt antwortet: »Zuweilen. Und ab und zu gewöhne ich mir das Rauchen dann wieder ab, um mich an das Abgewöhnen zu gewöhnen...«

Willensstärke durch Training – das ist typisch für Herbert Quandt, der auch ohne Merkzettel und Notizen auskommt, sein Gedächtnis zu phänomenalen Leistungen geschult hat und sein großes Wissen größtenteils praktisch erworben hat – nicht aus Lehrbüchern.

»Ich konnte nicht studieren«, erklärte er dazu, »weil ich sehr schlechte Augen habe...«

Und nun, da er darauf hinweist, wird einem erst einiges klar, das vorher unverständlich schien; und wenn man sich vorsichtig erkundigt, so erfährt man: Herbert Quandt, der Chef der Quandt-Gruppe, einer der größten Konzerne der Bundesrepublik, der rastlos tätige, kreuz und quer reisende Top-Manager und Milliardär, hat wirklich schlechte Augen, denn sie haben nur minimale Sehkraft – er ist beinahe blind...

Bleibe im Lande und nähre dich redlich

Sie rauschet, sie perlet,
die himmlische Quelle,
der Busen wird ruhig,
das Auge wird helle.
Friedrich von Schiller

Die Quandts schüttelten frühzeitig den Sand der Priegnitz von (und aus) ihren Schuhen, zogen nach Berlin, später zu Wintershall nach Kassel, eroberten sich »Accu«-Hagen, errichteten Konzerne im Rheinland und in Hamburg, in Hessen, Bayern und Württemberg, haben heute ein die halbe Welt umspannendes Netz von Auslandsinteressen und ihre Konzernspitze (nebst privaten Behausungen) in Bad Homburg vor der Höhe, am Rande des Taunus...

Der »Alte Fritz« Flick versuchte, sich im heimatlichen Siegerland einen Hüttenkonzern aufzubauen – wir wissen, warum es ihm nicht gelang... Sein Imperium umfaßt heute fünf Unternehmensgruppen mit über hundert Firmen, an denen Mehrheitsbeteiligungen, und 227 Firmen des In- und Auslands, an denen Minderheitsbeteiligungen bestehen, unter den letzteren so wichtige und wertvolle wie bei Daimler-Benz. Zufälligerweise ist unter den insgesamt dreihundertdreißig bundesdeutschen Flick-Töchtern auch eine Siegerländerin: die »Sieg-Herdfabrik GmbH« in Buschhütten...

Aber mehr als neunundneunzig Prozent des heutigen Flick-Besitzes liegt fern der Sieg; die Konzern-Zentrale ist im linksrheinischen Düsseldorf-Oberkassel komfortabel untergebracht, und der greise Monarch selbst lebt im äußersten Süden der Bundesrepublik, im oberbayerischen Kreuth, oder auf seinem Besitz Ebersberg am Bodensee, schon jenseits der Grenze zur Schweiz. Mit dem heimatlichen Siegerland verbinden ihn nur noch Erinnerungen...

Fritz Thyssen blieb nicht im Lande, sondern emigrierte nach Südamerika, seine Witwe ließ sich dann in Lugano nieder; beider Erbin, die Gräfin Anita Zichy-Thyssen, lebt heute am Tegernsee, und ihre Söhne, die Grafen Federico und Claudio, vergnügen sich zwischen Buenos Aires und Rio de Janeiro – ganz zu schweigen von Baron »Heini« Thyssen-Bornemisza, dessen Vater bereits nach Ungarn auswanderte, später in Holland lebte, wo »Heini« geboren wurde, und dann ebenfalls Lugano zum Stammsitz seiner Linie machte, von dem aus der Sohn heute die Thyssen-Bornemisza-Gruppe regiert (oder regieren läßt), deren Schwerpunkte in Bremen, Hessen, Rotterdam und Zürich, jedoch nur noch zum kleineren Teil im eigentlichen Ruhrgebiet liegen...

Die Krupp-Erben haben nicht nur jeden Einfluß auf das alte Essener Familienunternehmen verloren, sondern auch auf den gußeisernen Namen endgültig verzichtet. Arndt von Bohlen und Halbach, der Ex-Kronprinz, verzehrt seine stattlichen Bezüge, die nur noch zum Teil aus Essen stammen, wo er unter anderem Kommanditist des Bankhauses Carl Chr. Gossenberg & Co. ist, zum Teil auch aus Augsburg, wo sein Vater eine zwanzigprozentige Beteiligung an der »National Registrierkassen GmbH« hielt, vorerst noch sorglos zwischen München-Schwabing, Marrakesch und Kampen, bewohnt sein Schloß Blühnbach im Salzkammergut und besitzt eine große Farm in Brasilien. Sollte er je unternehmerische Pläne in die Tat umsetzen, so bestimmt weitab vom Ruhrgebiet...

Und seine Onkel, Berthold und Harald von Bohlen und Halbach, haben sich bereits fern von der alten Gußstahlfabrik ihr eigenes Industrie-Imperium geschaffen, dessen Konzernspitze in Glinde bei Hamburg ihren Verwaltungssitz hat. Dort halten sie auch eine maßgebliche Beteiligung an der Jurid-Werke GmbH; außerdem gehören ihnen fast achtzig Prozent des Aktienkapitals der WASAG-Chemie AG, die ihrerseits eine Fülle von interessanten Beteiligungen besitzt, nicht nur im chemischen Bereich, sondern auch – welche deutliche Abkehr vom Produktionsprogramm ihres Vaters, des letzten Kanonen-Königs! – zahlreiche Spielwarenfabriken, so die Schildkröt AG in Mannheim (»Puppen beiderlei Geschlechts mit allem Drum und Dran«), die »Trix« Vereinigte Spielwarenfabriken Ernst Voelk KG in Nürnberg und sogar die »Käthe-Kruse-Puppen GmbH« in Donauwörth...

Auch die Familie von Opel hat ihr Stammunternehmen, die Adam Opel AG in Rüsselsheim, längst abgegeben und lebt teils in der Schweiz, teils im Taunus. Sie bezieht die Grundlagen ihres Geldgigantentums aus ihrer zusammen etwa dreißigprozentigen Beteiligung an der Karstadt AG, Essen und Hamburg, aus zahlreichen Industriebeteiligungen außerhalb der Kfz-Industrie und noch aus mancherlei das mit dem heimatlichen Rüsselsheim und dem alten Automobilwerk nichts mehr zu tun hat...

Die Beispiele ließen sich beliebig vermehren, wobei diejenigen, die ihre engere Heimat und ihre Stammunternehmen verlassen haben, deshalb ja keineswegs schlechter gefahren sind.

Indessen gibt es auch viele Ausnahmen von der Regel, wonach sich Geldgiganten über kurz oder lang von den Stätten ihrer Kindheit und ihres ersten Erfolges abwenden und sich in freier Auslegung des Apostels Matthäus (13,47) – »Ein Prophet gilt nirgends weniger denn in seinem Vaterlande und in seinem Hause« – anderswo neue und reichere Jagd-(und Bau-)gründe suchen.

Sogar unter den Selfmade-Geldgiganten, die aus naheliegenden Gründen am ehesten geneigt sind, Heimat, Milieu und Branche zu wechseln, gibt es einige, die den 37. Psalm – »Bleibe im Lande und nähre dich redlich« – beherzigt haben und ihrem Geburtsort wie auch der Branche, in der sie einmal ganz klein angefangen haben, treu geblieben sind, wobei sie erfolgreich darum bemüht waren, den Apostel Matthäus, zumindest hinsichtlich ihrer eigenen Person und der ihr auch daheim bezeigten Wertschätzung, nachdrücklich zu widerlegen.

Interessanterweise sind es vornehmlich Bürger alter, traditionsreicher Städte, die solchen Grundsätzen huldigen, während diejenigen, die aus bescheidenen Dörfern und unbedeutenden Provinzstädtchen stammen, wanderlustiger sind, ebenso die Söhne des Ruhrgebiets. Besondere Beharrlichkeit zeigen, neben den gleichfalls recht seßhaften hansestädtischen, schwäbischen und Kölner Multimillionären, vor allem die Geldgiganten aus dem Raum Nürnberg und Fürth. Geradezu ein Musterbeispiel für Treue zur Heimat ist ein fränkischer Selfmademan, dessen Name zwar nicht jeder Bundesbürger kennt, wogegen seine Produkte und erst recht die Bezeichnungen, unter denen sie im Handel sind, internationalen Ruf genießen, erst recht das Großversandhaus, das den Kern seiner Unternehmensgruppe bildet. Er heißt Gustav Schickedanz.

Der heute königlich griechische Konsul Dr. oec. h. c. Gustav Schickedanz ist in Fürth zur Welt gekommen – am Neujahrstag des Jahres 1895 –, verbrachte fast sein ganzes Leben in seiner Heimatstadt, die auch Sitz seiner Konzernverwaltung und seines größten Konzernunternehmens ist, und wohnt jetzt mit seiner Frau, natürlich auch einer gebürtigen Fürtherin, an genau der Stelle, an der einst sein Elternhaus stand.

Allerdings – die Gegend, in der Gustav Schickedanz geboren und aufgewachsen ist, sah damals etwas anders aus als heute. Da war es noch ein kleinbäuerliches Dorf, und dem Vater des jetzigen Konsuls und Ehrendoktors gehörte seinerzeit ein bescheidenes, schiefergedecktes Backsteinhäuschen, dazu anderthalb Tagwerk Land, das Vater Schickedanz nach Feierabend bestellte, denn tagsüber war er Werkmeister, später auch Holzeinkäufer der Möbelfabrik Hämmersbach.

Heute ist aus dem Ort Dambach die eingemeindete, am nördlichen Rand des Stadtwaldes gelegene, teilweise recht feudale Villenkolonie Fürth-Dambach geworden, aus dem Kartoffelacker nebst Gemüsegarten und Hühnerstall des Werkmeisters Schickedanz ein erheblich größerer, von einem Landschaftsarchitekten kunstvoll gestalteter, von Meistergärtnern ohne Rücksicht auf die Kosten verschönter und gepflegter Privatpark, der einem naturliebenden Monarchen des 18. Jahrhunderts Anlaß gegeben hätte, vor Neid zu erblassen, seine eigenen Gärtner davonzujagen und die Neuanlage seiner Residenz den Schickedanz-Beratern zu übertragen...

Wenn am späten Nachmittag der Butler des Konsuls die wilden Fasanen füttert, die bis an die Freitreppe herankommen; wenn die tiefstehende Sonne die zwischen kostbaren Gehölzen aufgestellten Rokoko-Putten vergoldet und rotes Herbstlaub auf die antiken Steinbänke fällt, dann wähnt man sich bei einem Pair von Frankreich zu Gast!

Doch wir greifen der Entwicklung weit voraus, denn zunächst hatte der spätere Konsul Schickedanz ja weder Butler noch Park, geschweige denn eine schloßähnliche Villa mit kostbarer Einrichtung und wertvollen Gemälden niederländischer Meister. Vielmehr war er ein ganz gewöhnlicher, wenn auch recht aufgeweckter Dambacher Bub, der später – unter großen Opfern seiner Eltern – die Realschule in Fürth besuchen durfte, nach dem Unterricht, zusammen mit seiner Schwester Liesl, in Haus und Garten mit anzupacken, in den Ferien bei den Verwandten seiner Mutter, einer Kleinbauerntochter aus dem Steigerwald, bei der Ernte zu helfen und vor allem zu lernen hatte, sich zu bescheiden mit dem Wenigen, was die Familie Schickedanz besaß.

Immerhin wurde der Junge, da er nicht in einem großstädtischen Arbeiterviertel aufwuchs, vertraut mit Pflanzen und

Tieren, lernte vom Vater die verschiedenen Hölzer unterscheiden und bekam einen Sinn für all das, was er heute »lebendige Dinge« nennt: das Knistern der Wolle etwa oder die Wärme des Holzes, die zarten Töne der Blüten im Obstgarten hinter dem kleinen Backsteinhaus.

Wahrscheinlich hätte Gustav Schickedanz, wäre er als Sohn reicher Eltern zur Welt gekommen, eine Universität oder Akademie besucht, wäre möglicherweise Botaniker, Entomologe oder auch Künstler geworden, denn heute gehört seine ganz besondere Verehrung den Meisterwerken einer Frau namens Maria Sybilla Merian, einer gebürtigen Frankfurterin aus Baseler Familie, die sich hohes Ansehen erwarb durch ihre naturgetreuen Aquarelle und handkolorierten Kupferstiche von Blumen und Insekten, auch durch ihre mutigen Expeditionen in die tropischen Urwälder Surinams und vor allem durch ihre außergewöhnlichen Fachkenntnisse. Die gelehrte und hochtalentierte Dame hat übrigens von 1647 bis 1717 gelebt, davon vierzehn Jahre lang gar nicht weit von Dambach, nämlich in Nürnberg, was sie Konsul Schickedanz besonders sympathisch macht.

Das alles hat Gustav Schickedanz auf der Fürther Realschule natürlich nicht lernen können. Dort wurde sein Sinn mehr auf praktisches Wissen gerichtet, wie es vor allem Kaufleute benötigen, wobei anzumerken ist, daß sich damals bei dem Werkmeisterssohn ein anderes Talent Bahn brach, das für sein Leben dann bestimmend werden sollte: die Gabe, sich das Dasein durch vorteilhaften Handel mit Dingen des täglichen Bedarfs angenehmer zu machen.

Zunächst verhökerte er nach einer Versetzung in eine höhere Klasse nur seine eigenen alten, nicht mehr gebrauchten Schulbücher. Dann merkte er, daß damit gut zu verdienen war, und kaufte nun von Klassenkameraden, später auch von älteren oder jüngeren alle gebrauchten Bücher auf, deren er habhaft werden konnte, um sie alsdann mit kleinem Gewinn an diejenigen zu veräußern, die dafür Verwendung hatten. Diese erste kaufmännische Betätigung machte ihm viel Spaß, abgesehen davon, daß sie seinen Lebensstandard außerordentlich verbesserte, und so ließ er sich noch auf der Schulbank von seinem Banknachbarn dazu bewegen, gleich nach dem Einjährigen in das Exportgeschäft von dessen Vater, die Firma I. W. Spear & Söhne, einzutreten.

Dort machte er eine gründliche kaufmännische Lehre durch,

doch als er dann den Wunsch und die Chance hatte, für die Firma ins Ausland zu gehen, vielleicht sogar nach Südamerika, da legte sein Vater ein Veto ein: Erst sollte sein Gustav zum Militär, später könne er sich ja dann immer noch in der Welt umschauen (woraus man ersehen kann, daß der Papa ein patriotisch gesinnter Mann war, aber kein Prophet, denn als sein Sohn, ohne rechte Begeisterung, zum Militär eingerückt und seine Dienstzeit als Einjährig-Freiwilliger – natürlich in Fürth, beim 21. bayerischen Infanteriebataillon – abgeleistet hatte, da konnte er sich die weite Welt nur noch vom Schützengraben aus betrachten, denn inzwischen war der Erste Weltkrieg ausgebrochen...). Von 1913 bis 1919 blieb Gustav Schickedanz Soldat, und nachdem er heimgekehrt war, einmal verwundet und noch einigermaßen heil, da war sein Fernweh gestillt.

Statt dessen gründete er bald danach, im Inflationsjahr 1923, seine erste eigene Firma, eine Kurz-, Weiß- und Wollwarengroßhandlung in Fürth. Das Geschäft, das vornehmlich Damen und Herren des Wandergewerbes mit allen von dörflichen Hausierern benötigten Waren versah, entwickelte sich zufriedenstellend. Der junge Chef sammelte dabei außerdem reiche Erfahrungen, vor allem die, daß der ländlichen Verbraucherschaft die Auswahl fehle; daß man das reiche und preiswerte Angebot direkt an die Haushalte herantragen müsse, kurz, daß ein Versandhandel für ihn selbst und die Kundschaft bestimmt vorteilhafter wäre als der Umweg über die Tandler.

Aus dieser Erkenntnis heraus wagte Gustav Schickedanz 1927 die Gründung eines Postversandhauses für seine Waren. Weil ihm sein eigener Familienname nicht attraktiv genug dünkte, wählte er für das Unternehmen eine schlichte, leicht zu merkende Firmenbezeichnung »Quelle«. Es war zunächst nur ein winziges Unternehmen, das außer zwei tüchtigen Lehrmädchen und einigen wenigen älteren Angestellten vornehmlich den Inhaber und seine Familie beschäftigte – ein Umstand, der bei enorm vermehrter Belegschaft bis heute für die »Quelle« charakteristisch geblieben ist. Die Angebotslisten wurden noch mit der Schreibmaschine getippt und hektografiert, und wenn abends die Pakete zur Post gebracht wurden, packte der Chef oftmals selbst mit an und schob den Handwagen durch die Straßen...

Aber die »Quelle« begann bald kräftig zu sprudeln. Die meist ländlichen Abnehmer, die von der dann einsetzenden Weltwirtschaftskrise und der Massenarbeitslosigkeit weit weniger hart betroffen wurden als die Industriearbeiterschaft der großen Städte, hielten, einmal geworben und nicht enttäuscht, der »Quelle« die Treue und verschafften ihr einen festen Kundenstamm, der stetig wuchs.

Gerade, weil damals jeder mit dem Pfennig rechnen mußte, fand das »Quelle«-Angebot großen Anklang, und 1936 umfaßte die Kundenkartei bereits mehr als eine Million Namen! (Übrigens, die Kunden der »Quelle« waren nicht etwa nur Bayern, sondern verteilten sich über das ganze Reichsgebiet, wobei die Landbevölkerung von Pommern, Ostpreußen und Schlesien die treuesten Abnehmer stellte ...)

In den Jahren zwischen 1934 und 1943 gab es für Gustav Schickedanz viel Ärger und mancherlei Schikanen der Behörden, obwohl er vorsorglich der braunen Einheitspartei beigetreten war. Es wurden ihm Ausdehnungs-Beschränkungen auferlegt, angeblich zum »Schutze des gewerblichen Mittelstandes«, später gab es Schwierigkeiten bei der Kontingentierung.

Aber trotz dieser Hemmnisse entwickelte sich die »Quelle« zu einem immer besser fundierten, kerngesunden und nach Expansion geradezu lechzenden Unternehmen. Alle Hoffnungen richteten sich auf die Zeit nach dem Kriege, doch dann, im August 1943, zerstörte ein Bombenangriff mehr als neunzig Prozent der Betriebsanlagen. Man versuchte zwar, in Ersatzräumen das Unternehmen weiterzuführen, aber die immer schwierigeren Arbeitsbedingungen, die Warenverknappung, das Verkehrs-Chaos und die Evakuierung ganzer Provinzen ließen kein größeres Versandgeschäft mehr aufkommen.

Beim totalen Zusammenbruch im Frühjahr 1945 wurden dann auch noch die letzten Warenlager geplündert, die Kundenkartei vernichtet, die wenigen noch vorhandenen Firmengebäude von alliierten Truppen besetzt und der inzwischen fünfzigjährige »Quelle«-Chef von den Siegern mit einem Betätigungsverbot belegt.

Damit schien das Schicksal der »Quelle« besiegelt, aber 1948 sprudelte sie dann doch wieder, erst nur ganz sacht – der Umsatz erreichte im ersten Jahr nach dem Neubeginn gerade 315000 DM! –, bald jedoch schon merklich stärker.

Im Frühjahr 1951 war der nunmehr gedruckte »Quelle«-Katalog schon sechzehn Seiten stark, acht Jahre später hatte er einen Umfang von 272 Seiten im Großformat der Illustrierten, und davon waren 154 Seiten in Vierfarbendruck! Und zum Herbst 1968 verschickten die »Quelle«-Unternehmen über zehn

Millionen Kataloge, wobei die bundesdeutsche Ausgabe – Auflage: 6,45 Millionen Exemplare – mit Beilagen 736 Seiten umfaßte, davon 720 vierfarbig gedruckt. Damit brach Gustav Schickedanz – mit einer »Quelle«-Exklusiv-Kreation des Modeschöpfers Heinz Oestergaard als Titelbild – alle europäischen Versandhaus-Rekorde!

Heute ist aus dem bescheidenen Versandgeschäft, das 1948 wieder zu arbeiten begann, ein Großkonzern geworden, dessen Jahresumsatz 1970 über vier Milliarden Mark erreichte. Den Kern der Gruppe, die knapp dreißigtausend Beschäftigte zählt, bildet nach wie vor die »Quelle«. Hinzugekommen sind auf dem Versandhandelssektor: das Großversandhaus Schöpflin in Haagen, die österreichische »Quelle« in Linz und eine französische Tochter, »Quelle SA«, Paris mit Versandzentrale in Orléans.

Außerdem gehören zur »Quelle« allein in der Bundesrepublik nicht weniger als 141 Verkaufsniederlassungen: 19 Kaufhäuser, 7 Foto-Spezialgeschäfte, 4 Foto-Kaufhäuser und 111 Verkaufsstellen.

Es gibt die »Foto-Quelle« und die »Quelle-Fertighaus GmbH«, vor allem aber den (1961 gegründeten) »Quelle«-Reisedienst, der zu den drei größten bundesdeutschen Veranstaltern von Flug- und Schiffsreisen zählt.

Zum Versandunternehmen gehören ferner eigene Fabrikationsbetriebe für Berufskleidung, Damen-Oberbekleidung, Bettfedern und Steppdecken, Bett- und Leibwäsche, Strickwaren und Garne, Fahrräder und Nähmaschinen sowie eine eigene, sehr moderne Kaffee-Großrösterei in Hamburg.

Ausländische Niederlassungen bestehen – neben den Versandhäusern in Österreich und Frankreich – in Bern, Luxemburg, Malmö, New York und Montreal. Eigene Einkaufsbüros unterhält die »Quelle« unter anderem in Florenz, Hongkong und im japanischen Industriezentrum Kobe (wodurch auch einige der sensationell niedrigen Preise begreiflich werden).

Damit ist das Schickedanz-Imperium aber noch keineswegs komplett! Denn wie die meisten steinreichen Leute braut der »Quelle«-Vater auch Bier. Mit seinen Brauereien (Lederer, Humbser, Geismann und Maisel), die zusammen einen Jahresausstoß von einer halben Million Hektolitern haben, ist er der viertgrößte bayerische Brauherr. Abgerundet wird der Getränkesektor durch eine Likörfabrik.

Sodann gehört Gustav Schickedanz auch zu den bedeutendsten Papierherstellern der Bundesrepublik, wobei auf diesem

Sektor seiner Gruppe die »Vereinigten Papierwerke Schickedanz & Co« die Konzernmutter darstellt. Ihre und ihrer Töchter Markennamen – »Tempo«, »Camelia« und »Lavex« – werden indessen der Öffentlichkeit besser vertraut sein.

Natürlich ist der königlich griechische Konsul (seit 1960) Ehrendoktor (seit 1955) und Commendatore der Republik Italien (seit 1968) auch noch Bankier, da ihm die Noris Kreditbank GmbH in Nürnberg gehört. Er ist ferner mit zahlreichen hohen Auszeichnungen bedacht worden – vom Großen Bundesverdienstkreuz mit Stern über den Taxiarch des griechischen St.-Georg-Ordens und den St.-Markus-Orden des Patriarchen von Alexandria und Gesamtafrika bis zum Ehrenbürgerbrief der fränkischen Gemeinde Vestenbergsgreuth am Steigerwald, dem Heimatort seiner Mutter.

Und schließlich ist Konsul Schickedanz nicht nur stolzer Besitzer jener schönen, schloßähnlichen Villa in Dambach, wo nur noch ein Kellerfensterchen an das bescheidene Elternhaus erinnert, auf dessen Fundamenten ein Flügel der heutigen Residenz erbaut wurde, sondern auch – wie könnte es anders sein? – im Tegernseer Tal mit einem schönen Landhaus vertreten. Es ist, zumindest in einem Teil, den der Konsul bevorzugt, nur ein umgebauter ehemaliger Pferdestall, wo man noch den herben Duft der Rösser zu spüren meint, die einst dort standen, und man könnte versucht sein, den »Quelle«-Patriarchen, der sich mit einem so bescheidenen Refugium begnügt, für völlig anspruchslos zu halten.

Das wäre indessen nur bedingt richtig, denn Konsul Schickedanz weilt nur sehr selten in diesem Tegernseer Haus, wie er auch der chilenischen Hazienda, die er sich gekauft hat, bislang nur flüchtige Aufmerksamkeit widmen konnte.

Um so mehr verdient das Innere seines Dambacher Domizils Beachtung, das geräumig genug ist, um auf einer Etage die kostbare Bibliothek und die umfangreiche private Gemäldesammlung des Hausherrn zu beherbergen.

An Personal steht eine Hausdame, der Butler Josef, eine – übrigens ganz vorzügliche – Köchin sowie einige Stubenmädchen zur Verfügung. Es gibt sicherlich noch mehr dienstbare Geister, denn der gepflegte Park braucht Gärtner, der »Mercedes 600« und die anderen Wagen benötigen einen Chauffeur...

Dennoch – Konsul Schickedanz selbst hat wenig von seinem schönen Besitz. Gewiß, er schwimmt morgens in seinem acht mal zehn Meter großen, geheizten Hallenbad, manchmal im offenen Swimming-pool, den es auch noch gibt; er erfreut sich an seinen schönen Barockmöbeln, seinen Gemälden, seinen Kupferstichen, Inkunabeln und Nurenbergensien, für die er erstaunlichen Sachverstand entwickelt hat. Er läßt sich auch häufiger als gewöhnliche Multimillionäre den Kaviar schmekken, den ihm sein Butler im blau- und goldgetönten Barockspeisezimmer serviert.

Aber sein und seiner Familie Lebensinhalt ist nicht der Genuß, sondern die »Quelle«. Der knapp vierundsiebzigjährige Patriarch ist von früh bis spät im Büro, kommt meist erst gegen neun, halb zehn Uhr abends müde und abgekämpft nach Hause, und den Seinen geht es auch nicht besser... Die »Quelle« ist ein reines Familienunternehmen, nicht nur, was die Besitzverhältnisse angeht, sondern auch hinsichtlich des Managements.

Dem Konsul und Chef zur Seite steht seine – bedeutend jüngere, zweite – Frau Grete. Sie ist von Jugend auf im Geschäft, war einst das tüchtigste Lehrmädchen des damals noch kleinen Geschäftsmannes Schickedanz und wurde, nachdem 1929 dessen erste Frau, zusammen mit dem Schwiegervater und dem einzigen Sohn, bei einem Autounfall ums Leben gekommen war, im Jahre 1942 deren Nachfolgerin.

Seit nunmehr vier Jahrzehnten ist »die Grete«, wie sie – durchaus respektvoll – in der Firma genannt wird, die »rechte Hand« des Konzernchefs und die Seele des Geschäfts. Sie ist heute die Generalbevollmächtigte ihres Mannes, kümmert sich um alles, inspiziert – mit firmeneigenem Flugzeug – die weitgestreuten Tochterfirmen und Filialen, betätigt sich als Chefeinkäuferin, konferiert mit Heinz Oestergaard, dem Modeberater der »Quelle«, und ist daneben auch die Patin des riesigen »Quelle«-Kindergartens, der ihren Namen trägt.

Im übrigen liegt der persönliche Teil der umfangreichen Sozialbetreuung der rund dreißigtausend Konzernbeschäftigten – es gibt unter anderem ein Altersversorgungswerk, auch eine Stiftung zur Förderung begabten Nachwuchses – in den Händen ihrer Schwägerin Liesl Kießling, der Schwester von Gustav Schickedanz, deren verstorbener Ehemann bis zu seinem Tode ebenfalls in der Geschäftsleitung tätig war. Auch der Schwiegersohn Hans Dedi – er ist mit des Konsuls ältester Tochter (aus erster Ehe), Louise, verheiratet – gehört zur Führungsspitze des Schickedanz-Konzerns. Der gebürtige Baseler, Jahrgang 1918, Vorstandsmitglied und Erbe der altrenommierten

Gummizugfabrik Hüssy & Künzli AG im badischen Murg, deren Aufsichtsratsvorsitzer Schwiegerpapa Schickedanz wurde, ist bereits Generalbevollmächtigter und gilt als sicherer Kandidat für die Nachfolge des Konzernchefs, der indes noch längst nicht daran denkt, sich zur Ruhe zu setzen.

Ja, und dann gibt es noch Madeleine, das einzige Kind aus der zweiten Ehe des Konsuls. Sie heiratete einen Sproß der Nürnberger Spielwarenfabrikanten-Familie Mangold (»GAMA«), und Vater Schickedanz richtete eine Hochzeit von – wie ›Der Spiegel‹ behauptete – »biblischem Zuschnitt« aus. Dazu meinte Gustav Schickedanz: »Na, es war doch keine Hochzeit zu Kana – zumindest habe ich nicht Wasser in Wein verwandelt...!«

Rauschende Feste gibt es nur höchst selten im Hause Schickedanz. Die Familienmitglieder sind von früh bis spät so beschäftigt, daß ihnen wenig Zeit (und Lust) zu gesellschaftlichem oder gar geselligem Umgang mit anderen Multimillionären bleibt. Ja, es reicht nicht einmal zum Privatleben, so sehr schuften und rackern sie sich ab.

»Gestern kam meine Frau von der Einkaufsreise zurück«, erzählte mir Gustav Schickedanz, als ich ihn zuletzt besuchte, »ich habe sie spätabends vom Büro aus am Flughafen abgeholt. Wir haben dann noch bis kurz nach Mitternacht zusammengesessen. Und was meinen Sie, wovon sie mir die ganze Zeit erzählt hat? Kein Wort von Hongkong, Kopenhagen oder Warschau, nichts von all den schönen und interessanten Dingen, die sie auf ihrer langen Reise gesehen hat – immer nur vom Geschäft...!« Aber noch aus diesem Seufzer war deutlich herauszuhören, wie stolz er in Wirklichkeit auf seine tüchtige Grete ist, die ihrerseits gewiß mit ähnlichen Geschichten von ihrem Mann aufwarten könnte, der nur manchmal so tut, als sei ihm das Geldverdienen nicht mehr so wichtig...

Was ihm, dem Umsatz-Multimilliardär, dagegen wirklich gegen den Strich geht, sind alle Anspielungen auf seinen märchenhaften Reichtum. Er mag weder als Krösus noch als Geldgigant bezeichnet werden. »Ich bin doch kein Milliardär«, brummt er, wozu angemerkt sei, daß natürlich alle bundesdeutschen Milliardäre in Wirklichkeit gar keine Milliardäre sind! Wer es nicht glauben will, braucht sich nur ihre Vermögenssteuerbescheide anzusehen, sofern sich dazu eine Gelegenheit bietet.

Doch, wie dem auch sei, um die finanzielle Sicherung seines Lebensabends braucht sich der im Büro mit sich und anderen gestrenge »Quelle«-Patriarch, daheim ein freundlicher Hausvater mit eisgrauem Haar, gestutztem Schnurrbart und manchmal recht schalkhaft blitzenden Augen hinter den schmalgefaßten Brillengläsern, ganz bestimmt keine Sorgen zu machen, nicht einmal um den seiner Erben!

Wenn er und seine tüchtige Frau sich trotzdem so emsig plagen und keine Ruhe gönnen, so kann das Motiv auch nicht der bloße Ehrgeiz sein, alle anderen Großversandhändler der Bundesrepublik überflügeln zu wollen. Was das anbelangt, so kann Konsul Gustav Schickedanz längst von sich sagen, wie weiland Cassius Clay: »I am the greatest...!«, denn seine »Quelle« ist längst und mit Abstand das größte Versandhaus, nicht nur Westdeutschlands, sondern des ganzen europäischen Kontinents.

Was ist es also, das Gustav und Grete Schickedanz treibt, unermüdlich weiterzumachen?

Nun, vermutlich hindert sie am Aufhören schon allein der Gedanke, daß sie dann ja »draußen« wären, nicht mehr teilhätten an den kleinen und großen Sorgen und Triumphen, die die Führung eines Unternehmens mit sich bringt.

Auch ist es ja ihr ureigenes Werk, dieser heute so große und mächtige Schickedanz-Konzern mit allem, was dazu gehört – von den »Tempo«-Taschentüchern bis zum Lederer-Bräu, von der Bettfedern-Fabrik bis zum Einkaufsbüro in Kobe –, und sie können sich von alledem, was sie selbst in vier Jahrzehnten aufgebaut haben, begreiflicherweise nicht freiwillig trennen. Sie kämen sich dann sehr nutzlos vor, verlören womöglich auch die Freude an den schönen Dingen, für die sie jetzt so wenig Zeit haben, und können sich auch nur schwer vorstellen, daß es ohne sie überhaupt geht. Also rackern sie sich weiter ab und müssen dabei in Kauf nehmen, immer reicher und reicher zu werden...

Genügt es nicht vollauf . . . ?

Wo das Strenge mit dem Zarten,
wo Starkes sich und Mildes paarten,
da gibt es einen guten Klang.
Friedrich von Schiller

Weder mit seinem immensen, von ihm selbst gern bagatellisierten und bescheiden zu bloßem Wohlstand degradierten Reichtum noch mit seinem Fleiß und seiner engen Verbundenheit mit dem selbstgeschaffenen Milliarden-Konzern steht Gustav Schickedanz allein da – nicht einmal in seiner Heimatstadt Fürth, die vor dem Ersten Weltkrieg, selbst einschließlich ihrer Garnison, noch keine sechzigtausend Einwohner zählte.

Auch hinsichtlich seiner Treue zur fränkischen Heimat ist Konsul Schickedanz kein Einzelfall, ja, selbst als Konsul, wenn auch nur als solchem, ist ihm Konkurrenz erwachsen, wobei man vermuten darf, daß es weniger der Weltruhm von Fürth gewesen ist, der ferne Länder veranlaßt hat, Bürger dieser Stadt zu ihren dortigen Konsuln zu küren, als vielmehr das internationale Renommee (und die Finanzkraft) der betreffenden Herren selbst. Das gilt sowohl für Gustav Schickedanz, den königlich-griechischen Konsul, als auch für einen seiner Beinahe-Nachbarn in Dambach. Er ist, gleich dem »Quelle«-Vater, ein fränkischer Selfmade-Krösus, ebenfalls ein Musterbeispiel für Treue zur Heimat wie zur Branche, von Jugend auf mit den Schwesterstädten Nürnberg und Fürth verbunden und ein Mann, dessen Name heute wahrhaftig (und in mehrfacher Beziehung) Weltklang besitzt: Max Grundig.

Der heutige Konsul (von Mexiko) Dr. rer. pol. h. c. Max Grundig, Inhaber einer mächtigen Gruppe von Unternehmen, die fast alle seinen Namen tragen, wurde am 7. Mai 1908 in Nürnberg geboren. Sein Vater, Max Emil Grundig, Lagerverwalter bei der Fahrradfabrik »Hercules«, starb schon Anfang der zwanziger Jahre, und zurück blieben in einer Zeit, in der gerade alle Ersparnisse der kleinen Leute der Inflation zum Opfer gefallen waren, seine Witwe, Frau Maria, geborene Hebeisen, sein noch kleiner Sohn Max und drei jüngere Schwestern. Es war ein sehr harter Schlag für die Familie, die nun von einer sehr bescheidenen Rente leben mußte, und besonders für Max, der eigentlich die Realschule besuchen und »etwas Besseres«

hatte werden sollen, doch nun natürlich mit knapp fünfzehn Jahren in die Lehre kam.

Immerhin wurde der Junge nun nicht einfach in die nächste Fabrik geschickt, wie es in einer ihres Ernährers beraubten Arbeiterfamilie selbstverständlich gewesen wäre. Er und seine Mutter hatten sich vielmehr auch unter den neuen, sehr erschwerten Bedingungen den Willen bewahrt, nicht sozial abzugleiten.

Und so bekam der Sohn nun eine kaufmännische Ausbildung, zwar nicht in einer bedeutenden Handelsfirma mit weltweiten Beziehungen oder gar in einer renommierten Bank, aber doch in einem örtlich sehr angesehenen und gutentwickelten Unternehmen: Bei der Nürnberger Heizungs-Installationsfirma A. & J. Hilpert erlernte der aufgeweckte und fleißige Junge Korrespondenz und Buchhaltung, und sein Chef war so zufrieden mit ihm, daß er nach beendeter Lehrzeit dem knapp Achtzehnjährigen die Leitung der Fürther Filiale des Unternehmens anvertraute.

»Zunächst«, so erinnert sich Max Grundig, »waren es nur ein Dutzend Angestellte und Monteure, aber die Zahl wuchs sehr rasch, und schließlich hatte ich etwa hundert Leute unter mir, die ich an den verschiedenen Baustellen einzusetzen hatte ...«

Der junge Filialleiter bewährte sich auch beim Hereinholen großer Aufträge und erbat sich bald eine Umsatzprovision – zwar nur bescheidene dreiviertel Prozent, aber das hob sein Selbstbewußtsein, vielleicht ein wenig mehr als gut war. Eines Tages fand sein Chef, daß sein Fürther Filialleiter etwas zu selbständig geworden sei, hielt es für richtig, ihm einmal, bei allem Respekt vor der Tüchtigkeit des noch nicht Zwanzigjährigen, ein wenig den Kopf zurechtzusetzen und mußte erleben, daß der junge Mann daraufhin seinen Hut nahm und ging.

Diese impulsive Kündigung war jedoch kein Schritt ins Leere. Max Grundig hatte bereits einen festen Plan: Er gedachte sich selbständig zu machen, und zwar mit einem Radiogeschäft!

Die Rundfunkindustrie – natürlich auch der Handel mit ihren Erzeugnissen und erst recht das Radio-Reparaturhandwerk – steckte damals noch in den Kinderschuhen, Kurt Pritzkoleit, der verstorbene große Wirtschafts-Chronist, der Max Grundig einen »Mirakelmann« genannt und sich den »wundersamen Aufstieg« dieses »unaufhaltsamen Unternehmers« nicht recht zu erklären vermocht hat, wußte davon zu berichten, wie im Herbst

1923 die erste deutsche Mittelwellen-Rundfunkstation im Berliner Vox-Haus zu senden begann und wie sich dann in den Städten des Reiches die Säle füllten, »in denen das Radioprogramm, untermalt von Heulen, Pfeifen und Rauschen, wie ein Konzert aus dem Geisterreich dargeboten wurde« – mit Hilfe von Detektor-Empfängern, die Akkumulatoren als Stromquelle und dazu noch Anodenbatterien benötigten.

Doch Pritzkoleit irrte sehr, als er vermutete, Max Grundig wäre damals, sehr zu seinem Kummer, von unverständigen Eltern daran gehindert worden, sich mit der wunderbaren Erfindung des Radios beruflich zu befassen, »nach dem Willen des Vaters ausgeschlossen von dem geheimnisvoll wispernden, tönenden, rauschenden Reich der Rundfunkübermittlung...«

Der Vater war ja bereits gestorben, als der kleine Max in die Lehre kam, und was des Jungen Interesse am Basteln und seinen Glauben betraf, daß das Radio eine große Zukunft haben würde, so hätte ihn der Vater, wäre er noch am Leben gewesen, in beidem gewiß nur bestärkt.

So aber blieb es dem jungen Mann selbst überlassen, sich den Weg zu wählen, von dem er glaubte, daß er der richtige wäre, und er hat seinen Entschluß, nach beendeter kaufmännischer Lehre und weiterer Bewährung als beinahe selbständiger Filialleiter, nun ein Rundfunk-Einzelhandelsgeschäft zu eröffnen, niemals bereut.

Mit geborgtem Geld, das übrigens schon nach zwei Jahren zurückgezahlt war, einigen Amateurkenntnissen, kaufmännischem Geschick und viel Enthusiasmus gründete der neunzehnjährige Max Grundig den »Radio-Vertrieb Fürth«, wobei er nicht so vermessen war, nur Rundfunkempfänger anzubieten, sondern auch elektrische Haushaltsartikel nebst allem Zubehör in sein Sortiment aufnahm, außerdem Akkus aufzuladen und defekte Radioapparate zu reparieren bereit war.

Das neue Geschäft entwickelte sich ausgezeichnet. Es sprach sich schnell herum, daß der junge Mann nicht bloß Bügeleisen reparieren und Glühbirnen verkaufen könnte, vielmehr ein ausgezeichneter Radio-Fachmann wäre. Außerdem verstand Max Grundig sich aufs Verkaufen, wobei es ihm vor allem darauf ankam, sich einen zufriedenen Kundenstamm zu verschaffen. Er entwickelte dazu eine Methode, die man heute »Service« nennt, dazu eine gründliche Kenntnis des Publikumsgeschmacks.

Es gibt heute noch Leute in Fürth, die sich schmunzelnd

daran erinnern, wie der alerte junge Mann eines Abends bei ihnen erschien, eine Flasche Wein mitbrachte, durch deren Öffnen er die Atmosphäre sogleich entspannte, so daß man ihm wegen der Störung nicht mehr böse war, und dann strahlend mitteilte, er habe da einen ganz fabelhaften neuen Apparat hereinbekommen, den man unbedingt – und natürlich ganz unverbindlich! – einmal ausprobieren solle. Er sei sicher, das neue Radio würde Anklang finden, zumal es nicht nur viel leistungsfähiger sei als alles Bisherige, sondern auch glänzend zu den schönen Möbeln passe ...

Auf diese und ähnliche Weise gewann sich Max Grundig allmählich einen Kundenstamm und konnte schon bald für seinen »Radio-Vertrieb Fürth« einen etwas größeren Laden mieten, auch für seine Mutter und seine drei jüngeren Schwestern besser sorgen, als es der Vater vermocht hatte.

Die Weltwirtschaftskrise der Jahre 1929/32 brachte natürlich Rückschläge, aber sie konnte das junge Unternehmen nicht zum Erliegen bringen. Und von 1933 an ging es dann langsam wieder aufwärts, unterstützt von einer Wiederbelebung der Konjunktur und von dem Wunsch der inzwischen an die Macht gelangten Hitler-Partei, möglichst in jedem deutschen Haushalt einen Rundfunkempfänger zu wissen – zwar nicht gerade einen leistungsstarken »Super«, mit dem die Leute dann womöglich ausländische »Hetzsender« hören könnten, wohl aber einen »Volksempfänger«, gerade ausreichend, um damit den über den jeweiligen Ortssender verbreiteten Nachrichten, forschen oder munteren Weisen, vor allem aber den »Führer«-Reden zu lauschen.

In diesen zwölf Jahren von der Gründung des kleinen Unternehmens bis zum Ausbruch des Krieges entwickelte sich Max Grundig zu einem wohlsituierten und in der Stadt angesehenen Geschäftsmann, der sich für Politik kaum, für Fußball bedeutend mehr und am meisten für seinen Betrieb und die Entwicklung der Rundfunktechnik interessierte. Alljährlich fuhr er zur großen Funkausstellung nach Berlin, wobei ihn dann seine älteste Schwester im Geschäft vertreten mußte. Aber auch ein völlig unpolitischer Mensch mußte sich in der damaligen Zeit notgedrungen manchmal mit Politik befassen. Da war zum Beispiel die leidige Frage der Mitgliedschaft in der »Deutschen Arbeitsfront«. Max Grundig wollte dieser Organisation nicht beitreten; er stand den Nazis mit gesundem Mißtrauen gegenüber.

Als er dann vorgeladen und mit dem Boykott seines Geschäfts bedroht wurde, schwankte er einen Augenblick. Er eignete sich nicht für eine Märtyrerrolle. Aber dann erklärte er dem braunen Funktionär, solange es nicht Vorschrift sei, sähe er keinen Grund für einen Beitritt, und überraschenderweise blieben nun weitere Drohungen aus; die Angelegenheit verlief im Sande.

Grundigs Abneigung gegen die Diktatur verstärkte sich noch, als aus dem herkömmlichen, im Grunde recht biederen und durchaus passiven Antisemitismus, wie er im deutschen Mittelstand verbreitet war, eine brutale Verfolgung der Juden wurde.

In Fürth hatte es von alters her eine zahlenmäßig recht starke, kulturell sehr hochstehende und für das Wirtschaftsleben der Stadt unverhältnismäßig bedeutsame jüdische Minderheit gegeben. Sie war sehr wohlhabend und unterhielt eine eigene Realschule sowie ein schon 1763 gegründetes israelitisches Waisenhaus. Aus dieser Fürther jüdischen Gemeinde stammte beispielsweise Jacob Henle, der Lehrer Robert Kochs und Vorfahre des heutigen Klöckner-Konzernchefs Dr. Günter Henle, und auch Leopold Ullstein, der Gründer des bedeutenden, heute im Springer-Konzern aufgegangenen Berliner Verlagshauses, kam aus Fürth.

Unter dem Einfluß des berüchtigten »Gauleiters« Julius Streicher, eines wegen sittlicher Verfehlungen entlassenen ehemaligen Schullehrers, nahm die Judenverfolgung im Raum von Nürnberg und Fürth schon früher als im übrigen Reich abstoßende Formen an, und Max Grundig, der in der sogenannten »Reichskristallnacht« des November 1938 unfreiwilliger Zeuge eines Spießrutenlaufens jüdischer Kinder wurde, verfolgte diese Vorgänge mit tiefem Abscheu. Die Eindrücke, die er damals erhielt, sollten sich später segensreich auswirken, zunächst für andere, nichtjüdische Verfolgte, denen er dann nicht nur bloßes Mitgefühl bezeigen, sondern wirksam helfen konnte, am Ende sogar für ihn selbst.

Doch wir wollen der Entwicklung nicht vorgreifen, denn zunächst war Max Grundig ja noch ohne jeden Einfluß über den örtlichen Rahmen seiner Branche hinaus, nur ein mittlerer Geschäftsmann, der mit der allmählichen Auflösung der Fürther jüdischen Gemeinde seine besten Kunden verlor. Viele, denen es gelang, noch rechtzeitig auszuwandern, kauften sich bei ihm von ihrem letzten Geld ein neues Radiogerät, das sie mit nach Übersee nahmen, doch solche Abschiedskäufe konnten einen in die Zukunft blickenden Geschäftsmann nicht eben froh stimmen, zumal wenn er merkte, daß das Hitler-Reich auf einen Krieg zusteuerte...

Im August 1939 war es dann soweit. Max Grundig brauchte zwar zunächst nicht einzurücken, denn er war inzwischen einunddreißig Jahre alt und hatte nicht gedient. Er konnte also sein Geschäft zunächst weiter betreiben, aber eines Tages erhielt auch er den Einberufungsbefehl.

Als Soldat kam er nach kurzer Ausbildung zur Transportkommandantur Paris, doch sein Einsatz im besetzten Frankreich dauerte nur wenige Monate. Dann wurde seinem Gesuch stattgegeben, ihn zur Transportkommandantur Nürnberg zu versetzen. Zwar blieb er Soldat – er brachte es bis zum Obergefreiten –, aber nun konnte er sich wieder um sein Geschäft kümmern. Jeden zweiten Tag hatte er Nachtdienst, und den anschließenden freien Tag benutzte er dazu, in seinem kleinen Betrieb nach dem Rechten zu sehen.

In jenen ersten Kriegsjahren wurde das Radioreparaturgeschäft immer schwieriger, denn die funktechnische Rüstungsindustrie verschlang fast die gesamte Produktion an Einzel- und Ersatzteilen. Um seinen kleinen Betrieb dennoch aufrechterhalten zu können, begann Max Grundig damals zu improvisieren, und es zeigte sich, daß das seine besondere Stärke war.

Da vor allem durchgebrannte Netztrafos nicht mehr neu zu beschaffen waren, besorgte er sich eine gebrauchte Wickelmaschine und begann damit, zunächst ausschließlich für den eigenen Werkstattbedarf, »hausgemachte« Transformatoren herzustellen.

Der Einfall machte sich bezahlt, er hätte damit zufrieden sein können, aber – und das ist typisch für Max Grundig! – kaum war der eigentliche Engpaß überwunden, da überlegte er schon, wie er aus der Notlösung ein dauerhaftes Geschäft machen könnte.

Durch Vermittlung eines Brauereibesitzers, mit dem er bekannt geworden war, gelang es ihm, in dem sieben Kilometer nördlich von Fürth gelegenen Dörfchen Vach den durch den Krieg verwaisten Tanzsaal des »Gasthofs zur Linde« billig zu mieten, und mit dem Entschluß, dort Ende 1943 eine eigene Trafo-Produktion zu beginnen, wurde aus dem Inhaber eines Ladengeschäfts mit Reparaturwerkstatt nun ein Fabrikant.

In den Tanzsaal wurde ein neuer Boden eingezogen; für den

Meister, der bis dahin die Fürther Werkstatt geleitet hatte, richtete Grundig nebenan eine kleine Wohnung ein. Die Wickelmaschine wurde nach Vach geschafft; zwei weitere Maschinen kamen hinzu und wurden von zwei angelernten Frauen bedient, und bald zeigte sich, daß Grundigs Rechnung aufging:

Einmal war man in Vach vor Luftangriffen, wie sie nun immer häufiger wurden, weit sicherer als in Fürth; zum anderen wurden Trafos, wie man sie in Vach produzieren konnte, von der Industrie dringend benötigt. Ein Angebot genügte, und beinahe im Handumdrehen wurde der »Radio-Vertrieb Fürth« Unterlieferant, zunächst für Siemens, bald auch für AEG und Telefunken.

Die Produktion stieg nun sprunghaft an. Fast jede Woche kam aus Berlin eine neue Wickelmaschine. Bald reichte der Tanzsaal der »Linde« nicht mehr aus. Max Grundig mußte einen weiteren Saal, den vom »Doppelwirt«, und schließlich noch die Kegelbahn des »Roten Ochsen« mieten.

Diese beträchtliche Ausweitung seines Betriebes bedeutete nicht bloß bessere Geschäfte, sondern auch Aussicht auf Entlassung aus der Wehrmacht und UK-Stellung als »Führer eines rüstungswichtigen Unternehmens«.

Und tatsächlich: Bald konnte er die Uniform an den Nagel hängen und sich wieder ganz seinem Betrieb widmen! Das bedeutete allerdings noch keineswegs, daß damit nun alle Schwierigkeiten behoben gewesen wären – im Gegenteil! Sie fingen nun erst richtig an:

Das Hauptproblem waren die Arbeitskräfte. Anfangs hatte sich Grundig mit einigen Arbeiterinnen aus Fürth behelfen können, zu denen dann nach und nach angelernte Frauen und Mädchen aus dem Dorf Vach kamen. Doch das reichte bei weitem nicht aus, und zudem war den Fürtherinnen der Weg nach Vach im Winter zu beschwerlich.

Max Grundig wandte sich also an das Arbeitsamt mit dem Ergebnis, daß ihm zwangsrekrutierte »Ostarbeiterinnen« zugeteilt wurden – eine »Lösung«, von der er alles andere als begeistert war! Wie sollte er mit diesen verbitterten, halbverhungerten, nur auf die deutsche Niederlage hoffenden Mädchen aus der Ukraine weiterproduzieren?

Nun, Max Grundig schaffte es, auch mit diesem Problem fertig zu werden. Mit viel Geduld, Einfühlungsvermögen und menschlicher Behandlung gewann er sich die Sympathie der Zwangsarbeiterinnen. Er verpflegte sie weit besser, als es die strengen Vorschriften gestatteten, und sorgte für ein freundliches Betriebsklima.

Das gute Einvernehmen zwischen dem Chef und den Zwangsarbeiterinnen – »Es waren saubere, fleißige Mädchen!« erinnert sich Max Grundig – zeitigte bei Kriegsende ein unerwartetes Resultat: Während anderswo die nun befreiten Verschleppten die Betriebe und Wohnungen plünderten, nicht selten auch an einzelnen Schindern blutige Rache nahmen, blieben Max Grundigs Werkstätten nicht bloß intakt; vielmehr verteidigten die Ukrainerinnen auch das Eigentum ihres anständigen Chefs gegen jeden Versuch, es anzutasten.

Als Max Grundig, zusammen mit dem ihm vom Siemens-Konzern zugeteilten Verbindungsmann, dem Ingenieur Josef Güthlein, nach dem Einmarsch der Amerikaner von Fürth nach Vach radelte, um nachzuschauen, ob ihm der Zusammenbruch etwas übriggelassen hätte, da konnten die beiden mit großer Freude feststellen, daß nichts, aber auch gar nichts fehlte...!

In den ersten Tagen und Wochen nach der Stunde Null wußte in Deutschland keiner so recht, wie es weitergehen sollte. Auch Max Grundig war zunächst ratlos, denn die Situation war so grotesk, wie man es sich kaum noch vorzustellen vermag: Zunächst hatten die alliierten Soldaten alle Radiogeräte beschlagnahmt, die besten für sich behalten, den Rest zerstört. Sodann war ein Verbot erlassen worden, irgendwelches Elektromaterial herzustellen, und dabei fehlte es nicht nur der deutschen Bevölkerung an tausend Dingen des täglichen Bedarfs, auch die alliierten Soldaten brauchten dringend Transformatoren, um ihre elektrischen Geräte, die meist auf 117 Volt eingerichtet waren, mit deutschem Strom betreiben zu können.

Nach und nach lockerten sich zwar die Bestimmungen, und es zeigte sich auch, daß es trotz der Beschlagnahme durch die Sieger noch zahlreiche Radioapparate in deutschem Besitz gab. Doch die meisten Geräte waren defekt, und dabei war das Informationsbedürfnis niemals so groß wie damals. Alles in allem boten sich einem tüchtigen Rundfunkfachmann, der noch über Werkzeug und Material verfügte, allerlei Chancen. Nur fragte es sich, wozu man eigentlich arbeiten und sein kostbares Material aus der Hand geben sollte: Das Geld, das man dafür bekam, verlor täglich an Wert, und die Zukunft war höchst ungewiß...

Es bedurfte einer gehörigen Portion Optimismus, trotzdem wieder anzufangen, dazu erheblichen Improvisationsgeschicks und vor allem dessen, was man damals »organisieren können« nannte. Das hatte nur sehr bedingt etwas mit »Organisationstalent« zu tun, weit mehr mit gutentwickeltem Selbsterhaltungstrieb. Denn: »organisieren« bedeutete »etwas besorgen«, das man zum Leben brauchte – Nahrungsmittel, Kleidung, Schuhe, Küchengerät oder auch Werkzeug, kurz, alles, was man nicht hatte, aber gerne gehabt hätte, um einen Schritt weiterzukommen, das Chaos und den Hunger zu überwinden und wenigstens halbwegs normale Verhältnisse zu schaffen.

Meist bekam man das, was man brauchte, nicht unmittelbar, weder für Geld noch für gute Worte und nicht einmal im Tausch gegen irgend etwas, das man zufällig abgeben konnte und das ein anderer dringend benötigte. Vielmehr mußte man, um zu dem zu gelangen, was man selbst haben wollte, erst einmal herausfinden, was der, der es hatte, dafür verlangte. Und dann konnte man auf die Suche gehen und sich darum bemühen, einen Ringtausch zu organisieren: Transformatoren gegen amerikanische Zigaretten; Zigaretten gegen Butter und Honig, Speck und Gemüse; Lebensmittel gegen alles das, was man selbst noch benötigte...

Max Grundig erwies sich als ein glänzender Improvisator, dazu als ein wahres Genie im »Organisieren«! Zunächst holte er seinen Betrieb nach Fürth – mit Handwagen und Schubkarren. Dann gelang es ihm, von einem Fürther Spielzeugfabrikanten ein paar Räume zu mieten, in denen er seine Maschinen, Werkzeuge, Arbeitstische und Materialien unterbringen konnte.

Die Räume, so erinnert er sich, waren voller Wanzen und mußten erst mühsam gereinigt und vom Ungeziefer befreit werden... Als nächstes folgten einige »Kompensationsgeschäfte« mit Amerikanern, damit Chef und Mitarbeiter etwas zu beißen (und zu rauchen) hatten... Und dann wurden wieder Trafos gewickelt, während gleichzeitig im alten Radiogeschäft drei Rundfunkmechaniker damit beschäftigt waren, aus alten, defekten Apparaten alle brauchbaren Teile zu retten und damit neue 6-Kreis-Super zu bauen – natürlich ohne Markenbezeichnung und als reine Tauschobjekte, aber immerhin, wenn man so will, die ersten »Grundig«-Geräte...!

Für ein solches selbstgebasteltes Gerät konnte Max Grundig nicht nur Lebensmittel, sondern einmal auch mehrere Säcke Bakelit-Pulver eintauschen. Dieses Pulver war ihm besonders willkommen, denn nun konnte er einen schon gleich nach Kriegsende gefaßten Plan in die Tat umsetzen:

»Wir werden Prüfgeräte bauen!« erklärte er seinen Mitarbeitern. »So etwas benötigen die Rundfunkwerkstätten noch dringender als unsere Trafos!«

Tatsächlich brauchte Grundig jetzt nur noch einen Fabrikanten aufzutreiben, der aus dem Bakelit-Pulver Gehäuse für Röhrenprüfgeräte herstellen konnte, und nachdem der gefunden war, begann er mit der neuen Produktion.

»Was schätzen Sie, wieviel ich davon verkaufen kann?« fragte er Otto Siewek, den späteren Generaldirektor seines Konzerns, als sie die ersten probeweise gefertigten Instrumente in der Hand hielten.

Siewek war noch skeptisch. Schließlich meinte er:

»Na ja, vielleicht zweihundert, höchstens dreihundert Stück...«

Worauf Max Grundig lachend erwiderte: »Haben Sie eine Ahnung! Davon produzieren wir zunächst einmal dreitausend Stück! Sie werden uns aus den Händen gerissen werden!« Er behielt recht.

Die neuen Röhrenprüfgeräte, »Tubatest« und »Novatest«, wurden ein Verkaufsschlager (außerdem ein hervorragendes Tauschobjekt, um an Radioröhren zu kommen...). Aber trotz dieses ersten Erfolges blieben die Schwierigkeiten, gegen die der kleine Betrieb zu kämpfen hatte, unvermindert groß. Im ersten Nachkriegswinter kam er fast zum Erliegen, denn in Fürth – wie in den meisten anderen Städten – reichten die Brennstoffvorräte nicht aus, um eine normale Stromversorgung sicherzustellen. Das Elektrizitätswerk durfte bloß noch während der Dunkelheit Strom abgeben, am Tage nur neunzig Minuten lang! Da hatte Max Grundig den rettenden Einfall, ein Diesel-Aggregat in Betrieb zu nehmen, das er mit sicherem Instinkt zur rechten Zeit aufgetrieben hatte. Es war ein mehr als vollwertiger Ersatz, denn während die Netzspannung ständig schwankte und während der Stromsperre ganz ausfiel, konnte Grundigs Betrieb mit konstanter Spannung von fast 220 Volt weiterarbeiten – als einziger im Raum Nürnberg–Fürth...!

Das sprach sich natürlich herum und bewirkte, daß viele tüchtige Leute, die damals heimat- und stellungslos umherirrten, zu Grundig fanden.

Einer von diesen durch Grundigs Einfallsreichtum und Aktivität Angelockten war Hans Eckstein. An einem Sonntagvormittag im Dezember 1945 kam er aus Oberviechtach in der

Oberpfalz, wohin es ihn gegen Ende des Krieges verschlagen hatte, in die Fürther Wohnung von Max Grundig. Er erzählte dem interessiert lauschenden Hausherrn, daß er zwar gegenwärtig nur mit einfachen Radioreparaturen beschäftigt sei, aber bedeutend mehr könne: Schon 1933 habe er bei »Lumophon« Rundfunkempfänger entwickelt...

Max Grundig horchte auf.

Das war vielleicht der Mann, den er suchte; der ihm helfen konnte, seine Lieblingsidee zu verwirklichen! Denn Grundig träumte schon lange davon, einmal selbst Radioapparate herzustellen. Bereits Anfang 1942, als er noch bei der Transportkommandantur Nürnberg als Obergefreiter Dienst tat, hatte er Kameraden gegenüber davon gesprochen, daß er vielleicht »später einmal« eine eigene Radiofabrik haben werde...

Trotz (oder vielleicht sogar wegen) der katastrophalen Wirtschaftslage schien der Augenblick günstig: Die deutsche Rundfunkindustrie war so gut wie tot. Achtzig Prozent der Werke lagen in Berlin und Mitteldeutschland, waren ausgebombt, enteignet oder demontiert worden... Das größte konzernfreie westdeutsche Werk, »Saba«, hatten die französischen Besatzer beschlagnahmt... Und dabei schrie der Markt geradezu nach neuen Geräten! Die Menschen, die ihre alten Empfänger auf die eine oder andere Weise verloren hatten, wollten endlich wieder Radio hören. Ihr Nachholbedürfnis an Information und Kultur, Jazz, Sport und populärer Unterhaltung war ungeheuer groß, und sie waren bereit, beträchtliche Opfer zu bringen, wenn man ihnen Gelegenheit böte, sich mit einem Rundfunkgerät wieder in das Weltgeschehen »einzuschalten«...

Noch zögerte Grundig, mit einer eigenen Produktion zu beginnen. Sein kaufmännischer Verstand sagte ihm, daß über kurz oder lang die alten, renommierten Radiohersteller wieder den Markt beherrschen und ihn, den unbekannten Neuling, mühelos ausmanövrieren könnten. Trotzdem war es verlockend, einen Versuch zu wagen – nur müßte das Risiko etwas vermindert und zugleich ein »Verkaufsschlager« gefunden werden, der ihm einen beträchtlichen Vorsprung vor allen anderen sicherte.

Und so kam er mit Hans Eckstein überein, daß dieser einen brauchbaren Vorschlag ausarbeiten sollte. Sobald er damit fertig sei, werde man weitersehen...

Eckstein fuhr also wieder heim nach Oberviechtach, und innerhalb von nur vier Wochen erfüllte er in seiner improvisierten Dachkammer-Werkstatt den wohl eigenartigsten Entwicklungsauftrag, den es je in der Rundfunkindustrie gegeben hat. Auf das übliche Metall-Chassis und auf große Mechanik mußte er von vornherein verzichten, weil es dafür gar keine Werkzeuge gab. »Die Schaltung«, so erinnert er sich, »war kein Problem! Aber alles andere war eine reine Denksportaufgabe...«

Zusammen mit seiner späteren Frau, einer jungen Funktechnikerin, bastelte er die Scheibe für den Skalenantrieb aus dem Deckel einer Konservendose. Die Kontakte für den Wellenschalter waren Bronzeplättchen aus einem ausgeschlachteten Meßsender. Der Transformator wurde gleichzeitig Stützwinkel für das Chassis aus Pappe, wodurch ein Bauteil eingespart wurde, und hinsichtlich der Röhrenbestückung bestand ein breiter Spielraum zwischen allen damals noch (gut versteckt) vorhandenen Restbeständen. Das fertige Gerät aber erwies sich als ebenso leistungsfähig wie einfach im Zusammenbau. Man konnte damit Mittel- und Langwellen- und, auf Drängen von Max Grundig, auch Kurzwellensender empfangen.

Max Grundig war von Hans Ecksteins Entwicklung hell begeistert. Kaum hatte er sich mit dem neuen Gerät einigermaßen vertraut gemacht, da erklärte er zur Verblüffung seiner Mitarbeiter: »Davon werde ich hunderttausend Stück bauen – und verkaufen...!«

Mit Hochdruck begann nun die Arbeit. Das allerschwierigste war natürlich die Materialbeschaffung. Doch dann fand sich ein Wuppertaler Großhändler, der nicht nur die Abnahme der halben Produktion zu garantieren, sondern auch mit dem fehlenden Material, vor allem mit Röhren, zu »kompensieren« bereit war. Damit schienen die letzten Hindernisse beseitigt, und bereits im Frühjahr 1946 begann Grundigs »Radio-Vertrieb Fürth« mit der Serienfertigung des neuen Geräts.

Dieser erste hoffnungsvolle Neubeginn gab nicht nur Grundig selbst, sondern auch allen seinen Mitarbeitern gewaltigen Auftrieb. Man träumte in der kleinen Werkstatt schon von der großen Radiofabrik, die bald entstehen würde. Doch dann war mit einem Schlage wieder alles vorbei, denn man hatte einen wichtigen Punkt übersehen:

Radioapparate unterlagen – wie nahezu alles – strenger Bewirtschaftung und durften nur gegen Bezugscheine abgegeben werden, und mit Bezugscheinen knauserte die Bürokratie über alle Maßen. Nur mit wohlbegründeten und von diversen Ämtern befürworteten Dringlichkeitsanträgen konnten einige wenige Bevorzugte hoffen, nach oft monatelangem Warten ans Ziel ihrer Wünsche zu kommen.

Solange Max Grundig nur ein paar Dutzend, aus ausgeschlachteten alten Geräten zusammengebastelte Radioapparate unter der Hand vertauschen konnte, war er der Aufmerksamkeit der Behörden entgangen. Nun aber, nachdem er mit der Serienfertigung begonnen hatte, griffen sie ein und untersagten den freien Verkauf.

Es schien keinen Ausweg zu geben. Eine üppig wuchernde Bürokratie drohte die mutige Initiative eines Privatmannes wieder zu ersticken. Doch da kam Max Grundig der rettende Einfall, mit dessen Hilfe er den Bewirtschaftungsbehörden ein Schnippchen schlagen konnte!

War seine Heimatstadt Nürnberg nicht berühmt für ihre Spielzeugfabrikation? Und war Spielzeug nicht das einzige, dessen sich die Bewirtschaftung nicht bemächtigt hatte – vielleicht weil es unter der Würde hoher Behörden gewesen wäre, Bezugscheine für Hampelmänner, Puppenstuben oder Baukästen auszustellen...?

Was also lag näher, als sich diese Lücke zunutze zu machen und künftig den Einkreiser in seine wichtigsten Teile zu zerlegen und in einen Baukasten zu packen, den man dann frei an Radiobastler verkaufen konnte?

Der Baukasten brauchte noch einen hübschen Namen, den Grundigs Schwager, der Werbeberater Hermann Jacklowsky, fand: »Heinzelmann«. Außerdem mußte man gedruckte Montage-Anweisungen beilegen, damit auch technisch völlig unbegabte Käufer imstande wären, aus dem »Heinzelmann« in kürzester Zeit einen Einkreiser zusammenzubauen. (Meist nahmen jedoch schon die Radiohändler ihren Kunden diese Mühe ab. Sie langten auch unter den Ladentisch und lieferten die Röhren, die der »Heinzelmann« nicht enthalten durfte...)

Alles in allem erfüllte Max Grundig seine Voraussage: Er verkaufte – teils als fertigen Einkreis-Empfänger, teils als röhrenlosen »Heinzelmann«-Baukasten – insgesamt hunderttausend Stück des von Hans Eckstein entwickelten, ebenso einfachen wie leistungsfähigen Geräts, für das der Kunde willig zweihundertfünfzig Reichsmark (= fünfzig amerikanische Zigaretten) bezahlte. Bald war die gemietete Werkstatt in der ehemaligen Spielzeugfabrik zu klein, und Max Grundig trat an die Stadtväter mit der Bitte heran, ihm eine schöne Wiese am Rande von Fürth als Baugelände zu überlassen. Sie taten es, wenn auch seufzend, denn erstens bekamen sie ja für das stattliche Grundstück nur Reichsmark von nur noch geringem Wert, und zweitens mußten sie mit dem Verkauf auch jede Hoffnung begraben, aus ihrer Industriestadt jemals einen mondänen Kurort, ein Bad Fürth, zu machen. Aus der von Grundig ausgewählten Wiese sprudelte nämlich eine Mineralquelle, doch war das Wasser so bitter, daß man, nachdem schon ein Badegebäude, ein (heute noch vorhandener) Musikpavillon und sogar der Rohbau des künftigen Sanatoriums errichtet und von König Ludwig III. von Bayern feierlich eingeweiht worden war, nicht mehr den Mut gehabt hatte, weiteres zu investieren als gerade noch die Kosten für die Benennung des an der Wiese entlangführenden Weges in »Kurgartenstraße«... (So heißt sie übrigens noch heute – zum Erstaunen aller Besucher der Grundig-Hauptverwaltung, die dort ihre stattlichen Gebäude hat.)

Der »Kurgarten« wurde – wenn auch auf eine ganz andere Weise – dennoch zu einer Goldgrube, sowohl für die Stadt Fürth und ihr Gewerbesteueramt als auch für Max Grundig, der 1947, zusammen mit seinen künftigen kaufmännischen und technischen Direktoren, Otto Siewek und Karl Richter, die Grube für die Fundamente seiner ersten Fabrikbaracke aushob.

Bis zur Währungsreform produzierte der »Radio-Vertrieb Fürth« in drei langgestreckten Hallen mit stetig wachsender Belegschaft, unter der sich hervorragende Fachleute befanden, die nirgendwo sonst hatten unterkommen können: Hochfrequenztechniker, Spezialisten für Modulation oder auch Finanzexperten wie Erich Zinngrebe, der spätere Leiter der Konzern-Finanzverwaltung, der damals in das komplizierte Verrechnungssystem der Kompensationsgeschäfte mustergültige Ordnung brachte.

Überhaupt ist die Rolle der »Mitarbeiter der ersten Stunde« nicht zu unterschätzen. Sie haben zum Gesamterfolg ganz wesentlich beigetragen, und Max Grundig selbst macht daraus kein Hehl. Seine ältesten Mitarbeiter wiederum loben an ihrem Chef vor allem seinen sicheren Instinkt, sowohl für den Markt wie für Menschen. Was seine Mitarbeiter anbetraf, so fragte er wenig nach Herkunft, Ausbildung, Studium und Zeugnissen, mit dem Ergebnis, daß es heute bei Grundig Werksleiter gibt, die noch in den fünfziger Jahren an der Werkbank standen...

Der »Heinzelmann« war Max Grundigs erstes Millionengeschäft, das ihm den eigentlichen Start erst ermöglichte, ihm den Vorsprung sicherte, den er brauchte, um auch nach dem mit Hoffen und Bangen erwarteten Tage X der Währungsreform bestehen zu können.

Dieser X-Tag kam am 20. Juni 1948, und er fand Max Grundig so glänzend vorbereitet, daß später die Legende aufkam, er habe Vorausinformationen gehabt: Einer seiner Werksvertreter – so behauptete ›Der Spiegel‹ – habe den genauen Termin der Währungsumstellung »von einem Verwandten des späteren sogenannten Vizekanzlers Franz Blücher erfahren«. Blücher gehörte damals zum Rat der Drei, der gemeinsam mit alliierten Behörden die Einführung der neuen Währung vorbereitete...

Dazu Max Grundig: »Diese Version liest sich sehr hübsch, stimmt aber nicht. Wer die Zeitungen jener Tage nachliest, erkennt sofort, daß der Termin für den Währungsschnitt laufend ›vorausgesagt‹ wurde!«

Tatsächlich gehörten weder hellseherische Fähigkeiten noch Informationen aus erster Hand dazu, sich auf den Tag X vorzubereiten. Nur war nicht jeder in der glücklichen Lage, bereits über Rohstoff- und Materiallager, Fertigungsstätten in vollem Betrieb, ausgebildete Arbeitskräfte und hervorragende Fachleute zu verfügen, dazu über ein eingespieltes Vertriebsnetz und einen Vorrat an eigens für die Zeit der neuen Währung vorausproduzierter Ware...

Max Grundig hatte nämlich – im Gegensatz zur nachhinkenden Konkurrenz – schon ein Gerät in »friedensmäßiger« Luxusausstattung, zum Beispiel mit poliertem Holzgehäuse, entwickelt und in stattlicher Anzahl hergestellt, jedoch in weiser Voraussicht auf Lager behalten: den 4-Röhren-Super »Weltklang«, der dann schon in den ersten Tagen nach Einführung der neuen Deutschen Mark in den Schaufenstern der Radiohändler vom Publikum bestaunt werden konnte und der natürlich auch weit mehr Käufer fand als ein ähnlich leistungsfähiges, aber in einem unansehnlichen Bakelitgehäuse steckendes Gerät der Konkurrenz.

»Die Mangelware Rundfunkgeräte war so verlockend«, berichtete ›Der Spiegel‹ über diesen ersten Kampf um den Markt, den Max Grundig im Wettbewerb mit den alten, weltbekannten deutschen Rundfunkmarken zu bestehen hatte, »daß große Familien schon in der ersten Woche nach dem Währungsschnitt ihre Kopfquoten zusammenlegten und sich als erste größere

Neuanschaffung einen Grundig-Apparat leisteten. Bereits am Wochenende erhielt Grundig von seinen Werksvertretern mehrere zigtausende Mark in neuer Währung...«

In das Jahr 1948 fällt auch eine andere wichtige Entscheidung: Der alte »Radio-Vertrieb Fürth« sollte einen neuen Namen bekommen. Max Grundig dachte zunächst an »Frankenwerk«, doch als er dann eines Abends mit einigen Geschäftsfreunden zusammensaß, meinte einer von ihnen:

»Warum nehmen Sie denn nicht Ihren eigenen Namen? Franken gibt es viele, aber nur einen Max Grundig!«

Dagegen ließ sich nichts einwenden, und so wurden aus dem »Radio-Vertrieb Fürth« die »Grundig-Radio-Werke« (heute: »Grundig-Werke«) und aus diesen im Laufe von zwei Jahrzehnten ein Weltunternehmen.

Zunächst war der Konkurrenzkampf außerordentlich hart. Von den rund dreißig alten Rundfunkgeräte-Herstellern der Vorkriegszeit war ein Dutzend übriggeblieben und versuchte, mit ihren altbekannten Marken wieder den Markt zu beherrschen, der um so vieles enger geworden war. Außerdem aber hatten sich rund zweihundert neue Fabriken aufgetan, deren Besitzer es, ähnlich wie Grundig, einmal versuchen wollten, zum Teil auf recht abenteuerliche Weise und ohne jede Erfahrung, zum Teil aber auch mit raffinierten, manchmal geradezu kriminellen Methoden.

Wer sich bei diesem mörderischen Kampf um den westdeutschen Rundfunkgeräte-Markt behaupten wollte, mußte nicht nur sehr scharf kalkulieren können, den Publikumsgeschmack und die technische Entwicklung sicher vorausahnen und die Qualität seiner Geräte ständig verbessern, sondern brauchte auch eiserne Nerven und harte Ellenbogen. Binnen weniger Jahre waren hundertfünfundsechzig Rundfunkgeräte-Hersteller aus dem Rennen ausgeschieden, und unter denen, die liquidieren mußten, waren auch einige altrenommierte Firmen.

Wie es dagegen mit den neuen »Grundig-Werken« aufwärts ging, zeigt die Umsatzentwicklung: 1947 wurden erst vier Millionen Reichsmark, 1950 bereits vierundvierzig Millionen Deutsche Mark umgesetzt; 1952 waren es bereits über hundert, 1956 weit über zweihundert Millionen Mark, und 1957 wurden sogar schon vierhundert Millionen Mark Umsatz erzielt!

Im selben Zeitraum stieg die Anzahl der Beschäftigten von hundertfünfzig auf beinahe zwanzigtausend. Und heute, mehr als ein weiteres Jahrzehnt später, erzielt die Grundig-Gruppe mit rund achtundzwanzigtausend Beschäftigten einen Jahresumsatz, der sich noch mehr als vervierfacht hat: 1,7 Milliarden Mark! (Die nur noch geringe Zunahme der Belegschaft bei gleichzeitigem steilen Anstieg des Umsatzes ist ein deutliches Zeichen für erfolgreiche Rationalisierung und Automation.)

Die Etappen dieses Aufstiegs sind zugleich ein interessanter Ausschnitt aus der bundesdeutschen Nachkriegsgeschichte:

1946 – der bezugscheinfreie Bastler-Baukasten »Heinzelmann« kommt auf den Markt...

1947 – an der Fürther Kurgartenstraße entstehen die ersten, noch recht primitiven Werkhallen der späteren Grundig-Werke, damals noch »Radio-Vertrieb Fürth«...

1948 – gleich nach der Währungsreform kommt der erste, »friedensmäßige« Nachkriegs-Super »Weltklang« auf den bundesdeutschen Markt...

1949 – das hundertfünfzigtausendste Gerät verläßt die »Grundig-Werke«; die Kofferempfänger-Fertigung beginnt...

1950 – Grundig bringt als erster Hersteller große Stückzahlen von Empfängern mit UKW-Bereich auf den Markt...

1951 – Grundig beginnt zu exportieren. Die ersten preiswerten Tonbandgeräte für den Heimgebrauch werden gefertigt. Grundig kauft die »Lumophon-Werke« und experimentiert mit einem eigenen Fernseh-Versuchssender...

1952 – Grundig ist bereits einer der größten Rundfunkgeräte-Hersteller Europas. Das einmillionste Gerät verläßt das Werk. Die Produktion von Fernsehempfängern beginnt...

1953 – das Grundig-»Fernauge«, die erste deutsche Fernseh-Anlage für Beobachtungsaufgaben aller Art, wird angeboten...

1954 – Grundig beginnt mit der »Stenorette« die Diktiergeräte-Produktion...

1955 – Grundig wird größter Tonbandgeräte-Hersteller der Welt...

1956 – eine zweite Holzgehäusefabrik entsteht in Augsburg und ein weiteres Rundfunkgerätewerk in Dachau. Grundig ist der größte Tonmöbelhersteller...

1957 – das fünfmillionste Grundig-Gerät wird verkauft. Grundig erwirbt die Aktienmehrheit der Büromaschinenfabriken »Triumph-Werke Nürnberg AG« und »Adler-Werke vormals Heinrich Kleyer AG«, Frankfurt am Main...

1958 – Bau einer zweiten Fabrik in Bayreuth für Musikschrankfertigung (die heute in Landau/Isar fabriziert). Ankauf der Betriebsanlagen der »Victoria-Werke« in Nürnberg und

Umbau zum größten Kunststoffwerk für technische Teile in Europa. Die »Grundig-Bank GmbH« übernimmt die Geldgeschäfte für den Konzern...

1959 – sieben Millionen Geräte verkauft. Gründung der Grundig Corporation, New York (heute Grundig Electronic Sales Inc., New York)...

1960 – Errichtung einer selbständigen Tonbandgerätefabrik in Dunmurry (Nordirland). Fertigstellung eines repräsentativen Verwaltungsgebäudes in Fürth...

1961 – Errichtung eines großen Fabrikgebäudes für elektronische Erzeugnisse in Fürth...

1962 – Kauf eines sechshunderttausend Quadratmeter großen Industriegeländes in Nürnberg. Baubeginn des größten und modernsten Tonband- und Diktiergerätewerks mit angeschlossenen Entwicklungs- und Forschungszentren...

1963 – das zwölfmillionste Gerät kommt aus der Fertigung. Auf der Mailänder Messe überrascht Grundig die Fachwelt mit einer numerischen Steuerung für Werkzeugmaschinen zu einem sensationell niedrigen Preis...

1964 – die »Tonfunk-Werke GmbH« in Karlsruhe werden in die Grundig-Gruppe aufgenommen...

1965 – Grundig wird größter Fernsehgeräte-Hersteller der Bundesrepublik mit einer jährlichen Fertigungskapazität von fünfhunderttausend Empfängern...

1966 – achtzehn Millionen Grundig-Geräte verkauft. In Braga, Portugal, nimmt das zweite Grundig-Werk außerhalb der Bundesrepublik die Produktion auf...

1967 – Fertigstellung eines neuen Grundig-Werks in Miesau in der Pfalz, Gründung von Vertriebsgesellschaften in Italien, Frankreich und Australien, Lizenzabkommen mit Polen für den Nachbau von Grundig-Tonbandgeräten in Warschau...

1968 – am 7. Mai feiert Konsul Dr. h. c. Max Grundig, Herr über einen eigenen Konzern mit vierzehn Hauptwerken für den Bereich »Rundfunk-Fernsehen-Tonband-Electronic«, davon zwei im Ausland, mit drei weiteren Zweigwerken und über zweihundert Filialen und Werksvertretungen im In- und Ausland sowie mit zwei Hauptwerken des Bereichs »Büromaschinentechnik«* mit wiederum fünf Zweigwerken und 256 in- und ausländischen Werksvertretungen, ein Mann, der gerade auch noch die Firma »Minerva-Radio« in Wien hinzuerworben und damit seinen unverminderten Expansionsdrang unter Be-

* Dieser Bereich wurde inzwischen an die amerikanische Konkurrenz verkauft.

weis gestellt hat, seinen sechzigsten Geburtstag, zu dem das Bundeskabinett einen Minister als Gratulanten entsendet und das Staatsoberhaupt dem Jubilar das Große Bundesverdienstkreuz mit Stern verleiht...

Wie fühlt sich ein Mann, der aus dem Nichts zum Herrn über einen so gewaltigen Konzern aufgestiegen ist? Wie lebt ein Produzent von fast siebenundzwanzig Millionen Geräten und Maschinen, dessen Namen heute jeder kennt? Was bewegt ihn dazu, unermüdlich weiterzumachen, immer höhere Milliarden-Umsätze zu erzielen, immer neue Produktionsrekorde aufzustellen, seine Gruppe immer weiter auszudehnen und dabei immer reicher zu werden?

Nun, zunächst läßt sich ohne Übertreibung sagen, daß sich der so erfolgreiche Selfmademan wie ein König fühlt. Schon 1957 ließ er sein Firmenzeichen – ein dreiblättriges grünes Kleeblatt, das auch das Stadtwappen von Fürth ziert, darüber der Namenszug »Grundig« – mit einer goldenen Krone schmücken. Doch auch ohne dieses äußere Symbol merkt selbst der Außenstehende schon bei der ersten Begegnung mit dem Konzernchef, daß Max Grundig in seinem Imperium absoluter Monarch ist.

Er regiert wie ein Souverän, kümmert sich um alles – es gibt in seinem Reich keinen Knopf, keine Farbe, keinen Millimeter Formgestaltung, einfach nichts, das nicht vorher seine allerhöchste Billigung gefunden hätte! Bis vor wenigen Jahren verlangte er auch, daß jede Reklamation zunächst ihm zur Kenntnis gebracht wird.

Seine Mitarbeiter bringen ihm nicht nur selbstverständliche Hochachtung, sondern geradezu Ehrfurcht entgegen. Das geht so weit, daß selbst in respektvoller Entfernung vom Chefbüro niemand raucht, weil Max Grundig seit über einem Jahrzehnt Nichtraucher ist und am Duft des Tabaks Anstoß nehmen könnte...

Sein Betrieb ist so aufgezogen, daß der Chef die Übersicht über alles behält. Braucht er genauere Informationen, so schickt er dem zuständigen Abteilungs- oder Werksleiter einen »Rücksprachezettel«, auf dem nur ein »R« und eine Zahl steht, die den Adressaten bezeichnet, dazu ein Stichwort, das das Problem umreißt, um das es geht.

Max Grundig liebt diesen Telegrammstil. Entsprechend kurz sind auch seine Briefe, seine Anweisungen, seine Gespräche mit den engsten Mitarbeitern. Aber er ist deshalb keineswegs hektisch, sondern die Ruhe selbst. Nur selten fährt er einmal aus der

Haut, gerät für Augenblicke in Weißglut. Das, sagt er, passiert eigentlich nur, »wenn mir jemand ein X für ein U vormachen will!« Und im nächsten Augenblick ist der Zorn wieder verflogen, hat der Monarch seine souveräne Ruhe zurückgewonnen...

Er wirkt dann sogar – zumindest auf den ersten Blick – geradezu gemütlich. Sein Charme kommt zur Geltung. Man bemerkt verwundert, wie liebenswürdig Max Grundig sein kann, wie freundliche Augen, wie feingliedrige Hände er hat. Indessen reserviert sich Max Grundig diese Seite seines Wesens für sein Privatleben, hebt sich die sanften Hände für daheim auf – wie sonst hätte er aus dem erbitterten Konkurrenzkampf um den Nachkriegsmarkt als Sieger hervorgehen können...?

Dennoch steckt in der harten Schale ein weicher Kern: Da war seine Mutter, für die er von früher Jugend an ein treusorgender Sohn war. Später, als er reich geworden war, baute er der alten Dame ein schönes Haus, während er sich selbst noch lange Zeit mit seiner altgewohnten kleinen Wohnung begnügte. Er besuchte sie täglich, meist schon am frühen Morgen, vor Beginn seines langen Arbeitstages, kam dann auch noch zu ihr zum Mittagbrot.

Heute – Mama Grundig ist schon vor Jahren gestorben – hat ein Bild der Mutter einen Ehrenplatz im Chefbüro, und ein vom Konzernherrn gestiftetes Kinderheim bekam den Namen »Maria-Grundig-Haus«...

Bemuttern läßt sich Max Grundig auch gerne von Frau Annelie, geborene Jürgensen, seiner zweiten Ehefrau – von der ersten ließ er sich schon früh scheiden –, mit der er seit 1938 glücklich verheiratet ist. Annelie Grundig – ihr Mädchenname läßt es vermuten – stammt von der Waterkant. »Meine kühle Blonde aus dem Norden«, nennt ihr Mann sie zärtlich.

Die »kühle Blonde« ist die Tochter eines Flensburger Weinhändlers, die – wie Berichten aus dem Gesellschaftsleben zu entnehmen ist – »ein Jahr klassisches Ballett und mehrere Jahre hindurch singen gelernt hat. Hernach trat Annelie Grundig hin und wieder als Operettenstar bei Theatergastspielen auf und bereitete sich darauf vor, ein Leben lang als Künstlerin tätig zu sein«. Jedoch »der Mann, der bald ihr Schicksal werden sollte«, holte den angehenden Operettenstar in sein damals noch »Radio-Vertrieb Fürth« genanntes Ladengeschäft in der Schwabacher Straße...

In den Jahren des langsamen und dann immer schnelleren

Aufstiegs hat Frau Annelie ihrem Mann nicht nur kameradschaftlich zur Seite gestanden, sondern ihm auch geschäftlich viel geholfen, vor allem auf dem Gebiet der Kontaktpflege. Viele dem publikumsscheuen Konzernherrn lästige Repräsentationspflichten hat sie ihm abgenommen, und auch heute noch vertritt sie ihn und damit auch den Konzern würdig bei allen gesellschaftlichen Ereignissen.

(Max Grundig sind Partys und Empfänge, Feierstunden und vor allem Bankette ein Greuel. Wenn er sich solchen Verpflichtungen überhaupt nicht entziehen kann, dann zeigt er sich meistens nur für einige Augenblicke und flüchtet dann in ein biederes Lokal, wo er sich mit Hausmannskost für das erlittene Ungemach entschädigt.)

Doch meist überläßt er die gesellschaftlichen Schauspiele seiner Frau, der solche Auftritte viel Freude bereiten, und er erfüllt ihr dankbar beinahe jeden Wunsch.

Nur Frau Annelie zuliebe zog er schon Anfang der fünfziger Jahre mit ihr in eine alte Villa an der Nürnberger Virchowstraße um, ließ das Haus gründlich modernisieren und weitgehend nach Frau Annelies sehr individuellem Geschmack einrichten.

Und 1967 übersiedelte das Ehepaar in eine noch weit größere und schönere Behausung, einen modernen Bungalow-Bau in Dambach am Rande des Fürther Stadtwalds. Das durch elektronische Lichtschleusen, Scheinwerfer und Wächter gut gesicherte Anwesen von rund hunderttausend Quadratmeter Fläche ist so mustergültig gepflegt wie das Ausstellungsgelände einer auf Goldmedaillen erpichten Landschaftsgärtnerei.

Max Grundig selbst fährt jeden Morgen mit dem Klapprad die geteerten Parkwege ab und gibt seiner Begleitung Anweisungen für allerletzte Feinstkorrekturen:

»Der Philodendron hier muß noch etwa fünfzig Zentimeter nach links versetzt werden!« oder »Diese Rehgruppe drehen wir um dreißig Grad nach rechts!« (was aber nicht bedeuten muß, daß der Haus-, Grund- und Konzernherr selbst Hand anzulegen gedenkt...)

Er kümmert sich – wie im Konzern – um jedes Detail und läßt seinem Schönheitssinn freien Lauf, auch seiner tiefen Abneigung gegen Chemikalien, die nicht nur der Grund dafür ist, daß er Zigaretten (und ihren Rauch) verabscheut, desgleichen alle künstlichen Farb- und sonstigen Beimischungen an Nahrungsmitteln und Getränken, sondern ihn auch dazu geführt hat, seinen Swimming-pool von gechlortem Leitungswasser freizuhalten. Er hat deshalb auf seinem Grundstück einen vierzig Meter tiefen Brunnen bohren lassen, der das Haus wie das überdachte Schwimmbecken mit chemikalienfreiem Grundwasser versorgt. Auch die Algen, die sich mangels Chlor im Pool angesammelt haben, läßt der seinen Prinzipien treue Grundig nicht chemisch beseitigen, sondern mit Hilfe einer speziell zu diesem Zwecke konstruierten elektrischen Anlage...

Ordnung und Wohlstand beherrschen auch das Innere des Hauses, in dem kostbare Barockmöbel dominieren. Zahlreiche dekorative Elemente lassen außerdem erkennen, daß Frau Annelie Grundigs künstlerische Neigungen voll zum Zuge gekommen sind.

Ebenfalls nur seiner Familie zuliebe kaufte der in seinen persönlichen Bedürfnissen selbst sehr bescheidene Max Grundig um die Mitte der fünfziger Jahre auch noch (aus großherzoglich-luxemburgischem Besitz) das schöne Schloßgut Hohenburg bei Lenggries – womit wir auch ihn unter den im Telefonbuch von Tegernsee und Umgebung verzeichneten Geldgiganten finden! –, und auf diesem herrlichen oberbayerischen Besitztum verbringt er mit seiner Familie häufig die Feiertage, manchmal auch die Ferien.

(In Hohenburg offenbart sich übrigens noch mehr von Max Grundigs »weichem Kern«: Alle Tiere des Gutes sind bei ihm »lebensversichert« – das uralte Reitpferd Herold genauso wie das Federvieh! »Ich kann doch die Gans net umbringen lassen!« erklärte der Gutsherr einmal einem Gast, der das Tier allzu interessiert betrachtet hatte. »Wie die mich schon anschaut...!« Und nicht nur das Schlachten von Haustieren, auch die Jagd ist dem Konzernherrn ein Greuel. Er rechnet sie zum Metzgerhandwerk und überläßt sie anderen von robusterem Gemüt...)

In Hohenburg erlaubt sich Max Grundig aber auch den einen oder anderen Luxus für sich selbst: ein anderthalbstündiges Mittagsschläfchen, zum Beispiel, oder auch einmal eine andere Lektüre als Fachzeitschriften und die Tagespresse. Was er so liest?

Nun, das ist sehr verschieden: mal Servant-Schreiber, mal Ian Fleming, mal einen neuen Roman...

»Obwohl er nachher genau weiß, was in den Büchern drinsteht«, bemerkt sein Adlatus dazu, »habe ich den Verdacht, daß er alles diagonal liest...«

Abends lädt er häufig die Familie und die Gäste, an denen es in Hohenburg nie fehlt, in den zu einem Privatkino (mit Cinemascope und Stereo-Anlage) umgebauten ehemaligen Guts-

Heuboden zu einer Filmvorführung ein. Man geht jedoch völlig fehl, wenn man vermutet, es könnte sich dabei um (womöglich »schnittfreie«) Leinwandstücke des derzeit so beliebten sex- und blutrünstigen Genres handeln! Das Kinoprogramm wird vielmehr speziell unter dem Gesichtspunkt zusammengestellt, daß es Gabriele gefallen soll (und darf).

Diese junge Dame vom Jahrgang 1957, meist Gaby genannt, ist das Kind von Max Grundigs Tochter aus erster Ehe, Inge, die ihrerseits mit dem Müllerssohn Wilhelm Scheller, Jahrgang 1924, verheiratet ist.

Dieser Schwiegersohn des Konzernherrn ist Direktor der »Grundig-Werke GmbH« wie auch der »Grundig Bürotechnik GmbH«, ferner Vorstandsmitglied sowohl der Triumph- wie der Adlerwerke, außerdem Aufsichtsrat der »Grundig-Bank GmbH« in Frankfurt am Main, womit sein Lebensunterhalt gesichert sein dürfte.

(Seine Frau, Grundigs einziges Kind, hat daneben ihr Nadelgeld aus einer zehnprozentigen Beteiligung an der »Grundig Verkaufs-GmbH«, wogegen Mutter Annelie mit gleichgroßem Anteil, aber an der ungleich wertvolleren Konzern-Hauptgesellschaft, großzügig versorgt ist.)

Augapfel, »Herzpinkerl« und für die Nachfolge in der Konzernherrschaft, mindestens aber als Haupterbin vorgesehen, ist indessen das einzige Enkelkind des Musiktruhen-Monarchen und Tonband-Triumphators, Gaby Scheller (seit 1967 – mit behördlicher Genehmigung – Gabriele Scheller-Grundig). Nach ihr wurde einer von Grundigs Verkaufsschlagern, die »Triumph«-Schreibmaschine »Gabriele«, benannt. Gaby ist auch die einzige, die den Opa jederzeit stören darf; ihretwegen wirft er mitunter sogar den sonst unantastbaren Terminkalender über den Haufen und fliegt mit dem fünfsitzigen Bell-Hubschrauber (Reisegeschwindigkeit: 150 Stundenkilometer) von Fürth nach Hohenburg, um mit Gaby die Enten und Schwäne zu füttern. Und natürlich bilden Gabys schulische Fortschritte, kindliche Streiche und manchmal sehr überraschenden Formulierungen einen unerschöpflichen Gesprächsstoff im Familien- und Freundeskreis.

Wer sind die Freunde von Max und Annelie Grundig? Welche mehr oder weniger erlauchten Namen zieren die Gästeliste des Schloßgutes Hohenburg und der schönen Villa am Rande des Fürther Stadtwaldes? Und wer kann sich rühmen, von dem

Selfmade-Geldgiganten als Ebenbürtiger, als Mann vom gleichen Kaliber angesehen zu werden?

Auf Anhieb könnte man vermuten, daß sich die Auswahl auf einige wenige Multimillionärs-Kollegen im Raum von Nürnberg und Fürth beschränke, auf fränkische Selfmademen mit ähnlich steiler Karriere, ähnlich umfangreichen Konzern-Interessen und Bankguthaben. Und damit wäre der Kreis sehr eng gezogen, denn es kämen dann eigentlich nur zwei Männer in Frage: der Diplomingenieur Karl Diehl und der königlich griechische Konsul Dr. oec. h. c. Gustav Schickedanz.

Von Karl Diehl, einem recht bieder und freundlich wirkenden Mann des Jahrgangs 1907, und von seinem Konzern, der Diehl-Gruppe, die ihre Zentrale in der Nürnberger Stephanstraße hat, ist der breiten Öffentlichkeit so gut wie gar nichts bekannt. Großer Popularität und hohen Respekts erfreuen sich Diehl und sein Konzern dagegen bei den Rüstungsfachleuten der Bundeswehr und der übrigen NATO-Armeen, insbesondere der US Army, denn Diehl entwickelte einen hochempfindlichen Zünder für Maschinenkanonen-Sprenggranaten, mit dem eine leidige »Bewaffnungslücke« bei Kampf- und Schützenpanzern geschlossen werden konnte.

Doch Zünder sind beileibe nicht Diehls einziger Beitrag zur westlichen Rüstung, und zudem umfaßt der Warenkatalog des Konzerns noch vieles, was sich militärisch nur sehr bedingt oder gar nicht verwenden läßt. Immerhin: Bis 1966 wirkte als Generaldirektor und engster Berater des Alleininhabers der General der Panzertruppe a. D. Walther Wenck, nach dem 20. Juli 1944 stellvertretender Generalstabschef des Heeres und Leiter der Operationsabteilung, 1945 sogar Oberbefehlshaber der – dann allerdings nicht mehr existenten – XII. Armee. Und ein glücklicher Zufall hat es gefügt, daß schon bald nach der Pensionierung des Generaldirektors Wenck wieder ein Militär in die Dienste der Diehl-Gruppe trat, wenn auch nur auf portugiesischem Außenposten: der Brigadegeneral a. D. Becker, einer der engsten Mitarbeiter des einstigen Verteidigungsministers Franz Josef Strauß und großzügiger Förderer von dessen »Onkel Aloys« Brandenstein, der seinerseits viel dazu beigetragen hat, daß die Panzer- und Gleiskettenfabrik Erwin Backhaus in Remscheid dem Diehl-Konzern angegliedert werden konnte ...

An Konzerntöchtern gibt es – außer besagter Remscheider Neuerwerbung, die heute als Diehl KG (Gleiskettenfabrik) firmiert – noch das Sundwiger Messingwerk in Hemer-Sundwig und die Manusaar Saarländische Metallwarenindustrie GmbH in Bübingen (Saar). Den Kern aber bildet die Firma Diehl in Nürnberg mit feinmechanischer Fertigung, Uhren- und Rechenmaschinenfabrik (»Die Welt rechnet mit Diehl«) sowie NE-Metallhalbzeugwerk.

Außerdem ist der stille Konzernchef – Jahresumsatz der Gruppe: rund 550 Millionen Mark – Großaktionär und stellvertretender Aufsichtsratsvorsitzer der Gebr. Junghans GmbH in Schramberg im Schwarzwald, der größten Uhrenfabrik des Kontinents, ferner Aufsichtsratsvorsitzer der Friedrich Schoedel AG in Münchberg (Oberfranken). Dagegen ist Karl Diehl – trotz mancher Berührungspunkte gesellschaftlicher wie geschäftlicher Art – kaum dem engeren Freundeskreis der Familie Grundig zuzurechnen.

Auch zu dem einzigen anderen Nürnberg-Fürther Selfmade-Krösus, Gustav Schickedanz, bestehen von seiten Grundigs nur seltene Kontakte. Natürlich, man kennt und respektiert sich gegenseitig, aber das ist auch schon alles. Und dabei gibt es, neben Alters- und Wesensunterschieden, viele Gemeinsamkeiten der beiden Konzernherren: Der heutige königlich griechische Konsul Dr. oec. h. c. und Ehrenbürger der Städte Fürth und Hersbruck, Gustav Schickedanz, und der heutige Konsul der Vereinigten Staaten von Mexiko Dr. rer. pol. h. c. und Ehrenbürger von Fürth, Max Grundig, stammen ja nicht nur aus derselben Gegend, sondern auch aus ähnlichem Milieu.

Doch, wie wir ja bereits wissen, sind die Schickedanzens von früh bis spät so sehr mit ihrer »Quelle« beschäftigt, daß ihnen wenig Zeit und Lust zu gesellschaftlichem oder gar geselligem Umgang bleibt. Zudem neigt Konsul Schickedanz gelegentlich zu puritanischer Strenge, zwar – wie wir gleichfalls schon wissen – ja nicht hinsichtlich der Ausgestaltung seines Besitztums, aber beispielsweise, was seine Ansichten über Tischgespräche in feuchtfröhlicher Männerrunde angeht. So bleibt er auch dem Stammtisch im Nürnberger »Carlton-Hotel« fern – »solche Abende mit Herrenwitzen sind nichts mehr für mich!« –, an dem sich einige Multimillionäre der Schwesterstädte Nürnberg und Fürth zu treffen pflegen:

Konsul (von El Salvador) Willy Braun, in Firma Carl Braun Camera-Werk, der auch mit väterlicher Villa in Rottach-Egern am Tegernsee vertreten ist; Konsul (von Chile) Hanns Porst, in Firma »Der Photo-Porst«, dessen Sohn Hannsheinz als –

durch die Bundesanwaltschaft – »politisch Verfolgter« Schlagzeilen machte; ja, und als Dritter und – in Abwesenheit des Konsuls (von Griechenland) Gustav Schickedanz – unzweifelhaft mit Abstand Reichster im Bunde: Konsul (von Mexiko) Max Grundig...

Indessen, mit der gelegentlichen Teilnahme Max Grundigs an den Herrenabenden des »CC-Stammtischs« im »Carlton« können wir uns natürlich nicht begnügen, wenn wir die eingangs gestellte Frage nach dem Freundeskreis des Rundfunk- und Tonbandgeräte-Königs im Sinne des orientalischen Sprichworts aufgefaßt wissen wollen: »Sage mir, mit wem du umgehst, und ich sage dir, wer du bist...«

Dazu bedarf es tieferer Forschung, und wenn wir sie betreiben, so finden wir unter denen, die Max Grundig und Frau Annelie freundschaftlich verbunden sind, eine Reihe mehr oder weniger prominenter Persönlichkeiten, die uns zusammen einen besseren Eindruck, zugleich auch diverse Deutungsmöglichkeiten im Sinne des erwähnten Sprichworts liefern:

Zu den Freunden der Grundigs zählte beispielsweise der tödlich verunglückte Prinz Konstantin von Bayern, Bundestagsabgeordneter der CSU, Jahrgang 1920, natürlich auch dessen Gattin Hella, geborene Gräfin von Khevenhüller, wodurch sich zwanglos ergeben hat, daß die Grundigs auch mit des Prinzen Brotherrn, dem Offenburger ›Bunte Illustrierte‹- (und manches andere) Verleger Senator Dr. Franz Burda und dessen gesellschaftlich sehr aktiven Frau Aenne, geborene Lemminger, bekannt wurden...

Auch mit dem »Salzbaron« Carl Adolf (»Ady«) Vogel, dem millionenschweren Inhaber des Bayerischen Salzkontors (mit Filialen im In- und Ausland) und des Hotels »Jagdschloß Fuschl«, und dessen (dritter) Ehefrau Winnie, geborene Markus, verbindet die Grundigs langjährige Freundschaft – nur sind Ady und Winnie nur selten im Lande...! (Sie haben schließlich, außer ihrer Jagd im Salzkammergut, noch ein oberbayerisches Landhaus auf ihrer südamerikanischen Farm, wo sie Steinböcke züchten und Pumas schießen, außerdem eine große kanadische Besitzung sowie – das Salzkontor wirft auch in Abwesenheit des Inhabers glänzende, von keiner Konjunktur abhängige Gewinne ab – eine pompöse Ferienresidenz auf Ibiza vor der spanischen Küste...)

Recht amüsant und sympathisch finden die Grundigs auch den Prominenten-Porträtisten Professor Paul Mathias Padua zu

Rottach-Egern, der – wie könnte es anders sein? – Max Grundigs Bild in Öl gemalt hat...

Und Frau Annelie ist nicht nur mit der Filmschauspielerin Winnie Markus-Vogel befreundet, sondern auch mit Margot Hielscher, wogegen ihr Mann sich besonders gut steht mit dem bayerischen Staatsminister für Wirtschaft und Verkehr Dr. Otto Schedl (CSU).

Den vielleicht bedeutendsten Platz im Freundeskreis von Max Grundig nimmt indessen ein Mann ein, der nicht nur zu den Führern der Wirtschaft, sondern auch zu den Pionieren einer auf Verständigung und Ausgleich gerichteten bundesdeutschen Außenpolitik zählt und sich im westlichen wie im östlichen Lager höchsten Ansehens erfreut: Berthold Beitz.

Dieser für einen modernen Manager-Stil, schlagfertigen Witz, Charme, Ungezwungenheit und diplomatisches Geschick gleichermaßen berühmte Krupp-Hausmeier vom Jahrgang 1913, der aus Pommern stammt und ein echter Selfmademan ist, hat eine große Bewunderung für Max Grundigs unternehmerische Leistung (wie umgekehrt Grundig den Talenten von Beitz hohen Respekt zollt). So ist es zu erklären, daß sich der mit der Leitung seines eigenen Konzerns an sich mehr als ausgelastete Grundig bereit gefunden hat, seinem Freund Beitz in dem nach Alfried Krupps Tod neugeordneten Essener Mammut-Unternehmen mit seinem Rat und, wenn nötig, mit seiner gewichtigen Stimme zu helfen und in den exklusiven Kreis der Kuratoriumsmitglieder der »Alfried Krupp von Bohlen und Halbach-Stiftung«, der eigentlichen Konzern-Inhaberin, einzutreten, außerdem in den Aufsichtsrat der Friedrich Krupp GmbH, Essen.

Doch wenn Max Grundig auch dem Ruf von Berthold Beitz gefolgt ist, so hört er doch nicht immer auf seinen Rat: Als Grundig noch überlegte, ob er das ihm angetragene Konsulat von Mexiko und den damit verbundenen Titel annehmen sollte, hatte sein Freund Beitz dazu seine Meinung geäußert:

»Genügt es nicht vollauf, Max Grundig zu sein?«

»Hier springt eine ganz klare Quelle!«
Bundespräsident Heinrich Lübke über den Springer-Konzern bei der Einweihung des neuen Presse-Hochhauses an der Berliner Mauer.

Als am 7. Mai 1968 der Konsul Dr. h. c. Max Grundig seinen sechzigsten Geburtstag feierte, versammelten sich in der Nürnberger Meistersingerhalle erlauchte Gäste aus Politik, Wirtschaft und Wissenschaft, um an einer öffentlichen Ehrung des Jubilars teilzunehmen.

Prominentester Festredner war der Vertreter des Bundeskanzlers und des Kabinetts, Finanzminister Dr. h. c. Franz Josef Strauß. In seiner Laudatio bezeichnete er Max Grundig als einen Pionier der Wirtschaft, dessen Name sich würdig an die von Borsig, Bosch und Siemens reihe, sich selbst aber als einen »langjährigen persönlichen Freund und Bewunderer« des Geburtstagskindes.

(Wenige Monate später, am 9. September 1968, feierte der Grundig-Festredner Strauß seinen – zwar nur dreiundfünfzigsten – Geburtstag im »Seehotel zur Überfahrt« in Rottach-Egern am Tegernsee, nur einen Katzensprung weit entfernt von Max Grundigs Schloßgut Hohenburg. Aber unter den Gästen des Bundesfinanzministers sah man wohl Peter und Julia von Siemens, Dr. Friedrich-Karl Flick nebst – zweiter – Gattin Ursula geborenen Reuther, Oberforstmeisterstochter aus dem oberpfälzischen Amberg, Direktor Paul G. Hahnemann von Quandts »Bayerischen Motoren-Werken« und den CSU-Bundestagsabgeordneten Dr. Wolfgang Pohle, persönlich haftender Gesellschafter der Friedrich Flick KG, nicht jedoch Max Grundig. Der, allen Festlichkeiten abhold, hatte sich entschuldigen lassen, wobei sich dem – möglicherweise etwas voreingenommenen – Beobachter die Vermutung aufdrängte, Straußens »langjährige persönliche Freundschaft und Bewunderung« wäre vielleicht so einseitig und unerwidert wie die des Autors zu seinen Freunden, den Geldgiganten ...)

Doch zurück zu Max Grundigs Geburtstag, bei dem die Ehrung des Jubilars sich nicht allein in Ministerreden erschöpfte. Die Skala der Wertschätzung reichte von den Glückwünschen, die der greise Kardinal Tisserant, Großmeister des Ritterordens vom Heiligen Grabe in Jerusalem, dem Ordensritter Grundig überbrachte, bis zur herzlichen Gratulation der Industriegewerkschaft Metall, deren Vorsitzender, »der eiserne Otto« Brenner, dem Konzernherrn ebenso hohen Respekt entgegenbringt wie dieser ihm.

Außer den zahlreichen Gratulanten kam natürlich auch noch eine wahre Flut von Glückwunsch-Telegrammen und -Briefen, die verständlicherweise den Jubilar selbst hoch erfreuten und tief bewegten, von der Presse jedoch nur ganz pauschal gewürdigt wurden – mit einer Ausnahme...! Ein einziges der vielen Gratulationsschreiben fand nämlich seinen Weg in die Öffentlichkeit, sogar in nur leicht gekürztem Wortlaut, sehr zur Verwunderung Max Grundigs und seiner Mitarbeiter.

Denn aus dem Hause Grundig war niemand auf dieses oder irgendein anderes der vielen Gratulationsschreiben besonders hingewiesen oder auch nur mit seinem ungefähren Inhalt vertraut gemacht worden.

Sollte irgendein Teilnehmer der Geburtstagsfeier die gestapelten Glückwunschschreiben unbemerkt gesichtet, aus der Fülle der Briefe und Telegramme just diese eine Gratulation herausgegriffen, in ihrer Bedeutung erkannt, sogleich abgeschrieben oder fotografiert und, gerade noch rechtzeitig vor Redaktionsschluß, derjenigen Zeitschrift zugespielt haben, die dann den Text veröffentlichte, ohne sich der Zustimmung des Empfängers jener Zeilen – und anscheinend auch nicht der ihres Verfassers – zu vergewissern...?

Das war höchst unwahrscheinlich, und so blieb (und bleibt) denn nur die Vermutung, daß der Gratulant selbst sein scheinbar nur für Max Grundig bestimmtes Glückwunschschreiben abschriftlich an jene Redaktion gelangen ließ, wohl in der nicht unbegründeten Hoffnung, daß diese es sogleich publik mache.

Für eine solche Annahme spricht übrigens nicht nur der Umstand, daß besagter Gratulant sowohl mit dem Herausgeber wie mit dem Chefredakteur jener Zeitschrift gut bekannt ist, auch zufällig deren Blatt druckt, sondern vor allem die seltsame Formulierung des Glückwunschschreibens, das sich weit weniger an den Jubilar Grundig zu wenden scheint als an die bundesdeutsche Unternehmerschaft als Ganzes, zudem mehr von den Sorgen und Nöten des Absenders handelt als von den Verdiensten des Empfängers.

Denn die wichtigsten Passagen des ohne Max Grundigs

Wissen und Zutun veröffentlichten Geburtstagsglückwunsches an ihn lauten:

»Ihr sechzigster Erinnerungstag fällt in eine Zeit, die in der deutschen Geschichte später wohl einmal erbärmlich genannt werden wird. Unkontrollierte Kräfte schicken sich an, Lebenswerke großer Persönlichkeiten zu zersetzen – mit fadenscheinigen Absichten.

Zu den wenigen Unternehmerpersönlichkeiten in Deutschland gehören Sie mit Ihrem Haus. Voller Bewunderung begleiten oft meine Gedanken die unternehmerischen Phasen Ihrer Entschlüsse, die in den Produkten Ihres Hauses so sichtbar Ausdruck finden.

Ich darf Ihnen heute Glück und weiterhin die geniale Kraft wünschen, in diesen Jahren der Bedrängnis das Richtige zu tun.«

Dieser Brief löste viel Kopfschütteln und Rätselraten aus, nicht nur bei Grammatikern und Stilisten, die den zweiten Absatz sogleich ihren Sammlungen abschreckender Beispiele einverleibten. Auch mancher aufmerksame Beobachter des Zeitgeschehens grübelte, welche Zersetzungen von Lebenswerken großer Persönlichkeiten sich wohl anbahnen könnten, bislang von niemandem bemerkt oder auch nur geahnt. Und die zahlreichen Wirtschaftswunderkinder in der Bundesrepublik Deutschland, deren Lebensstandard höher war als je zuvor und die sich immer mehr und immer ausgefalleneren Luxus leisten konnten, stutzten und schmollten, als sie nun lasen, daß diese herrliche Zeit »wohl einmal erbärmlich genannt« werden sollte. Übrigens, auch der Verfasser dieser seltsamen Gratulation scheint selber schon kurze Zeit nach Abfassung der zitierten Zeilen die von ihm entworfene und speziell auf große Unternehmerpersönlichkeiten abgestellte Verelendungstheorie wieder fallengelassen zu haben. Er schüttelte nämlich nun nicht etwa den Staub des Landes, wo »unkontrollierte Kräfte«, noch dazu »mit fadenscheinigen Absichten«, sein und anderer großer Persönlichkeiten Lebenswerk zu zersetzen sich anschickten, mürrisch von den Füßen, um jene »Zeit, die in der deutschen Geschichte wohl einmal erbärmlich genannt werden wird«, in einem unternehmerfreundlicheren Exil zu verbringen, nein, er fand vielmehr plötzlich, wie einst der Apostel Matthäus (17, 4): »Hier ist gut sein, hier laßt uns Hütten bauen!«

Zwar besaß er bereits drei sehr feudale Villen an dem für

Hamburgs Patrizier (und solche, die es werden wollen) reservierten Blankeneser Elbufer, auch einen schmucken Bungalow auf der romantischen Havelinsel Schwanenwerder bei Berlin, wo einst die Familie des Dr. Josef Goebbels und mit ihr Harald Quandt gelebt hatten, ferner einen prächtigen Herrensitz nebst Park im vornehmsten Berlin-Dahlem und einen schönen alten Hof sowie ein weiteres Ferienhaus in Kampen auf Sylt, außerdem eine viergeschossige Stadtresidenz im exklusivsten Londoner Westend und ein geräumiges Landhaus im schweizerischen Gstaad. Aber just zu der Zeit, da er so bitter an Max Grundig schrieb, hatten seine Späher etwas entdeckt, das ihm noch fehlte: ein schönes altes Schloß, bis unters Dach angefüllt mit Kunstschätzen, dazu rund fünf Millionen Quadratmeter Wälder, Wiesen und Seen...!

Acht Wochen später war, trotz der doch gerade um diese Zeit angeblich herrschenden Bedrängnis, der Kauf perfekt: Für nur acht Millionen Mark erwarb der in seinem Geburtstagsbrief an Konsul Grundig eben noch die Zustände bejammernde Gratulant jenes alte Schloß, den Herrensitz Schierensee in der Nähe von Kiel, eine »Perle schleswig-holsteinischer Adelskultur«, wie der Fremdenführer zu rühmen weiß. Und nun konnte er – frei nach Matthäus 17, 4 – darangehen, den arg vernachlässigten klassizistischen Prachtbau vom Keller bis zum Walmdach zu renovieren, modernen Komfort ein- und geräumige Pferdeställe anzubauen, auch »an dem unter Landschaftsschutz stehenden Schierensee die Anlage eines Hubschrauber-Landeplatzes zu planen«.

Letzteres wußte jedenfalls ›Der Spiegel‹ Anfang September 1968 zu berichten, übrigens dieselbe Zeitschrift, die auch die Auszüge aus dem seltsamen Gratulationsschreiben des nunmehrigen Schloßherrn an Konsul Max Grundig zuerst veröffentlicht hatte.

Das Hamburger Nachrichtenmagazin war auch in der glücklichen Lage, seinen stets informationshungrigen Lesern einige interessante Einzelheiten aus der Geschichte des Schlosses Schierensee mitzuteilen:

»Das ›Adel. Gut‹ (Text einer Tortafel) trägt noch immer das Signum eines Bürgerlichen, der sich Ende des achtzehnten Jahrhunderts mit fremdem Titelruhm zierte: Damals nannte sich ein Apenrader Schreibersohn namens Caspar *von Sallern* – Träger eines in Holstein verbreiteten bäuerlichen Namens mit dem Vorwort ›von‹ – fälschlich ›*von Saldern*‹, täuschte so die Zugehörigkeit zu einer andernorts ansässigen Uradelsfamilie vor und ließ ein Schwindelwappen ... über dem Portal des Schlosses anbringen.

Als Minister und Vertrauter des Zaren Peter III. und der Zarin Katharina II. machte Hochstapler Sallern alias Saldern zu Schierensee womöglich ›ein Stück Weltgeschichte‹.«

Wir werden auf diesen Vorbesitzer von Schloß Schierensee und seine – denen des jüngsten Käufers in mancherlei Hinsicht verblüffend ähnlichen – Wesenszüge, Neigungen und Ambitionen noch ausführlich zurückkommen, doch scheint es zunächst an der Zeit, erst einmal das Inkognito des Käufers der einstigen Sallern-Saldern-Residenz zu lüften.

Auch sein Familienname beginnt mit S, was sich als günstiger Umstand erwies, denn außer dem »Schwindel-Wappen« prangt an der Backsteinfassade des »Adel. Guts«-Hauses auch noch dieser Buchstabe, Initial des einstigen wie des heutigen Schloßeigentümers.

Eine Korrektur wäre nicht einmal nötig gewesen, hätte Caspar von Sallern vor diesem S auch noch den Anfangsbuchstaben seines Vornamens anbringen lassen, denn mit C beginnt einer der beiden des Käufers ebenfalls, und zwar der sehr anspruchsvolle zweite.

Mit vollem Namen heißt der neue Herr von Schierensee: Axel Cäsar Springer...

Dem Käufer besagter »Perle schleswig-holsteinischer Adelskultur«, der sich zu seinen schon neun prächtigen und geräumigen Behausungen noch diese zehnte hinzuerwarb, ist es bestimmt nicht an der Wiege gesungen worden, daß er einmal zu solchem Zweck rund acht Millionen Mark würde erübrigen können, ohne sich dabei mehr vom Munde absparen zu müssen als etwa drei Wocheneinkommen.

Denn seine Wiege befand sich in einem schlichten Bürgerhaus, das seinerseits nicht – wie Axel Springer, zumindest am Anfang seiner Zeitungszarenlaufbahn, mitunter vorgab – in einer »guten Straße« der Freien und Hansestadt Hamburg stand, sondern im Herzen der an seinem Geburtstag, dem 2. Mai 1912, noch zur königlich-preußischen Provinz Schleswig-Holstein gehörenden Vorstadt Altona.

Weder sein Vater, Hinrich Springer, noch seine Mutter, Ottilie (»Otti«), geborene Müller, zählten zu den knapp fünfzig

Millionären, deren sich das ansonsten »rote« Altona im Jahre 1912 rühmen konnte. Sie gehörten aber schon zum gehobenen Mittelstand, zumindest seit 1909, als Hinrich Springer, zusammen mit seinem Freund Julius Wagner, Inhaber eines Buchverlages nebst Wochenblatt und eigener Druckerei geworden war: der altangesehenen Firma Hammerich & Lesser.

In Johann Friedrich Hammerichs Verlag zu Altona, das damals noch zum Königreich Dänemark gehörte, waren einst Klopstocks Oden, die Homer-Übersetzung von Johann Heinrich Voß oder auch Malthus' ›*Essay on the Principles of Population*‹ erschienen, ferner aufklärerische Zeitschriften wie die ›Annalen der leidenden Menschheit‹ und ›Genius der Zeit‹, an denen sich bildungsbeflissene Bürger politisch und literarisch orientierten. Aber schon Hammerichs Nachfolger konnten dieses hohe Niveau nicht halten. Als Hinrich Springer 1909 Mitinhaber des alten Verlagshauses wurde, war es schon kaum mehr als eine Vorstadt-Druckerei, die zwar noch einmal wöchentlich die ›Altonaer Bürgerzeitung‹ herausgab und daneben Werke wie Julius Greifzus praktische Kaufmannsbücher, Kalender und broschierte Romane für Hausfrauen, hie und da auch ein frommes Erbauungsbuch. Aber das Schwergewicht lag sicherlich auf der Akzidenzdruckerei, die Briefpapier, Visitenkarten, Geburts-, Hochzeits- und Todesanzeigen sowie Reklamezettel, Plakate und Formulare herstellte.

Hans Dieter Müller beschreibt den Druckerei-Mitinhaber und Wochenzeitungsverleger Hinrich Springer als einen hochangesehenen und beliebten, ruhigen und liberalen Mann, »der auf die evangelische Religion hielt und sich bei einer guten Zigarre in ›Wiezels Hotel‹ hoch über dem Hafen oder bei ›Rieper‹ in der Schauenburgerstraße gelegentlich auch anhörte, was andere dachten«.

Hinrich Springer wurde bald Alleininhaber der Firma Hammerisch & Lesser. Im Jahre 1924 kaufte er für sein Wochenblatt den Titel ›Altonaer Nachrichten‹, und vom 1. August 1924 an gab er es unter diesem neuen Namen als Tageszeitung heraus. Indessen wäre es verfehlt, bei ihm politische Ambitionen zu suchen. Hinrich Springer sah seine neue Zeitung zunächst unter rein kaufmännischen, dann allenfalls unter lokalpolitischen Aspekten. Leitartikel hielt er für überflüssig, »und mochte der Erdball zerspringen: der Lokalbericht über die Altonaer Ratsherrensitzung kam immer auf die erste Seite«!

Als prägender Einfluß vielleicht noch wichtiger als der Vater und der Verlag war für den Sohn Axel die Mutter, eine kunst- und bildungsbeflissene Frau, die für ein bürgerlich-idyllisches Milieu sorgte. Ihr mag es zuzuschreiben sein, daß der einzige Sohn – an Kindern gab es sonst nur noch eine ältere Tochter, Ingeborg – den etwas pathetischen zweiten Vornamen Cäsar erhielt.

Aber der Sohn hat der Mutter noch mehr zu verdanken:

»Manches aus Axel Springers Sprachschatz«, bemerkt Hans Dieter Müller, »die verbrauchten Wörter aus dem 19. Jahrhundert bei starken Gefühlen, erinnert noch heute daran: das ›frohe Leben der Arbeit‹, die ›stille Kammer‹, die ›Schaffenstage‹ und die ›Herzensbedürfnisse‹, die ›Vermächtnisse‹ und die ›schicksalsgewollten Begegnungen‹, die ›Liebe zum einfachen Menschen‹ und die ›Trägheit der Herzen‹...«.

Wilhelm Backhaus, Spezialist für Psychogramme, der sich auf dem Höhepunkt der Auseinandersetzung um den Springer-Konzern sehr eingehend mit den verschiedenen Einflüssen befaßt hat, die zur Formung von Geist und Seele des Konzernherrn beigetragen haben, kam dabei zu dem Ergebnis, daß der Sohn von seiner Mama, »einer höchst ungewöhnlichen Frau, denn eine durchschnittliche würde kaum, wenn sie zur Kur fuhr, ihren ganzen Goethe und ihre Lieblingsbilder als eigenen unentbehrlichen Wandschmuck mitgenommen haben«, weit mehr geprägt worden ist als nur sprachlich.

Er verweist auf die Tatsache, daß der kleine Axel ein geistig und körperlich sehr harmonisches, wohl auch ungewöhnlich hübsches Kind war, das seine Umwelt mit Leichtigkeit für sich zu gewinnen verstand.

»Mütter, die dem Reiz eines solchen Sohnes nicht erliegen«, bemerkt Backhaus dazu, »sind ebenso selten wie ein Sohn, der daraufhin nicht ein Muttersohn oder gar ein Muttersöhnchen wird – mit allen tiefenpsychologischen Folgen, die sich einzustellen pflegen.«

Was sich beim kleinen, erst recht beim heranwachsenden Axel Springer dann einstellte, war die Überzeugung, daß es leichter und erfolgversprechender wäre, sich durch geschickten Einsatz seiner liebenswürdigen Person alle Hindernisse und Schwierigkeiten zu ersparen als durch männliche Energie. Und diese Überzeugung beruhte nicht allein auf Erfahrungen, sondern entsprach auch dem feminin betonten Wesen des Knaben, von dem Wilhelm Backhaus in seinem Psychogramm sagt:

»Schon aufgrund des jugendlichen Charakters, noch weit mehr aber nach seinem späteren Stil des Agierens, ist die Annahme vollauf berechtigt, daß die weibliche Komponente im Springerschen Wesen ... besonders stark ist.«

Wie wird aus einem hübschen, sehr verwöhnten Jungen mit stark femininen Zügen ein übermächtiger, souverän regierender Zeitungszar?

Welche Voraussetzungen müssen gegeben sein, damit ein einzelner, der noch dazu mehr seinem Charme als seiner Energie vertraut, die größte Pressemacht des europäischen Kontinents errichten kann?

Was muß man gelernt haben, um vielen Millionen Mitbürgern die für ihr Leben oft entscheidend wichtigen Informationen und Kommentare geben zu können?

Und wie wird man als Zeitungs- und Zeitschriftenverleger zum mehr als tausendfachen Millionär, während ringsum die kleinen Konkurrenten, einer nach dem anderen, vor die Hunde gehen?

Auf alle diese Fragen könnte eigentlich nur Axel Springer selbst die Antwort geben. Doch da er, wenn man ihn fragen will, ausweicht, sich allenfalls in sehr allgemein gehaltenen, mit frommen Sprüchen gewürzten Lobeshymnen auf geniale unternehmerische Leistungen ergeht, müssen wir versuchen, die Antworten allein zu finden – anhand der Indizien, die das Leben des großen und heute erst achtundfünfzigjährigen Presse-Cäsars in reicher Fülle bietet. Und dabei ist am einfachsten die Frage zu beantworten, was man gelernt haben muß...

Mit noch nicht sechzehn Jahren beendete Axel Springer seine Schulzeit, »ohne Trauer«, wie einer seiner Biographen versichert, auch ohne Abschluß, wie wir bemerken dürfen. Der Fünfzehnjährige, der bis dahin die Realschule besucht hatte, trat in das väterliche Geschäft als Lehrling ein und kam zunächst in die Akzidenzsetzerei, wo man ihn in die Anfangsgründe der »Schwarzen Kunst« einweihte, gelegentlich auch Bier und Zigaretten holen ließ.

Das war im Frühjahr 1928.

Ein Jahr später begann die Weltwirtschaftskrise. Die Arbeitslosigkeit nahm bald erschreckenden Umfang an; die verzweifelten Menschen strömten den Rattenfängern der radikalen Parteien zu, und in Altona wie anderswo begannen sich die braven Bürger vor der »bolschewistischen Gefahr« zu fürchten. (An die Sozialdemokraten, die einst der Bürgerschreck gewesen waren, hatte man sich in Altona längst gewöhnt. Vater Hinrich Springer war sogar recht gut befreundet mit einem dieser »Roten«, dem Stadtkämmerer Max Brauer, und der Sohn sollte von dieser Freundschaft später, als Brauer zum ersten Nachkriegs-Bürgermeister des Stadtstaates Hamburg aufgestiegen war, einigen Nutzen haben ...)

Nach beendeter Lehrzeit im väterlichen Betrieb wurde der knapp achtzehnjährige Axel Springer Lokalreporter bei einem Blatt, das von ähnlicher Bedeutung war wie die ›Altonaer Nachrichten‹ seines Vaters: bei der ›Bergedorfer Zeitung‹. Dort und später als Volontär in der Hamburger Filiale des »Wolffschen Telegraphen-Bureau« (WTB) lernte der junge Mann all das, was nach Ansicht seines Vaters für ein Heimatblatt wichtig war, wenn es sich rentieren sollte, vor allem die Beschaffung und publikumsgerechte Aufbereitung von Lokalnachrichten sowie ein Gefühl für das, »was der einfache Mann denkt«.

Anfang 1934 kehrte der knapp zweiundzwanzigjährige, sich nun schon sehr erfahren dünkende junge Mann in das väterliche Unternehmen zurück, wurde Redakteur der ›Altonaer Nachrichten‹ und – wie es im Impressum hieß – »verantwortlich für Handel, Schiffahrt, Sport«. Knapp vier Jahre später, im Dezember 1937, rückte er sogar zum »stellvertretenden Chefredakteur und Chef vom Dienst« auf, und nach weiteren vier Jahren, 1941, fand diese journalistische Karriere ein jähes, aber ziemlich schmerzloses Ende: Die ›Altonaer Nachrichten‹ mußten – wie die meisten anderen kleinen Heimatzeitungen – ihr Erscheinen einstellen. Max Amann, der Chef des NS-Parteiverlages, schaffte sich damals unter Ausnutzung der Papierknappheit und mit Hilfe der von Propagandaminister Dr. Goebbels kontrollierten »Reichspressekammer« jedwede Konkurrenz vom Halse.

Aber die braunen Machthaber gingen dabei recht großzügig vor – schließlich war man schon im Kriege; die Bürger mußten in patriotischer Stimmung gehalten werden, und zudem handelte es sich ja nicht um Blätter, die politisch gefährlich oder gar in jüdischem Besitz gewesen wären.

Amann zahlte den Verlegern der Blätter, die er dazu zwang, ihr Erscheinen einzustellen, für jeden bisherigen Abonnenten eine Entschädigung bis zu zwanzig Reichsmark. Im Falle der ›Altonaer Nachrichten‹, die vor ihrem Ende rund sechzehntausend Bezieher gehabt hatten, gab es etwa dreihunderttausend Reichsmark – das war ein beachtliches Vermögen für damalige

Verhältnisse, und außerdem durfte die Familie Springer ihr Haus, ihr Grundstück und ihre Druckerei behalten, ebenso den kleinen Buchverlag.

(Als Vater Hinrich nach dem Kriege starb, schrieb Axel Springer in einem ergreifenden Nachruf: »Dem Sohn hat er mehr vermacht als materiellen Besitz, der schon in den Jahren der Rechtlosigkeit verlorengegangen war!«, woraus man nicht auf ein gestörtes Verhältnis zur Wahrheit schließen sollte, sondern eher auf die Neigung, Dinge so darzustellen, wie man sie von anderen gesehen haben möchte...)

Mit dem vielen Geld, das der Parteiverlag für die Aufgabe der ›Altonaer Nachrichten‹ bezahlt hatte, wollte sich der nun beschäftigungslose einzige Sohn des abgefundenen Zeitungsverlegers ein Kino kaufen. Es sollte die Basis für einen Start im Filmgeschäft werden. Doch der Plan scheiterte: Die »Reichsfilmkammer« verweigerte Axel Springer die Aufnahme, die eine Voraussetzung für jede Tätigkeit in der Filmbranche war.

So blieb dem inzwischen fast dreißigjährigen Verlegersohn nichts anderes übrig, als sich dem väterlichen Druckereigeschäft zu widmen, billige und anspruchslose Bücher zu drucken, gelegentlich wohl auch Formulare für die eine oder andere Behörde, bis gegen Kriegsende ein schwerer Bombenangriff den Betrieb zerstörte. Um diese Zeit hatte sich die Familie Springer bereits in die Lüneburger Heide abgesetzt, nach Bendestorf, wo sie ein Landhaus besaß und wohin auch schon einige Druckereimaschinen und Papiervorräte geschafft worden waren. Weitere wertvolle Habe, darunter einige Kisten mit »praktischen Kaufmannsbüchern« und schlichten Romanen, waren – so erinnert sich der Verleger Henry Goverts – von Axel Springer nach Kampen auf Sylt »ausgelagert« worden.

Mit diesem Startkapital im Rücken kehrte der dreiunddreißigjährige Ex-Journalist und Jung-Verleger Axel Springer im Frühsommer 1945 in das verwüstete, ausgebrannte, hungernde und von den Engländern besetzte Hamburg zurück.

Mehr als auf die materiellen Güter, die ihm und seiner Familie verblieben waren, vertraute er auf seinen Charme, seine Intuition, seine große Anpassungsfähigkeit, seinen guten Stern und die himmlische Gerechtigkeit.

Seine Intuition sagte ihm, daß sich einem charmanten, intelligenten und politisch unbelasteten jungen Mann jetzt einmalige Chancen böten, die nicht verpaßt werden durften... Seine

Anpassungs- und Wandlungsfähigkeit gestattete es ihm, mal mit lockigem Haar, übergroßer Hornbrille und Samtjackett im Kreise Hamburger Bohemiens den literarisch ambitionierten jungen Buchverleger zu spielen, mal mit gestutztem Schnurrbart und glattgestrichenem Haar vor englischen Militärregierungsbeamten und Offizieren als kühl-sachlicher, allein auf Gott und die Demokratie vertrauender Presse-Experte aufzutreten... Und nur für sich selbst und seinen engsten Freundeskreis reservierte er seinen festen Glauben an die Sterne – er war und ist bis heute ein überzeugter Anhänger der Astrologie! – sowie seine schwärmerischen religiösen Gefühle, die für ihn nie im Widerspruch zu seinem Dandytum standen...

Das ist, in Umrissen, die Lebensgeschichte Axel Cäsar Springers bis zum Sommer des Jahres 1945, und sie umfaßt ziemlich genau zwei Drittel seines Werdeganges bis heute.

Wie die meisten Biographien großer Herrscher enthält sie viele Lücken und gibt mancherlei Rätsel auf.

Die erste Frage, die sich einem aufdrängt, betrifft sein Verhältnis zum Hitlerstaat: Wie konnte ein junger Mann, der 1933 gerade einundzwanzig Jahre alt wurde, das »Dritte Reich« und den Krieg durchstehen, ohne irgendeine Uniform anziehen zu müssen?

Sodann: Wie kam es, daß Axel Springer einerseits »Schriftleiter« sein durfte – so nannte man damals die Redakteure –, andererseits keine Erlaubnis bekam, ein Kino zu eröffnen? Und schließlich: Wie, wenn schon nicht im Gleichschritt, verbrachte der junge Mann sein Leben außerhalb der Redaktionen?

Was die erste dieser Fragen angeht, so wird sie von einer Fotografie aus dem Jahre 1933 beantwortet, einem Gruppenbild von der Fünfzig-Jahr-Feier der ›Bergedorfer Zeitung‹, bei der Axel Springer damals volontierte. Die Aufnahme zeigt ihn als einen von nur zwei Uniformierten unter rund drei Dutzend Verlagsangehörigen, und er trägt den dunkelbraunen »Dienstanzug« (mit Schulterriemen und Hakenkreuzarmbinde) des »Nationalsozialistischen Kraftfahr-Korps«, abgekürzt NSKK.

Es wäre indessen völlig verfehlt, aus dieser Zugehörigkeit zu einer braunen Formation den Schluß zu ziehen, der junge Axel Springer hätte große Sympathien für das »Dritte Reich« gehabt. Diese NSKK-Mitgliedschaft im Jahre 1933 läßt lediglich auf ein bißchen Opportunismus schließen sowie auf das Bestreben eines jungen Mannes, nicht zu den gewöhnlichen

Marschierern zu gehören, sondern zum damals noch recht exklusiven Kreis der Motorisierten.

Die Söhne der »besseren Kreise« strebten damals zur Reiter-SS oder zum NSKK. Der verwöhnte einzige Junge des Altonaer Heimatblatt-Verlegers hatte ein kleines Auto geschenkt bekommen – Grund genug, damit im NSKK zu glänzen . . . !

Wie der junge Axel Cäsar Springer um den Militärdienst herumkam, selbst im Kriege, das meint sein Biograph Hans Dieter Müller so erklären zu können:

»Daß es dem etwas dandyhaften jungen Mann mit den angenehmen Gesichtszügen, der bei Kriegsausbruch siebenundzwanzig Jahre alt war, gelang, der Wehrmacht-Uniform sorgfältig aus dem Wege zu gehen, verdankte er seiner Bauchspeicheldrüse und der unerschütterlichen Bürgerlichkeit seines Elternhauses. Er verdankte es seiner erstaunlichen Fähigkeit, privat zu leben, als es privates Leben fast nicht mehr gab.«

Dem kann man, ohne in die Intimsphäre einzudringen, wenig hinzufügen, außer daß der junge Mann tatsächlich ein Pankreas-Leiden hatte, auch so wenig kräftig war, daß er im Jahre 1938 den Hamburger Medizinstudenten im Hörsaal als Schulbeispiel eines schwachbrüstigen Menschentyps vorgestellt wurde.

Was nun die, wie es scheint, widersprüchlichen Auffassungen der »Reichspresse-« und der »Reichsfilmkammer« von der politischen und sonstigen Eignung des jungen Mannes für die vom Reichspropagandaministerium kontrollierten Berufe angeht, so war Axel Springer nach seinen eigenen Angaben auch schon als »Schriftleiter« nur »bedingt zugelassen«.

Die Gründe sind unbekannt, und man wäre, wollte man sie zu erforschen trachten, auf reine Spekulationen angewiesen, auch darüber, ob besagte Berufsbehinderungen nicht eine nachträgliche Dramatisierung erfahren haben könnten, vielleicht speziell für diejenigen, die die ersten Presselizenzen zu vergeben hatten.

Gegen eine solche Theorie spricht indessen, daß der angehende britische Lizenzträger auf die Frage eines für die Vergabe wichtigen Mannes, ob er, Springer, denn im »Dritten Reich« auch verfolgt worden sei, bescheiden geantwortet haben soll: »Ich selbst nicht direkt – aber meine Frau . . . !«

(Später, als es nicht mehr opportun schien, politisch verfolgt gewesen zu sein, nicht einmal indirekt, förderte das Haus Springer die Bildung einer Legende, die besagte, der spätere Konzernchef und damalige Bewerber um eine Zeitschriften-

Lizenz habe 1946, im Gegensatz zu allen anderen Antragstellern, die sich ihrer angeblichen Verfolgung durch die Nazis gar nicht genug rühmen konnten, auf die Frage, von wem denn er nun verfolgt worden sei, den darob sehr verblüfften englischen Prüfern lächelnd geantwortet: »Wenn ich recht überlege, meine Herren, so bin ich in meinem Leben eigentlich nur von Frauen verfolgt worden ... !«

Selbst diese – gewiß nachträglich erfundene – Geschichte ist in doppelter Hinsicht typisch für Axel Springer: Einmal, weil sie auf oberflächlich-liebenswürdige »Seid nett zueinander!«-Manier um politische Grundsätze herumzukommen sucht, zum anderen, weil nicht Springer die Frauen, vielmehr die Frauen ihn verfolgt haben sollen ...)

Mit alledem sind wir bereits tief im Bereich der dritten noch offenen Frage, die das Privatleben Axel Cäsar Springers in der Vorkriegs- und Kriegszeit betrifft, wobei die verhältnismäßig kurze, nur von 1934 bis 1938 dauernde und schon lange vor dem Einspruch der »Reichsfilmkammer« gegen die Kinopläne des Exjournalisten geschiedene Ehe kaum eine Rolle spielt.

Erwähnenswert ist nur, daß diese erste Frau des späteren Zeitungszaren, Martha (»Baby«) Meier, tatsächlich eine jüdische Mutter hatte. Schwiegermama Meier, geborene Geldes hatte das Unglück, daß sich ihr Ehemann just in dem Augenblick von ihr scheiden ließ, da eine Aufrechterhaltung der Ehe ihr einziger Schutz gewesen wäre. Sie wurde dann auch prompt nach Theresienstadt deportiert, kam aber mit dem Leben davon.

Indessen war weder »Baby« Springer vor oder nach ihrer Scheidung Verfolgungen ausgesetzt noch hatte sich Axel Springer von ihr etwa aus Rücksicht auf seine eigene Sicherheit und Karriere scheiden lassen. Er ließ sie auch nicht wirtschaftlich im Stich, sorgte vielmehr weiter (und später sogar recht großzügig) für sie und die kleine Tochter aus dieser ersten Ehe, Barbara, (die nachmalige, aber längst wieder geschiedene Ehefrau des in der Hamburger Society als Gastgeber sehr geschätzten Export- und Import-Kaufmanns Jochen Scharlach). Und Axel Springer unterstützte auch seine Exschwiegermutter, nachdem sie deportiert worden war, nach besten Kräften mit Geld und Lebensmittelpaketen ...

Um uns jedoch ein einigermaßen objektives Bild von dem jungen Mann machen zu können, der mit fünfzehn Jahren von der Altonaer Realschule abging, mit einundzwanzig Jahren Wirtschafts- und Sport-Redakteur der väterlichen Lokalzeitung sowie NSKK-Mitglied wurde und bis Kriegsende praktisch Kaufmannsbücher, vor allem aber Abenteuer- und Liebesromane für die »Truppenbetreuung« verlegte, müssen wir uns noch ein wenig näher mit seinem Privatleben befassen – natürlich so behutsam wie möglich und nur, soweit es für das Verständnis seines heutigen Verhaltens absolut erforderlich ist.

Da sind zunächst zwei Faktoren von großer Bedeutung: Der erste ist der gesellschaftliche Ehrgeiz des jungen Mannes, dessen Ziel es schon damals war, von denjenigen, die er für die »ersten Kreise« der Hansestadt Hamburg hielt, als wenigstens einigermaßen gleichwertig akzeptiert zu werden; der zweite Faktor ist der fast schwärmerische Wunsch des Sohnes eines unpolitischen Heimatblättchen-Verlegers, einmal ein altehrwürdiges, Weltgeltung besitzendes Verlagsobjekt von höchstem Niveau und weitreichendem Einfluß sein eigen nennen zu dürfen. Als solches kannte er in seiner Jugend nur das ›Hamburger Fremdenblatt‹, eine damals weitverbreitete, zwölfmal wöchentlich erscheinende liberale Tageszeitung, die aus der 1828 gegründeten ›Liste der ankommenden Fremden in Hamburg und Altona‹ hervorgegangen und 1907 von Albert Broschek erworben worden war, einem hochangesehenen Kaufmann und mehrfachen Millionär.

Als Vater Hinrich Springer einmal auf einer Verlegertagung die flüchtige Bekanntschaft dieses großen und mächtigen Kollegen machen durfte und sich dessen dann daheim mit besonderem Stolz rühmen zu können meinte, da überraschte ihn sein noch kleiner Sohn Axel damit, daß er vor Wut heulend aus dem Zimmer stürzte...

Aber wenn auch der Sohn einerseits nicht dulden mochte, daß der Vater den weit höheren Rang des ›Fremdenblatt‹-Verlegers so überdeutlich und fast devot betonte, so suchte er doch andererseits später selbst auf jede erdenkliche Weise die Aufmerksamkeit wenigstens der Söhne jener Kreise auf sich zu ziehen, in denen große Herren vom Format Albert Broscheks verkehrten. Und dabei war es das erklärte Ziel des jungen Axel Springer, erst einmal von den Gleichaltrigen akzeptiert zu werden und dann mit ihnen in jene Gesellschaftsschicht hineinzuwachsen, nach deren Anerkennung er sich so sehnte.

(Natürlich war dies ein von vornherein völlig aussichtsloses Unterfangen und ist es selbst heute noch für den inzwischen zum Zeitungszaren und Geldgiganten aufgestiegenen jungen Mann aus Altona! Kein Hamburger Patrizier würde je einen anderen

Menschen, und sei es seine eigene Schwester, für ebenbürtig halten. Gerade angesichts des langsam schwindenden Reichtums und Einflusses dieser höchstens fünf Dutzend Familien, von denen sich jede weit vornehmer dünkt als alle anderen, ist es zur Aufrechterhaltung des Renommees unerläßlich, alle Emporkömmlinge spüren zu lassen, daß man sich nur aus Gnade, vielleicht auch bloß aus einer flüchtigen Laune heraus und mehr zum eigenen Amüsement, gelegentlich herabläßt, auch mit ihnen, den Parvenüs, zu verkehren ...

Axel Springer mag sich seine Anzüge heute in Savile Row schneidern und erst von seinem Butler ein wenig tragen lassen, damit sie nicht so aufdringlich neu wirken; er mag sich eine nur mühsam heizbare, höchstens frühviktorianischen Komfort-Ansprüchen genügende, infolgedessen ultra-snobistische Mayfair-Residenz leisten, dazu einen alten Landadelssitz nebst angemessenen Latifundien; er mag einen handgefertigten Rolls-Royce besitzen, ohne ihn – in Deutschland – zu benutzen, und seine Häuser und Büros mit englischen Antiquitäten aller Art füllen, ja, sogar die alte Eichentäfelung aus den Redaktionsräumen der ehrwürdigen Londoner ›Times‹ erwerben und sie mit gigantischem Kostenaufwand seinem Berliner Hochhaus-Kontor anflicken, kurz, er mag sich auf den Kopf stellen, um dem Vorbild eines steinreichen englischen Lords, der sich zum Zeitvertreib mal ein bißchen mit Zeitungen, anstatt mit Außenpolitik befaßt, so nahezukommen wie möglich, weil das ungefähr das einzige ist, was den ebenfalls, nur mit beschränkteren Mitteln, englischen City-Lords nacheifernden hanseatischen Patriziern imponieren könnte – sie werden ihm, schon aus reiner Selbsterhaltung, auch weiterhin nur Verachtung bezeigen, sogar wenn sie es hie und da über sich bringen sollten, seinen achtzehn Jahre gelagerten Whisky zu trinken ...)

Schon als Zwanzigjähriger litt Axel Springer Höllenqualen, wenn er von den ausgelassenen und dann ihm gegenüber wieder so blasierten jungen Leuten der »besseren« Hamburger Gesellschaft nicht für voll genommen wurde. Nachdem es ihm gelungen war, in die Clique junger Dandys einzudringen und wenigstens hie und da einmal zu einer Party eingeladen zu werden, ärgerte er sich, daß die anderen schnelle Sportwagen hatten, er aber nur ein gerade Altonaer und Bergedorfer Ansprüchen genügendes Kleinauto.

»Ich war froh, wenn ich mit meinem Vehikel wenigstens einmal eine Straßenbahn überholen konnte«, so erzählte er später von diesem Kummer seiner Jugend, und man kann sich ausmalen, um wieviel lieber er die Autos seiner Cliquen-Freunde überholt oder wenigstens eingeholt hätte. Sie einzuholen – nicht allein im Straßenverkehr –, das war damals sein sehnlichster Wunsch!

Da ihm, trotz vieler heimlicher Zuwendungen von seiner Mutter, die materiellen Voraussetzungen fehlten, den anderen Dandys zu imponieren, bemühte er sich, diesen Mangel dadurch auszugleichen, daß er die Haut des biederen Vorstadtbürgers abstreifte, die von den Konventionen gezogenen Grenzen durchbrach und sich den Ruf eines Tunichtguts zu erwerben trachtete, und damit – endlich! – begann er den »feinen« Freunden zu gefallen.

Wir wollen nicht im einzelnen untersuchen, was sich der junge Axel Cäsar Springer zwischen seinem fünfzehnten und dreißigsten Lebensjahr so alles leistete. Er selbst hat einmal erzählt, daß sich seine Mutter damals beklagt hätte, er habe ihr und dem Vater nun so ziemlich alles angetan, was Kinder ihren Eltern nur antun könnten. Jetzt erwarte sie nur noch eines: sein Genie...!

Man mag über eine Mutter staunen, die dergleichen sagte, auch über einen Sohn, der das dann selbstgefällig erzählt. Wichtiger erscheint die Frage, was dem jungen Axel Cäsar Springer damals nun eigentlich erstrebenswert dünkte. Sah er sich als künftigen Verleger eines ungemein seriösen, hochangesehenen ›Fremdenblattes‹? War ihm der so fieberhaft gesuchte Anschluß an die jungen Dandys der Hansestadt nur ein Mittel zum Zweck? Oder erschöpfte sich sein doch ohne Zweifel vorhandener Ehrgeiz darin, kleine gesellschaftliche Erfolge zu erzielen und die ersehnte »Anerkennung« zu finden?

Nach allen Zeugnissen der Freunde jener Tage und auch nach Axel Springers eigenen, gelegentlich geäußerten Erinnerungen, waren seine kühnen ›Fremdenblatt‹-Pläne damals wieder in den Hintergrund getreten und seine Interessen ganz auf Dinge gerichtet, die sich unter dem Sammelbegriff der »leichten Muse« einordnen lassen:

Er schwärmte für den, ach, so schönen, mal mit, mal ohne Monokel auftretenden und von allen Damen vergötterten Tenor Richard Tauber... Er wollte selbst Sänger werden... Er fuhr zu jeder Operetten-Premiere mit dem »Fliegenden Hamburger« nach Berlin – und manchmal auch nur zum Tanztee in der »Femina«. Und lange Zeit hindurch war es sein sehnlichster Wunsch, einmal selbst eine große Revue inszenieren zu dürfen...

Doch – wie auch Wilhelm Backhaus in seinem Springer-Psychogramm bemerkt – »diese später so bedeutungsvollen Neigungen zum Oberflächlichen und Seichten sind offenbar, bei aller eigenen Veranlagung«, nicht nur aus diesem »hübschen, charmanten und verwöhnten Jungen« Axel Cäsar Springer selbst erwachsen; sie wurden von außen her noch nachdrücklich verstärkt, vor allem durch den Mentor seiner Ausbildungsjahre, den WTB-Redakteur Walther Hansemann, genannt »Hannes«, zu dem er eine große Zuneigung faßte.

Der viel ältere »Hannes« – nach Backhaus »ein ziemlich skurriler Mensch mit etwas verwässertem Ringelnatz-Profil und einer Leidenschaft fürs Varieté« – war ein routinierter, ungemein fleißiger und recht gescheiter Journalist, der über alles und jedes flott und gefällig zu schreiben verstand, dabei »ein Bohemien und Freund aller Boheme«.

Er blieb in Axel Springers engster Umgebung, bis er im Jahre 1960 starb. Zuletzt war er Feuilleton-Chef des ›Hamburger Abendblattes‹, jener ersten Tageszeitung, die Axel Springer nach dem Kriege herausgab und mit der er das alte ›Hamburger Fremdenblatt‹ nun doch – und nicht nur äußerlich – zu kopieren trachtete, zumindest solange, bis er bemerkte, daß sein eigener, stets etwas hausbacken-kitschiger Stil beim Publikum weit mehr Anklang fand als alles vergebliche Bemühen, die steife Würde und Seriosität des einstigen ›Fremdenblattes‹ sklavisch nachzuahmen.

(Immerhin: Axel Springer holte sich, als er sein ›Hamburger Abendblatt‹ startete, zunächst alle noch verfügbaren ehemaligen ›Fremdenblatt‹-Redakteure und -Mitarbeiter zusammen, betonte auch in den vorbereitenden Konferenzen immer wieder, daß der neuen Zeitung das alte ›Fremdenblatt‹ zum Modell dienen müsse, und er erwarb 1954 von den Broschek-Erben, deren verspäteter Versuch einer ›Fremdenblatt‹-Neugründung gescheitert war, endlich auch den so lange heißbegehrten Zeitungsnamen, den fortan sein ›Hamburger Abendblatt‹ als Untertitel führte – umrahmt von den typischen Springer-Devisen, dem oberflächlich-charmanten »Seid nett zueinander!« und dem etwas schnulzig-sentimentalen, erstaunlicherweise von dem sonst so markigen Gorch Fock stammenden Wort: »Mit der Heimat im Herzen die Welt umfassen«...)

Der frühe und langjährige Einfluß des an sich recht sympathischen »Hannes« Hansemann wirkte sich vornehmlich verflachend aus und ist gewiß mitverantwortlich für das, was

Wilhelm Backhaus als »ständigen leichten Hauch von ›Tinnef‹« bezeichnet hat, der bis heute so vielen Springer-Erzeugnissen anhaftet.

Daß aber, trotz »Hannes«, die Operetten-Star- und Revue-Inszenierungspläne aufgegeben und die ursprünglichen Träume von einer eigenen, seriösen hanseatischen Zeitung – wenn dann auch wieder mehr auf Hansemann-Manier – verwirklicht wurden, so lag das teils an den Zeitumständen, teils an einem späten Reifeprozeß, an dem ein anderer Journalist, der des Vorstadtverleger-Sohnes zweiter Prinzen-Erzieher wurde, entscheidenden Anteil hatte.

Dieser neue Mentor hieß Hans Zehrer, und die »schicksalhafte Begegnung« mit ihm fand 1943 oder 1944 auf der Insel Sylt statt. Ein prominenter Verleger – es war entweder Ernst Rowohlt oder »Lord Henry« Goverts – stellte Axel Springer dem in Kampen lebenden Zehrer vor. Der junge Mann aus Altona war tief beeindruckt von dem einst berühmten Journalisten aus Berlin, und dieser fand in dem dreizehn Jahre Jüngeren den begierigsten und gelehrigsten Schüler, den er sich wünschen konnte.

Hans Zehrer, 1899 in Berlin als Sohn eines Postbeamten geboren, hatte als blutjunger Mann mit den Gardeschützen »rote« Arbeiteraufstände blutig niederwerfen helfen, war beim Kapp-Putsch – natürlich auf seiten der rechtsradikalen Rebellen gegen die Republik – verwundet worden, hatte alles mögliche, selbst Theologie und Medizin, studiert und war schließlich bei der bürgerlich-liberalen ›Vossischen Zeitung‹ als Volontär gelandet. Bei dieser altehrwürdigen »königlich-privilegierten Zeitung von Staats- und gelehrten Sachen«, wie der Untertitel lautete, machte Hans Zehrer Karriere.

Das Blatt, das seit 1914 unter der Chefredaktion von Georg Bernhard im Berliner Ullstein-Verlag erschien, war eine unerhört vornehme, ungemein distanzierte, von ihren wenigen treuen Abonnenten mit leiser Ironie »Tante Voß« genannte ›Tageszeitung für Gebildete‹, der es wahrlich nicht an Niveau, wohl aber an einer klaren Linie fehlte. Es gab – so der Historiker Werner Becker – »zuviel Einflüsse, zu viele Veränderungen, zu viele persönliche Probleme«. Auch kostete das anspruchsvolle, aber auflagenschwache Blatt Jahr für Jahr eine runde Million Mark Zuschuß – alles deutliche Parallelen zu Axel Springers späterem Renommierblatt ›Die Welt‹, dessen langjähriger Chefredakteur dann Hans Zehrer wurde.

Bei der »Tante Voß« war der enttäuschte Rechtsradikale Zehrer erst Assistent, dann redaktioneller Mitarbeiter und schließlich selbständiger außenpolitischer Leitartikler seines Lehrmeisters Georg Bernhard, eines Mannes, der seinerseits aus jüdischem Bürgerhaus stammte, eine Banklehre durchgemacht und sich dann auf der Linken politisch betätigt hatte, ehe er, ebenfalls tief enttäuscht vom »Parteienhader«, in den Spalten des ihm anvertrauten Blattes eine »neue Geistigkeit« zu propagieren begann, die, »frei vom Fluch der Parteienwirtschaft« der »Kristallisationspunkt für das kommende große Neue« werden sollte.

Es waren übrigens, rückblickend und etwas genauer betrachtet, keineswegs so liberale, sondern deutlich präfaschistische Tendenzen, die Georg Bernhard und Hans Zehrer den Leitartikeln der »Tante Voß« gaben, (und auch diese tauchen dann ein Vierteljahrhundert später in Axel Springers ›Welt‹ wieder auf ...)

Im Herbst 1929 wandte sich Hans Zehrer von der »suchenden Mitte« wieder der Rechten zu. Er wurde, zunächst heimlich, nach seinem Ausscheiden aus dem Hause Ullstein im Jahre 1931 auch offiziell, Herausgeber der ›Tat‹, einer Zeitschrift der ultrarechten Intelligenz, die eine »neue totale Volksgemeinschaft« und einen mystisch verklärten »nationalen Sozialismus« predigte, sich aber als »neokonservativ« zu bezeichnen vorzog.

Die konspirierenden Salon-Revolutionäre des ›Tat‹-Kreises, angeführt von Hans Zehrer, gaben der schon in Agonie liegenden Weimarer Republik zwar nicht den Todesstoß – dazu waren sie quantitativ viel zu schwach. Sie trieben aber – so wie heute William S. Schlamm in Springers ›Welt am Sonntag‹ – genau jene »intellektuelle Zersetzung«, die man schon damals im bürgerlichen Lager den Mahnern und Warnern von der Linken zu Unrecht vorwarf. Ohne Zweifel haben Zehrer und sein ›Tat‹-Kreis Hitler den Weg bereitet, indem sie ihn – wie Carl von Ossietzky es treffend genannt hat – »überhitlert« und »in eine moderne Bildungssprache übersetzt« haben ...

Nachdem sie zunächst auf das falsche Pferd gesetzt hatten, nämlich auf den politisierenden, mal mit Papen gegen Hitler, mal mit Strasser gegen Papen intrigierenden Reichswehrgeneral Kurt von Schleicher, dessen Minidiktatur, von Hans Zehrer noch als die große »Schicksalswende« feierlich eingeläutet, schon nach sechsundfünfzig Tagen mit der »Machtergreifung« Adolf Hitlers endete, wechselten die meisten ›Tat‹-Konspirateure eilig zur siegreichen Nazi-Partei über, wurden SS-Führer und SD-Agenten und entgingen so dem Schicksal ihres ehemaligen Favoriten, des Generals von Schleicher, der bereits im folgenden Jahr in seiner Wohnung zusammen mit seiner Frau ermordet oder, wie es damals hieß, »rechtens erschossen« wurde.

Den Weg zur SS gingen beispielsweise Hans Zehrers engste Freunde und Mitarbeiter, Dr. Giselher Wirsing und Professor Friedrich Zimmermann. Wirsing war im »Dritten Reich« – so weist es seine Personalakte beim »Reichssicherheitshauptamt« aus – ein »williger, fleißiger und außerordentlich wertvoller« Agent des SS-Sicherheitsdienstes und ist heute Chefredakteur der angesehenen Wochenzeitung ›Christ und Welt‹ (Mitinhaber: Bundestagspräsident a. D. D. Dr. Eugen Gerstenmaier); Professor Zimmermann war damals zunächst Gestapo-Agent, dann hauptberuflicher SS-Führer beim »Rasse- und Siedlungsamt«, nach dem Kriege und bis zu seinem Tode im Jahre 1967 wirtschaftspolitischer Leitartikler bei Axel Springers ›Welt‹, wo er unter dem Pseudonym »Ferdinand Fried« vielbeachtete Kommentare schrieb.

Hans Zehrer selbst, damals noch mit einer Jüdin verheiratet, mußte sich, nachdem er auch das »Dritte Reich« gebührend gefeiert hatte, von den Redaktionsgeschäften zurückziehen. Wenige Tage vor General von Schleichers Ermordung verließ er Berlin und siedelte nach Kampen auf Sylt über. So entging er, vermutlich dank einer Warnung befreundeter SS-Führer aus dem ehemaligen ›Tat‹-Kreis, um Haaresbreite einer Liquidierung am 30. Juni 1934...

Dreizehn Jahre lang führte Hans Zehrer im selbstgewählten Exil, wo er ein nicht mehr benutztes Bahnwärterhäuschen bewohnte, ein von Terror und Krieg nahezu unberührtes Insulaner-Dasein. Er wandte sich wieder der Theologie zu, vor allem der Metaphysik, der Religionsphilosophie und dem Mystizismus, las unendlich viel und entwickelte eine zwar nicht ganz neue, nun aber den Gegebenheiten angepaßte Theorie, die er in seinem 1948 bei Rowohlt erschienenen Buch, ›Der Mensch in dieser Welt‹, wohlversehen mit dem Segen des evangelischen Landesbischofs Hanns Lilje, einer von der totalen Niederlage noch nicht wieder erholten bundesdeutschen Geistes-Elite ans Herz legte.

Sein Zauberwort, das die Demokratie und den von ihr bewirkten Interessenausgleich überflüssig machte, hieß nach wie vor »Volksgemeinschaft«, nur sollte das Volk diesmal nicht zum Bösen, sondern zum Guten geführt werden. Dabei die Massen durch Anpassung an die Masse zu harmonisieren, sie durch einfache christliche Gedanken zu läutern und von einer durch Glauben und Mittel legitimierten Elite geschickt lenken, »orientieren«, zu lassen, dünkte ihm die rechte Methode ...

Zehrers aufgeweckter Schüler Axel Springer war von dieser Theorie hingerissen. Intuitiv erfaßte er die großen Möglichkeiten, die sie bot, und nächtelang diskutierte er mit dem Meister über die praktische Anwendung, zum Beispiel mit Hilfe einer Presse, die den zu »orientierenden« Massen nicht detaillierte, für das »unmündige Volk« doch nicht verwendbare Informationen, sondern inneren Halt und klare Weisung geben müßte, natürlich eingepackt in viel Unterhaltungsstoff, wobei aber auch dieser einen ständigen Appell an das »Gute im Menschen« enthalten sollte, an sein Gemüt, sein »Herz« ...

Anfang 1950, so berichtet Hans Dieter Müller in seiner kritischen Studie über den Springer-Konzern, trug Hans Zehrer die Zeitungspläne seines Meisterschülers einer Journalistenversammlung an der Evangelischen Hermannsburg vor: Damals habe sich gegen »die Amateursoziologie eines Journalismus der Unmündigkeit ein leidenschaftlicher Sturm fast aller anwesenden Journalisten« erhoben, »dem Zehrer, in der Diskussion kein Meister, hilflos ausgeliefert« gewesen sei. Erst Bischof Lilje, das große Bischofskreuz auf der breiten Brust, habe die Gemüter beruhigt.

»Daß ›seelischer Halt‹, gar christlicher Glaube, nicht massenhaft fabrizierbar und verkäuflich sind, allenfalls das Surrogat von Glaube«, fährt Müller fort, »übersah die neue Zeitungstheorie; daß sie, politisiert, dem Verdikt gefährlich nahekam, das Walter Benjamin über den Faschismus gefällt hat – daß er nämlich den Massen nur zu ihrem Ausdruck, nicht zu ihrem Recht verhelfe –, ging ihr nicht auf ...«

Nachdem wir nun, wenigstens in groben Umrissen, eine Vorstellung von dem gewonnen haben, was der zukünftige Zeitungszar an Rezepten mit auf den Weg nahm, als er sich im ersten Sommer nach dem verlorenen Krieg aus der Lüneburger Heide nach Hamburg aufmachte; nachdem wir seine so grundverschiedenen Lehrmeister kennengelernt haben, den fürs Varieté schwärmenden »Hannes« Hansemann und den die »totale Volksgemeinschaft« predigenden Gottsucher Hans Zehrer, müssen wir uns noch einmal ein wenig mit ihm selbst befassen. Es könnte der – grundfalsche – Eindruck entstanden sein, der »hübsche, charmante und verwöhnte Junge« sei allein von seinen Lehrmeistern geformt worden und, sozusagen, Wachs in ihren Händen gewesen. Das war sicherlich nicht der Fall, vielmehr hat sich Axel Cäsar Springer von seinen jeweiligen Freunden und Mentoren stets nur dasjenige zu eigen gemacht, was ihm selbst angenehm und nützlich erschien und was in sein Konzept paßte.

Das wirft die Frage auf, ob er denn von Anfang an wußte, was er wollte, und die Antwort darauf wollen wir ihn am besten selbst geben lassen:

»Als ich vierzehn war, empfing mein Vater einen hochangesehenen Hamburger Patrizier und verhielt sich entsprechend ehrerbietig. Nachdem er endlich weg war, schlug ich auf den Tisch und rief: ›Vater, war denn das nötig? Was der ist, werde ich später auch, doch das würde mir nicht genügen!‹

Mein Vater lachte.

Meine Freunde lachten sich dann halbtot, als ich ihnen aus dem Schweinestall in der Lüneburger Heide, wo ich in den letzten Kriegstagen Zuflucht gesucht hatte, schrieb: ›Es grüßt Euch Euer Mammutverleger.‹ Ich hatte meine Pläne für die Nachkriegszeit fix und fertig ausgearbeitet und war meiner Sache sicher.

Und in Weidners Prominenten-Sanatorium – es war Anfang der dreißiger Jahre – machte ich die Bekanntschaft des Berliner Nervenarztes Professor Dr. J. H. Schulz. Er sagte, daß aus mir entweder etwas ganz Großes oder gar nichts werden würde. In seinen Lebenserinnerungen las ich später, daß ich einen sehr starken Eindruck auf ihn gemacht hätte. Er erwähnte meinen trockenen niederdeutschen Humor und die, wie er es nannte, wirklich geistvollen, schnellen Einfälle und Formulierungen.« Soweit Axel Cäsar Springer über sich selbst – in einem in der ›Zeit‹ veröffentlichten Gespräch mit Ben Witter –, wobei er dann noch rasch Martin Luther zitierte:

»Selbstbewußtsein und Demut schließen einander nicht aus, sie bedingen einander!«

Indessen, wenn sich Axel Springer auch heute, rückblickend, schon im Mai 1945 als künftiger »Mammutverleger« gesehen, seine Pläne »fix und fertig ausgearbeitet« haben und seiner Sache sicher gewesen sein will, muß doch gelinder Zweifel an der Richtigkeit dieser Darstellung aufkommen.

Hatte er damals wirklich schon den Plan gefaßt, eine Rundfunk-Illustrierte wie ›Hör zu‹ herauszugeben – ganz zu schweigen von der fix und fertigen Ausarbeitung des Erfolgsrezepts, das aus einem dünnen Programmblättchen für die Radiohörer der britischen Zone die auflagenstärkste, anzeigenprallste Familienzeitschrift der Alten Welt werden ließ ...?

Waren ›BILD‹ und ›BILD am Sonntag‹ tatsächlich bereits, wenigstens in der Idee, geboren ...?

Denn: Wenn auch Hans-Georg von Studnitz in Springers ›Welt am Sonntag‹ im Jahre 1967 die kühne Behauptung aufgestellt hat, »der Springer-Konzern ist nicht durch den Ankauf blühender Unternehmen entstanden; mit einigen Ausnahmen sind seine Organe eigene Gründungen«, so ist doch das genaue Gegenteil wahr! Beinahe alle Presseorgane des Springer-Konzerns sind *nicht* von Springer gegründet, sondern später angekauft worden. Von den sieben Tageszeitungen, die Axel Cäsar Springer auf dem Höhepunkt seiner Pressemacht gehörten, waren nur zwei, von den vierzehn Zeitschriften aller Art, samt den Sonntagszeitungen, bloß drei eigene Gründungen.

Außer den schon genannten Blättern – ›Hör zu‹, ›BILD‹ und ›BILD am Sonntag‹ – kann nur noch das ›Hamburger Abendblatt‹ Anspruch darauf erheben, eine Original-Springer-Kreation aus alten Tagen zu sein, (und später kamen dann noch die – aus den ›Nordwestdeutschen Heften‹ hervorgegangene, nach einem Verlust von rund dreißig Millionen Mark längst wieder eingestellte – Illustrierte ›Kristall‹ und die – erst 1968 gegründete und bald darauf wieder verkaufte – ›Zeitschrift für das Leben zu zweit‹ mit dem duftigen Titel ›Jasmin‹ hinzu).

Die im Mai 1945 im ehemaligen Schweinestall in der Lüneburger Heide »fix und fertig ausgearbeiteten Pläne« des damals dreiunddreißigjährigen Juniorpartners der ausgebombten Firma Hammerich & Lesser können sich also allenfalls auf das ›Hamburger Abendblatt‹ bezogen haben. Genauer gesagt: Was Axel Springer damals im Sinn gehabt haben dürfte, kann nur eine Kopie des alten ›Hamburger Fremdenblattes‹ gewesen sein, wobei er seinem Charme und seinem Glück vertraute und deshalb hoffte, diesmal nicht, sozusagen, mit dem Kleinauto hinter den großen Wagen der Hamburger Patrizier zurückbleiben zu müssen, sondern schneller starten zu können als die anderen und außerdem unter der Motorhaube etwas Besonderes zu haben: einen kräftigen Motor mit der von Meister Hans Zehrer noch als Aufforderung zu Sinnesänderung, Reue und echtem Wandel entworfenen, von Axel Springer dann auf »Hannes«-Niveau herunter entwickelten Geheimformel: »Seid nett zueinander!«

Immerhin dauerte es dann auch noch mehr als drei Jahre, ehe diese Pläne reiften. Und das ›Hamburger Abendblatt‹, das dann – nach der Währungsreform – als erste Tageszeitung des heutigen Zeitungszaren erschien, hatte nicht nur in seiner Redaktion alle noch verfügbaren ehemaligen ›Fremdenblatt‹-Mitarbeiter (und in seiner Anzeigenabteilung den sehr erfahrenen und tüchtigen früheren Annoncen-Chef des ›Fremdenblattes‹, Helmuth Klosterfelde, der samt Vertreternetz und altem Kundenstamm angeworben werden konnte), sondern auch in seiner Verlagsleitung einen alten, in allen Sparten versierten und kaufmännisch sehr geschickten Fachmann, der zufällig der letzte Direktor des ›Fremdenblattes‹ gewesen war: Karl Andreas Voß.

Dieser in der Öffentlichkeit so gut wie unbekannte Mann hat nicht allein zum Erfolg des Springerschen ›Abendblattes‹ kräftig beigetragen. Vielmehr wurde er der väterliche Freund und engste geschäftliche Berater Axel Cäsar Springers, zu dessen verlegerischer Fortune er in gar nicht abzuschätzendem Maße beigetragen hat, außerdem des späteren Presse-Konzernherrn einziger Teilhaber (weshalb die Forderung der linken Intelligenz nicht bloß »Enteignet Springer!« lauten müßte, sondern: »Enteignet Springer und Voß!«).

Obwohl sich Karl Andreas Voß, seit er die Siebzig überschritten hat – der gebürtige Magdeburger ist ein Mann des Jahrgangs 1892, fast genau zwanzig Jahre älter als Axel Springer –, von den Verlagsgeschäften immer mehr zurückzieht, ist er nach wie vor Mitinhaber der Stammfirma Hammerich & Lesser sowie von Axel Springer & Sohn, außerdem Geschäftsführer der Dachgesellschaft Axel Springer Verlag GmbH. Fast zwei Jahrzehnte hindurch des Zeitungszaren »Mr. Zehn Prozent«, mindestens zeitweise wohl auch noch höher beteiligt, ist Karl Andreas Voß, die »Graue Eminenz« und wohl gelegentlich auch die Bremse des kühn nach immer neuen Sternen greifenden Partners, inzwischen zigfacher Millionär geworden ...

Übrigens, Karl Andreas Voß war, als Axel Springer 1948 seine »Seid nett zueinander!«-Imitation des alten ›Hamburger Fremdenblattes‹ startete, nur deshalb noch frei, weil ihn die britischen Presse-Kontrolloffiziere seiner politischen Vergangenheit im »Dritten Reich« wegen – damals war man noch sehr penibel! – als »nicht tragbar« eingestuft und als Verlagsleiter der unter ihrer Aufsicht herausgegebenen ›Welt‹ rundweg abgelehnt hatten.

Ähnliches ist auch von anderen ›Abendblatt‹-Pionieren zu berichten: Otto Siemer, der erste und so erfolgreiche langjährige Chefredakteur der Zeitung, hatte seinen Schreibtisch in der ›Welt‹-Redaktion ebenfalls wegen seiner früheren Zugehörigkeit zu Nazi-Organisationen wieder räumen müssen, desgleichen Rudolf Michael, der dann bei Axel Springer, nach Bewährung beim ›Hamburger Abendblatt‹, der erste Chefredakteur der ›BILD-Zeitung‹ wurde.

Sogar der Verleger-Mentor und geläuterte einstige ›Tat‹-Barde Hans Zehrer, bei der ›Abendblatt‹-Gründung als Sonderberater an Springers Seite, mußte der leidigen Vergangenheit (*bis* 1933) wegen den Sessel des Chefredakteurs der ›Welt‹ noch in der Gründungsphase wieder räumen – wie er wähnte, nur infolge gehässiger Intrigen linksintellektueller Widersacher, denen das »perfide Albion« sein Ohr geliehen hatte.

Erst als Zehrers Freund und Meisterschüler selbst Eigentümer der ›Welt‹ geworden war, konnte der Mentor triumphierend auf den ihm zustehenden Thron zurückkehren, bekam zudem noch die Genugtuung, nicht nur als ›Welt‹-Chefredakteur die »Elite des Geistes« schulen, sondern auch als »Hans im Bild« der »unmündigen Masse« seine »totale Volksgemeinschaft« predigen zu dürfen.

Und noch einer kam damals von der ›Welt‹ – über die Redaktionen der Jugendzeitschrift ›Benjamin‹ und des britisch kontrollierten ›Spiegel‹-Vorläufers ›Diese Woche‹ – zu Axel Springers ›Hamburger Abendblatt‹, wenngleich nicht aus politischen Gründen vertrieben, vielmehr bei einigen Herren der englischen Presse-Kontrolle hoch in Gunst stehend: Ein flachsblonder junger Mann vom Jahrgang 1921 aus Meldorf in Holstein, von hoher Intelligenz, erlesenen Manieren, unerhörter Findigkeit und angenehm leiser Stimme (obwohl er im Kriege Infanterie-Unteroffizier gewesen war). Dieser junge Journalist, der so gut wie nie eine Zeile schrieb, sich aber immer nützlich zu machen wußte, glänzend zu organisieren, zu recherchieren, vor allem Beziehungen herzustellen und spielen zu lassen verstand, großartige Einfälle hatte, den Ruhm aber willig Älteren überließ, hieß Christian Kracht.

Er wurde – mit einem bescheidenen Salär von monatlich achthundert Mark – Axel Springers Adjutant und vertrautester

Mitarbeiter, stieg zum alleinverfügungsberechtigten Konzern-Generalbevollmächtigten und zum wahrscheinlich höchstdotierten Manager der Bundesrepublik auf. Allein sein Jahreseinkommen im Hause Springer – er betätigt sich daneben auch noch sehr erfolgreich an den Aktienbörsen – beträgt rund 1,3 Millionen Mark. Der Antialkoholiker und Nichtraucher, der erlesene Speisen (in halben Portionen) liebt, sein Junggesellenheim von einem Kammerdiener betreuen läßt und diskreteste Eleganz in Kleidung und Geschäftsmethoden walten läßt, scheint neuerdings in Ungnade gefallen zu sein. Unter Beibehaltung seiner Generalvollmacht zeichnet er seit dem 15. September 1968 nur noch verantwortlich für die Finanzpolitik des Springer-Konzerns, während die Oberaufsicht über alle übrigen Konzernbereiche seinem einstigen Adlatus Peter Tamm, einem tüchtigen Hamburger vom Jahrgang 1928, der zuletzt die Ullstein-Gruppe geleitet hatte, als neuem Boß übertragen wurde...

Der Mann, der mit »fix und fertigen Plänen« im Frühsommer 1945 nach Hamburg zurückgekehrt war und drei Jahre später seine erste Tageszeitung herausbrachte, war also bei dieser Gründung nicht ganz allein:

Mit von der Partie war sein alter Freund und erster Mentor, »Hannes« Hansemann, der dann bis zu seinem Tode im Jahre 1960 das ›Abendblatt‹-Feuilleton leitete...

Als »Sonderberater« wirkte auch der verspätete Prinzen-Erzieher Hans Zehrer mit, der nach seiner Vertreibung aus der ›Welt‹ die Chefredaktion von Bischof Liljes ›Sonntagsblatt‹ übernommen hatte...

Viele alte ›Fremdenblatt‹-Redakteure und -Verlagsangestellte halfen dabei, das altehrwürdige Modell zu kopieren, und der einstige ›Fremdenblatt‹-Verlagsdirektor Voß gab als neuer Teilhaber väterlich-freundschaftlichen Rat...

Auch Vater Hinrich Springer lebte noch – er starb erst im Januar 1949 in seinem Landhaus in Bendestorf –, und wenn er wohl schon längere Zeit gekränkelt hatte und seinem einzigen Sohn bei seinem kühnen Projekt nur wenig praktische Unterstützung zu geben imstande war, so nützte er ihm doch auf andere Weise: Das ›Hamburger Abendblatt‹ war ja die erste Tageszeitung der Hansestadt, die nicht mehr eine Lizenz der Besatzer benötigte, sondern eine des Senats, und an dessen Spitze stand der alte Sozialdemokrat Max Brauer, einst Bürgermeister von Altona und Freund des Herausgebers der ›Altonaer Nachrichten‹, Hinrich Springer. Die beiden hatten sich zwar aus den Augen verloren, seit Max Brauer 1933 ins Ausland hatte flüchten müssen. Aber auch dies hatte etwas Verbindendes für die Familienväter: Axel Springers einzige Schwester Ingeborg, die – wie in erster Ehe ihr Bruder – einen »nichtarischen« Partner, Frank Linder, geheiratet hatte, war mit diesem ebenfalls in die Emigration gegangen, (übrigens nach England – ein Umstand, der sich für den Bruder sicherlich nicht negativ auswirkte, als er erste Kontakte zu der für Lizenzen zuständigen Stelle der britischen Besatzungsbehörden aufnahm ...)

Trotz dieser vielfältigen Hilfe und Unterstützung bleibt die Gründung des ›Hamburger Abendblatts‹ ein Verdienst Axel Springers, denn ohne seine Intuition, seinen Charme, sein Einfühlungsvermögen und seine »Liebe zu den einfachen Menschen« wäre die schließliche Erfolgsformel nie entwickelt, hätten die unterschiedlichen Auffassungen seiner Mentoren, Ratgeber und Mitarbeiter niemals unter einen Hut gebracht werden können.

Doch vergessen wir eines nicht: Das ›Hamburger Abendblatt‹ war ja keineswegs das erste Verlagsobjekt Axel Springers! Er hatte zwischen 1946 und 1948 bereits reiche Erfahrungen sammeln und, während andere froh waren, eine Hälfte oder auch nur ein Viertel einer Lizenz zu erwischen, die Rekordmenge von zweieinhalb Zeitschriften-Lizenzen ergattern können!

Wie?

Nun, teils mit Keckheit und Charme, teils mit dem geschickt aufpolierten Image des »Hammerich & Lesser«-Verlegers, der eigentlich nur literarische Ambitionen zu haben vorgab und den darob sehr erleichterten Engländern erklärte, Politik sei ihm »wurscht«, aber er brauche eine wirtschaftliche Basis für seinen Buchverlag, zog er dem ihm sehr gewogenen und in gewissen Neigungen wohl auch wesensverwandten britischen Major Huysman zunächst die Lizenzen Nr. 67 (für die NWDR-Rundfunkprogramm-Zeitschrift ›Hör zu‹) und Nr. 68 (für die ›Nordwestdeutschen Hefte‹) aus der Nase, später auch noch eine halbe Lizenz für die Herausgabe der Frauenzeitschrift ›Constanze‹.

Von diesen zweieinhalb Lizenzen ist indes nur eine für das weitere Geschehen von großer Bedeutung, weil damit tatsächlich die wirtschaftliche Basis geschaffen wurde, von der aus sich die Springer-Unternehmen zu ihrer heutigen Größe entwickeln konnten. Denn von der ›Constanze‹ hat sich Axel Springer längst wieder zurückgezogen; die ›Nordwestdeutschen Hefte‹

und auch die Illustrierte ›Kristall‹, die dann daraus entstand und nach Millionenverlusten ihr Erscheinen 1966 einstellen mußte, sind völlig vergessen (einschließlich der Tatsache, daß in den ›Heften‹ nicht nur Peter von Zahn und Frank Thiess für Axel Cäsar Springer schrieben, sondern auch der wackere Axel Eggebrecht, der derzeitige FDP-Oppositionelle Ralf Dahrendorf, der heute totgeschwiegene Martin Niemöller, ja sogar, *horribile dictu*, der in die DDR emigrierte »Schwarze Kanal«arbeiter Karl-Eduard von Schnitzler!).

Aber aus ›Hör zu!‹, damals noch mit achtunggebietendem Ausrufezeichen, ist die Zeitschrift geworden, die mit über vier Millionen Exemplaren allwöchentlich die Kioske überschwemmt, von über dreizehn Millionen Bundesbürgern beiderlei Geschlechts mit offenbarem Genuß gelesen wird und mit dem Rekordpreis von 54720 Mark für die gewöhnliche Anzeigenseite (ohne Farbe) das meiste Geld in die Springer-Kassen scheffelt.

Der Mann, der für Axel Cäsar Springer das magere Blättchen ›Hör zu!‹ zu dem gemacht hat, was es heute ist, war Eduard Rhein, ein zierlicher, sehr auf Eleganz bedachter Rheinländer aus Königswinter vom Jahrgang 1900, vielseitig begabt, eigenwillig und recht verschroben, mit einer Vorliebe für Palasthündchen, kostbare Stickereien sowie elegante Autos mit livrierten Chauffeuren.

Erstaunlicherweise war Eduard Rhein ursprünglich Ingenieur gewesen, dann zu Ullsteins Rundfunkzeitschrift ›Sieben Tage‹ gekommen, hatte auch einige sehr erfolgreiche populär-wissenschaftliche Bücher geschrieben, das Füllschrift-Verfahren für Schallplatten erfunden und das Libretto der Operette ›Traumland‹ verfaßt.

Und ebenso erstaunlicherweise war das Blatt, dessen er sich dann für Jungverleger Axel Springer mit viel Verve annahm, anfänglich auch ein ganz nüchternes Radioprogrammheft, das – wie Rhein in der ersten Nummer versprach – »nicht eine Illustrierte ersetzen, nicht eine ›Gartenlaube‹ mit Häkelmuster und Rundfunkprogramm sein« wollte ...

Nun, wie wir wissen, sind Häkelmuster nahezu das einzige, womit ›Hör zu‹ seinen Millionen Leserinnen und Lesern bislang den grauen Alltag noch nicht versüßt hat. Ansonsten hat die Zeitschrift aber unter Rheins Chefredaktion wahrhaftig kein ›Gartenlauben‹-Element sich anzustricken versäumt ... !

»Dem regelmäßigen ›Hör zu‹-Leser muß sich die Welt im

wesentlichen als eine Ansammlung putziger Tiere, herziger Kinder, fleißiger Bastler, treuer Jubilare, alter Volksbräuche, ulkiger Kuriositäten und verrückter Damenhüte darstellen«, bemerkte schon Rolf Becker vor fast einem Jahrzehnt in einem dem Blatt gewidmeten Aufsatz im ›Monat‹ mit dem sehr bezeichnenden Titel ›Die entfesselten Gartenzwerge‹, worin es dann weiter hieß: »Da sehen wir Nick, das Eichhörnchen, oder Hansl, das Kaninchen, einen Fischotter in Stiefeln oder Mäxchen Goldhamster vor dem Rasierspiegel; wir sehen Kinder bei Muttis Waschtag, Kinder beim Nikolaus, Kinder am Grab ihrer verstorbenen Tierfreunde, und wir sehen das Modell einer Kirche, das Nürnberger Friseurmeister in dreijähriger Arbeit aus Haaren gebastelt haben. Dem, der brav ›bei seinem Leisten‹ bleibt, wird eine Geborgenheit suggeriert, die ihm nach den tatsächlichen Anforderungen der modernen Produktionsverhältnisse nicht mehr garantiert werden kann. Ähnliche romantische Ablenkung ... ist die Verherrlichung kurioser Handarbeiten, pittoresker Basteleien (Geschnitztes hält man dabei offenbar für ganz besonders ›persönlich‹) – recht zweifelhafte Tröstungen für die, die unter der ›unpersönlichen Kälte‹ moderner Berufstätigkeit leiden ...«

Den Siegeszug von ›Hör zu‹ führten der Redaktions-Igel Mecki und Charly Pinguin an, gezeichnet von Reinhold Escher und dem früheren Maler heldischer Gestalten – vom kühnen Wikinger bis zum tapferen, blonden SS-Führer – Wilhelm Petersen. Und das wichtigste Element der Zeitschrift, in der das Radio- und Fernsehprogramm immer mehr in den Hintergrund trat, wurde der »große« Roman, der von einem Autoren-Kollektiv unter Mitwirkung des Chefredakteurs und dem Sammel-Pseudonym »Hans Ulrich Horster« verfaßt wurde. »Dem festgelegten Handlungsschema nur in großen Zügen folgend, konnte sich das Team fast fortsetzungsweise der Leserreaktion anpassen und ein Maximum von Identifizierung erzielen, das gleichbedeutend mit kommerziellem Erfolg war«, bemerkt dazu Hans Dieter Müller in seiner Konzern-Studie, und Heinz Klüter, der die ›Hör zu‹-Romanserien analysiert hat, kommt zu dem interessanten Ergebnis, daß sie alle die gleiche Handlungsstruktur aufweisen: »Immer geriet eine Zentralfigur in den Verdacht, eine bestimmte Tat begangen zu haben, an der sie aber nur indirekt oder moralisch beteiligt war. In langen dramatischen Versuchen gelingt es in letzter Minute, die Indizien zu widerlegen, und jeder Makel einer Tatschuld fällt. Das Erstaunliche ist aber, daß jetzt in diesem Moment von der moralischen Schuld ... keine Rede mehr ist. Die Art der Schuldverdrängung ist klar: gelingt es, die Tatschuld zu widerlegen, so fällt auch die moralische Schuld. Wie der Romanleser kann sich der Deutsche mit der Formel befriedigen: Nichts getan, nichts gewußt, nicht betroffen ...«

Rhein und seine Mannschaft betrieben die systematische Anpassung an einen spießigen, altmodischen, kitschig-sentimentalen und von Selbstbemitleidung geprägten Publikumsgeschmack als ein kühles, genau kalkuliertes Geschäft, mokierten sich auch gern über ihre eigenen Schöpfungen, ließen sich aber von den ihre kühnsten Erwartungen übertreffenden Erfolgen zu immer neuen »Gartenzwerg-Entfesselungen« hinreißen. Am Ende konnte, so stellt auch Wilhelm Backhaus in seinem Springer-Psychogramm erleichtert fest, selbst der dank ›Hör zu‹ immer reicher werdende Zeitungszar das Blatt nicht mehr ansehen, und der »diabolisch-geniale« Eduard Rhein wurde in Pension geschickt. Als zigfacher Millionär, ausgezeichnet mit dem Großen Bundesverdienstkreuz und gewiß auch mit einem »Goldenen Mecki«, lebt der »Charly Pinguin« des bundesdeutschen Zeitschriftenmarktes heute beschaulich an der Côte d'Azur.

Natürlich färbten die Erfahrungen, die mit ›Hör zu‹ gesammelt wurden, auf das ›Hamburger Abendblatt‹ ab, und »Hannes« Hansemann, aber auch der um verkaufsfördernde Einfälle nie verlegene Christian Kracht und – *last, not least* – Axel Springer selbst, der stets mit großer Intuition den Publikumsgeschmack zu treffen verstand, taten ein übriges, daß aus dem ›Hamburger Abendblatt‹ nur die eine Hälfte dessen wurde, was sich seine Gründer eigentlich davon erträumt hatten:

Denn die Zeitung war zwar geschäftlich ein großer Erfolg, aber sie entfernte sich dabei ziemlich weit von ihrem so seriösen und altehrwürdigen Vorbild, dem einstigen ›Hamburger Fremdenblatt‹. Das aber konnte niemand schmerzlicher empfinden als der ja nicht allein nach Reichtum und Bestätigung seiner verlegerischen wie journalistischen Fähigkeiten, sondern auch nach gesellschaftlichem Prestige und vor allem nach Anerkennung durch das hanseatische Patriziat lechzende Axel Springer aus Altona.

So ergriff er, dabei ausnahmsweise nicht gebremst, sondern noch angespornt von seinem Teilhaber Voß, im Jahre 1953 die einmalige Chance, eines der großen, internationale Beachtung findenden Blätter in die Hand zu bekommen, nämlich die von den englischen Besatzern gestartete, nach dem Vorbild der ›Times‹ und des ›Guardian‹ konzipierte und seit dem Ende des Lizenzzwanges in immer größere wirtschaftliche Schwierigkeiten geratene überregionale Tageszeitung ›Die Welt‹. (Dabei ist anzumerken, daß Springer zu dieser Zeit, außer dem ›Hamburger Abendblatt‹, schon eine weitere Tageszeitung hatte, auch eine von überregionaler Bedeutung und sogar eine, die er selbst gegründet hatte: ›BILD‹, das Groschenblatt der Wirtschaftswunderjahre. Doch ehe wir uns dieser ohne Zweifel schönsten Perle im Kollier der Springer-Blätter zuwenden, sei kurz berichtet, wie es kam, daß Axel Cäsar Springer auch Herr der ›Welt‹ werden konnte...) Er selbst erzählte später gern, die Herren in London hätten ihm ihr Blatt wohl in der Überzeugung überlassen, daß man einem Manne, der sich eigene Pferde halte, getrost auch eine Zeitung anvertrauen könne. Aber das ist natürlich nur hübsch erfunden (und psychologisch sehr aufschlußreich).

In Wahrheit gelang ihm sein Coup, weil er es fertigbrachte, den verschiedensten Leuten jeweils andere und einander widersprechende Beweise seiner Vertrauenswürdigkeit zu geben: Für Mr. Steel McRitchie, den Repräsentanten Londons bei der ›Welt‹, war er ein anglophiler Hanseat, der sich für Golf, Hunde und Pferde interessierte, nicht dagegen für Politik, außerdem die ›Welt‹ nicht etwa schlucken, sondern völlig unabhängig lassen und nur durch lose Zusammenarbeit auf wirtschaftlichem Gebiet krisenfest machen wollte...

Zusätzlich und speziell für die in England regierende Labour-Partei, konnte Mr. Springer auf die diversen Verfolgungen hinweisen, denen seine Familie während der Zeit des »Dritten Reiches« ausgesetzt war, auch auf ein traditionell gutes Verhältnis zu den deutschen Sozialdemokraten, beispielsweise zu Max Brauer... Dem bundesdeutschen Kanzler und Christdemokraten-Führer Konrad Adenauer versicherte Axel Springer, er werde als ›Welt‹-Verleger auf eine staatsbejahende, regierungsfreundliche, zumindest außenpolitisch streng loyale Haltung des Blattes achten und über seinen Freund Erik Blumenfeld, der auch das Gespräch mit dem Bundeskanzler vermittelte, guten Kontakt zum Palais Schaumburg halten; auch sei er, Axel Springer, ja ohnehin ein in christlich-konservativen Traditionen großgewordener Mann...

Ja, und dann waren da noch zwei Herren, die es zu überzeugen galt: Der hochangesehen und tüchtige, um die Erhaltung seines Blattes wie ein Löwe um sein Junges kämpfende ›Welt‹-Verlagsleiter Heinrich Schulte, Ostfriese aus Dornum vom Jahrgang 1902 und wegen seiner patriarchalischen Strenge »König Heinrich« genannt, sowie der Chefredakteur des zum ›Welt‹-Verlag gehörenden Wochenendblattes ›Welt am Sonntag‹, Bernhard Menne.

Menne, Westfale aus Fredeburg vom Jahrgang 1901, streng katholisch erzogen, ehemaliger Priesterseminarist, der dann orthodoxer Marxist geworden war und seine unbestreitbaren journalistischen Talente in den Dienst der kommunistischen Kampfpresse gestellt hatte, schloß sich in der Emigration einer linken Splittergruppe an, die den deutschen Sozialdemokraten »sentimentale Deutschfreundlichkeit« vorwarf und in Lord Vansittarts Haßgesänge gegen die »Teutonen« einstimmte. Erst bei der ›Welt am Sonntag‹ fand Bernhard Menne zum rechten Nationalismus zurück, außerdem zu ausgedehntem Privatleben, dessen Stil seine Pagenfrisur und die zum Duffle-Coat getragenen weißgeflochtenen Sandalen kennzeichnen.

Mit dem Angebot eines sehr großzügigen und zudem unkündbaren Vertrages konnte Axel Springer die Sympathien Bernhard Mennes rasch gewinnen, was insofern wichtig war, als Menne in dem Gremium, das die ›Welt‹-Verkaufsverhandlungen führte, zwischen Steel McRitchie und Heinrich Schulte zu dolmetschen hatte, da Schulte des Englischen nicht mächtig war.

Heinrich Schulte selbst gewann Axel Springer dadurch für sich, daß er auf die Unabhängigkeitswünsche des »Königs Heinrich« einging, ihm volle Autonomie und Erhaltung seines Gottesgnadentums zusicherte, zudem natürlich gleichfalls einen sehr nobel dotierten Anstellungsvertrag auf Lebenszeit . . .

Den eigentlichen Kauf des ›Welt‹-Verlages führte dann im Herbst 1953 Axel Springers Freund und Teilhaber Karl Andreas Voß durch, und es gelang ihm einen erstaunlich niedrigen Preis auszuhandeln: weniger als zwei Millionen Mark!

Für diese bescheidene Summe, die zudem nur zum geringsten Teil bar zu erlegen war, wurden Springer und Voß nicht nur die Herren der ›Welt‹, sondern erwarben zugleich auch die Nebenprodukte des ›Welt‹-Verlages, insbesondere die ›Welt am Sonntag‹ und das die »Soraya-Presse« anführende ›Neue Blatt‹, außerdem wertvolle Grundstücke und Gebäude nebst intakter Großdruckerei in Essen, ein eingespieltes Vertriebsnetz sowie

– über das zum Verlag gehörende Reisebüro – eine sechsunddreißigprozentige Beteiligung an der »Hummel-Reise GmbH & Co. KG«.

Allein die »Hummel-Reisen« dürften Axel Cäsar Springer schon binnen kurzem den gesamten Kaufpreis wieder eingebracht haben, so daß das Ganze ein glänzendes Geschäft war – ganz zu schweigen von dem Prestige-Gewinn, den ihm der ›Welt‹-Kauf eintrug, denn nun war er ja endlich der Verleger eines international angesehenen Blattes ... !

Der einzige Schönheitsfehler war in dem Umstand zu sehen, daß nach Absicht der Verkäufer wie auch nach Sinn und Buchstaben des Kaufvertrages die Herren Springer und Voß gar nicht Alleineigentümer der ›Welt‹ geworden waren und es infolgedessen eigentlich auch heute noch nicht sind. Denn Minderheitseigentümerin mit sehr gewichtigem Mitspracherecht sollte eine Stiftung sein, deren Präsident Otto Andreas Friedrich wurde. (Er ist heute persönlich haftender Gesellschafter der Friedrich Flick KG; sein Bruder, Professor Carl J. Friedrich, angesehener Staatsrechtler der Heidelberger und der amerikanischen Cambridge-Universität, ist ein Duzfreund Axel Springers; ein weiterer, jüngerer Bruder, Hans Eberhard Friedrich, leitet seit Jahren den Kulturteil der ›Welt‹ ...)

Die Stiftung führte indessen nur ein Schattendasein, und hat, selbst als sie noch nicht in die »Springer-Stiftung« umgewandelt worden war, auch nicht ein einziges Mal auf die Verlags- und insbesondere die Personalpolitik spürbar Einfluß genommen. Sie spielte etwa die Rolle des Reichstages nach Verabschiedung der Ermächtigungsgesetze.

Um bei den historischen Vergleichen zu bleiben: Auch der wackere »König Heinrich« Schulte, schon bald nach Springers »Machtergreifung« in eine Hindenburg-Rolle gedrängt, war zwar, solange er lebte, bemüht, die Verfassung, sprich: die verlegerische und redaktionelle Eigenständigkeit der ›Welt‹ einigermaßen zu wahren. Aber seine eigenen Prestige-Ansprüche standen dabei im Vordergrund. Immerhin erkannte er bald, einen großen Fehler begangen zu haben, nur war es da bereits zu spät für eine Korrektur ...

Heinrich Schulte starb am 13. März 1963 auf seinem Landsitz im Salzkammergut. Axel Springer ehrte den toten König mit gewaltigen Todesanzeigen, in denen es hieß, Schulte habe seine Kraft für die Blätter verzehrt, »deren Leitung ich ihm übertragen hatte«. Daß dann auch noch der Name des Verstorbenen um einige Grade kleiner gedruckt wurde als der des hinterbliebenen Zeitungszaren, war nur noch eine kleine, das Bild vervollständigende Arabeske...

Redaktionell entwickelte sich die ›Welt‹ – seit Axel Cäsar Springers »Machtergreifung« selbstverständlich wieder unter der Leitung von Hans Zehrer, der zwischenzeitlich nicht nur Bischof Liljes ›Sonntagsblatt‹ redigiert, seinen Meisterschüler beraten und nebenbei auch noch das Programm jener Partei entworfen hatte, aus der Adolf von Thadden und seine Mannen hervorgegangen sind, der DRP – nach und nach zu dem, was sie heute ist.

Zunächst schien, von Zehrers Leitartikeln abgesehen, so ziemlich alles beim alten zu bleiben. Aber allmählich begann Axel Springer, dessen ursprüngliche Beteuerungen politischen Desinteresses möglicherweise ganz aufrichtig gewesen waren, Gefallen daran zu finden, die ›Welt‹-Redaktion und ihren Chef ein wenig zu gängeln, ihnen seine persönlichen Ansichten erst zu dem einen oder anderen speziellen Thema, dann zu all und jedem aufzudrängen.

»Es wäre nur gutgegangen«, meint dazu Hans Dieter Müller, »wenn der Verleger selbst geschrieben, die Redaktion geleitet hätte. So machte er jedoch die Zeitung, ihren Leiter, ihre Redakteure zu Werkzeugen eines fremden Willens. Als Datum wird man, parallel zur Politisierung der ›BILD-Zeitung‹, das Jahr des verstärkten Berlin-Engagements 1957 ansetzen können, an dem die falschen Prognosen des ›Welt‹-Chefredakteurs vermutlich einen wesentlichen Anteil hatten. Als die Moskau-Reise des Verlegers Anfang 1958, erster Höhepunkt der illusionären persönlichen Diplomatie, in Ernüchterung endete, die kalten, harten Umrisse dessen, was Politik war, unmißverständlich sichtbar wurden, entglitten dem Mentor die Zügel der Richtlinienkompetenz endgültig. Der Verleger selber wurde zum ›Realpolitiker‹. Wie alles, verband er auch die neue Politik der Härte mit starken Emotionen. Wenn nur so, mit harter Konsequenz, den Russen etwas abzuzwingen war, mußte man auch mit der Zeitung ›politisch‹ handeln... Es begann die Zeit des persönlichen Regiments, der morgendlichen Telefongespräche (mit Zehrer) von sieben bis neun, der ›AS‹ gezeichneten Zettel und Randbemerkungen in der Zeitung: ›Wieso?‹, ›Warum?‹, ›War das nötig?‹... ›Ich muß mich von Sethe trennen, er macht mir die Wiedervereinigung kaputt‹, hieß es etwa, oder: ›Ich werde Deutschland wiedervereinigen, ob Sie es glauben oder nicht‹ zu Joachim Besser, der sich in einem Buche, in einer Vorladung heftig dafür getadelt, skeptisch darüber geäußert hatte. Seit er bei der ›Welt‹ sei, müsse er über Ereignisse schreiben, die gar nicht stattgefunden hätten, beklagte sich ein Auslandskorrespondent in einer späteren, noch schlimmeren Phase; andere fühlten sich durch gewaltsame, verdrehende Überschriften und Kürzungen um ihren guten Ruf gebracht.

Das Gefühl für schriftstellerische Qualität, für die Individualität von Journalisten sei Axel Springer damals gänzlich abgegangen, er sei zum Propheten geworden, der Gehorsam fordert, sagt Paul Sethe, dessen Urteil um so schwerer wiegt, als er ein Bewunderer des genialen Unternehmerjournalisten blieb. Das mag sich unbewußt vollzogen haben, mehr ermunternd, bloß nahelegend, freundschaftlich gemeint gewesen sein: auf die beweglicheren Geister in der Redaktion wirkte es lähmend...«

Das Resultat dieser wachsenden Bevormundung durch den – zumal seit seiner mißglückten Reise nach Moskau in Begleitung von Zehrer, Kracht und anderen engen Freunden, die Deutschland die Wiedervereinigung bringen und seinem Konzern ein neues Missionsgebiet in Mitteldeutschland erschließen sollte – von der Notwendigkeit einer »Politik der Härte« durchdrungenen Verleger war das, was die Informationsabteilung der ›Welt‹ später eine ganz »natürliche und unvermeidbare Fluktuation« genannt hat, der politische Ressortleiter Kurt Becker aber, der am Ende auch ging, als »Ausblutung der Redaktion« bezeichnete.

Teils einzeln, teils in Gruppen, verließen das Blatt nach und nach eine ganze Reihe von namhaften Mitarbeitern, darunter einige der besten Federn des deutschen Journalismus, von denen man sich heute gar nicht mehr vorstellen kann, daß sie einmal für Springers ›Welt‹ schrieben (und schreiben durften)!

Zu denen, die dem Blatt den Rücken kehrten, als Axel Springers Einmischungen überhandnahmen, gehörten die Ressort-Chefs Kurt Becker (Innenpolitik), Gert von Paczensky (Außenpolitik) und Horst Egon Peets (Sport), die Leitartikler Gösta von Uexküll und Peter Grubbe, der Chefreporter Joachim Besser und die Auslandskorrespondenten Thilo Bode, Herbert von Borch, Christian vom Ende, Fritz von Globig, Wolfram Köhler und Peter Meyer-Ranke...

Auch der inzwischen verstorbene Paul Sethe, langjähriger Mitherausgeber der ›Frankfurter Allgemeinen Zeitung‹ und einer der angesehensten deutschen Publizisten, verließ grollend die Redaktion der ›Welt‹, für deren Verleger er soviel Bewunderung gehegt hatte. 1962 ließ er sich noch einmal dazu bewegen, zurückzukehren. Drei Monate später ging er dann endgültig... Mit »Blick zurück im Zorn« schieden auch Sebastian Haffner, Erich Kuby, Gerhard Gründler und der Satiriker Eckart Hachfeld – heute sämtlich Redakteure oder Mitarbeiter des ›Stern‹ –, am Ende auch ›Welt‹-Feuilleton-Chef (und verantwortlicher Redakteur der Beilage ›Welt der Literatur‹) Georg Ramseger.

Die Anlässe der Kündigungen waren unterschiedlich: Der hervorragende Kolumnist Sebastian Haffner, beispielsweise, verzichtete auf eine weitere Mitarbeit bei Springers ›Welt‹, als das Blatt seine unverblümte und mutige Stellungnahme zur ›Spiegel‹-Affäre unterdrückte. Georg Ramseger hatte dagegen zu Gerüchten über einen Verkauf des renommierten S. Fischer Verlages geschrieben, es hätten da Leute ihre Hand im Spiel, »deren Anteilnahme sich weder aus der Fülle noch aus dem Gehalt ihrer Bücherschränke herleiten« ließe, (wobei er wohl nicht ahnte, daß Axel Springer selbst zu den Interessenten gehörte). Darob von Chefredakteur Hans Zehrer am Telefon zunächst mild getadelt, dann aufgeklärt, ließ sich Ramseger zu einer Antwort hinreißen, die den Zeitungszaren mit sehr anschaulichen Verbalinjurien aus der Analsphäre bedachte.

Vielleicht hätte Hans Zehrer, damals schon des ewigen Zankes müde, der zwischen seinen Redakteuren und seinem Verleger, Freund und Meisterschüler herrschte, über die drastischen Schimpfworte hinweggehört. Doch Axel Springer stand neben ihm und lauschte mit...

Alles in allem läßt sich sagen, daß noch kein bundesdeutsches Blatt von Bedeutung, vorher oder nachher, einen solchen Verlust an Spitzenkräften zu verzeichnen gehabt hat wie Springers Prestige-Organ ›Die Welt‹.

Die Zeitung verlor nicht nur die bessere Hälfte ihrer redaktionellen Mannschaft, sondern damit zugleich auch Gesicht und Niveau. Denn den Schwund an Geist und Liberalität suchte der Verleger dadurch auszugleichen, daß er das Blatt einem Schwarm von strammen Rechten überließ, die zudem der »Stimme ihres Herrn« blindlings folgten. Und bald konnte die neonazistische ›Deutsche National- und Soldatenzeitung‹ mit tiefer Befriedigung feststellen: »Man findet jetzt in der ›Welt‹ Auffassungen, die vor fünf oder acht Jahren Gedankengut der ›Nationalzeitung‹ waren...«

Das sonntägliche Schwesterblatt, die ›Welt am Sonntag‹, mußte sich gewaltig anstrengen, seine Rechtsaußen-Stellung zu halten. Um nicht von der ›Welt‹ in Nationalismus und Kaltem Kriegsgeschrei übertrumpft zu werden, zogen Chefredakteur Bernhard Menne sowie sein Star-Kolumnist und Freund aus alten Tagen, William S. Schlamm, alle Register.

Schlamm, der typische Intellektuelle mit funkelnden Brillengläsern und scharfer Zunge, einst Kommunist und Chefredakteur der Wiener ›Roten Fahne‹, wetterte fortan gegen die »Wadenbeißer und Hosenzerreißer« der »intellektuellen Linken«, gegen »schwachbrüstigen Pazifismus« und »Wehners Maskerade der verbürgerlichten SPD«, von der sich niemand täuschen ließe, gegen die »Linkspresse«, die »einer verschandelten Jugend grinsend den Hof macht« sowie auch – man könnte es fast für Selbstironie halten – »den hämischen Slang der Intellektuellen, die boshafte Ranküne dieses Intellektuellen-Deutsch«...

Er forderte »offensives Denken«, auch nach außen, natürlich nur gen Osten: »Die Bundesrepublik – das ist das eine und einzige Deutschland, dessen Gebiete östlich der Elbe immer noch von fremden Truppen besetzt sind«, schrieb der aus Przemysl gebürtige Wiener mit amerikanischem Paß. »Und das einzige deutsche Provisorium ist dieser widernatürliche, dieser unerträgliche Besatzungszustand. Da die fremde Besatzungsmacht im Osten ihre Position offenbar nicht aus freien Stücken räumen wird, muß sie von der Notwendigkeit der Räumung überzeugt werden. Wie? Das hängt natürlich davon ab, wie man die Stärken, die Schwächen, die Interessen, die Nervenzustände dieser Ostmacht einschätzt.«

Wie William S. – vormals Willi – Schlamm die Dinge einschätzt, was ihn als Amerikaner »an der deutschen Außenpolitik stutzig macht, ist ... ihre total unglaubwürdige Leisetreterei. Dieser Leisetreterei ein Ende zu bereiten, ist die vornehmste und dringlichste Aufgabe...«

Er entledigt sich ihr, indem er eine Atomkriegs-Garantie der USA für die volle Souveränität Deutschlands verlangt. »Wenn die Vereinigten Staaten diese Verpflichtung nicht eingehen wollen, beginnt Deutschland ohne Verzug mit der Entwicklung seiner eigenen Atomwaffe...«

Aber es muß nicht unbedingt ein unter den Augen der offenbar sorglos oder eingeschüchtert zuschauenden Sowjets vorbereiteter Atomschlag sein, der »Deutschland zu seinem Recht verhilft«. Es gibt für die Leser der ›Welt am Sonntag‹ noch andere sehr verlockende Möglichkeiten, die William S. Schlamm aufzeigt, damit die Deutschen sie in ihrem Herzen bewegen mögen. Als Beispiel dient ihm Israels »Blitzkrieg« gegen seine arabischen Nachbarn im Sommer 1967.

Dieser verblüffend schnelle, wuchtig geführte Angriff mit »konventionellen« Waffen hat, laut Schlamm, »Tatsachen gesetzt« und, ungestört vom Gleichgewicht der Atommächte, eine »geschichtsformende Umwälzung im engen Raum« ermöglicht, ein »neues Bewegungsgesetz« in die Weltpolitik eingeführt. Alles in allem, meint Schlamm, hat »niemand von Israels Haltung mehr zu lernen als Deutschland«...

Nun ist aber William S. Schlamm keineswegs der eine extravagante Außenseiter, den eine große Sonntagszeitung sich leistet, damit ihre Leserschaft auch einmal eine groteske Gegenstimme vernimmt. Er ist nur der Genialste der Demagogen und Schwärmer, die in Axel Cäsar Springers ›Welt am Sonntag‹ teils Kalten Krieg, teils »Mut zur Macht und Geschichte« predigen, wobei wir es uns versagen wollen, die Braune Garde, die sich um die beiden einst roten Renegaten Menne und Schlamm versammelt hat, näher in Augenschein zu nehmen. Und was ›Die Welt‹ betrifft, so suchte sie – wie Hans Dieter Müller es formuliert hat – »aus der Anlehnung an die Staatsmaschine sich jenen Rest von Seriosität zu bewahren, den sie durch den Verfall ihres intellektuellen Niveaus längst verloren hatte«. Dabei rückte das Blatt beinahe zwangsläufig immer weiter nach rechts, entfernte sich immer mehr von seinem einstigen hohen Ziel und gab in seinen Spalten einem »reaktionären Ernstfall-Konservativismus« Raum. Alte Männer in jugendlichen Kostümen betraten die Bühne, frei nach Karl Marx: »Komödianten einer Weltordnung, deren wirkliche Helden längst gestorben sind«...

Das wirft die Frage auf, ob Axel Cäsar Springer diese Entwicklung gewollt hat und noch will; ob er sie angestrebt oder nur gefördert, vielleicht auch bloß geduldet hat; ob er die Wahrheit sagte, als er beim ›Welt‹-Kauf den Engländern versicherte, Politik sei ihm »wurscht«.

Die Antwort auf diese Fragen ist gewiß nicht einfach, aber sicher ist, daß man Axel Cäsar Springer bitteres Unrecht tut, wenn man ihn – wie es gelegentlich von empörten jungen Leuten zu hören ist – schlicht einen »Faschisten« nennt, ihm finstere Absichten unterstellt, womöglich eine Verschwörung gegen Freiheit, Fortschritt und friedliche Nachbarschaft, die er gar von Anbeginn an schurkisch-genial geplant haben könnte.

Von alledem kann, mindestens was den Vorsatz betrifft, nicht die Rede sein. Wenn sich trotzdem sein Imperium zu einer Gefahr für die Demokratie, seine Blätter zu Instrumenten restaurativer Politik und einer Massenbeeinflussung im Sinne eines neuen »Ordnungsstaates« entwickelt haben, so gibt es dafür eine ganz einfache Erklärung:

Nicht Axel Springer hat das, was entstanden ist, gewollt. Er hat sich aber auch nicht bloß von der Entwicklung treiben lassen. Vielmehr ist es ihm gegeben, Strömungen der Gesellschaft, aufkommende Trends und Konsumwünsche der Masse ebenso vorauszuahnen wie die individuellen Hoffnungen, Absichten und Schwächen einzelner. Und in perfekter Anpassung an alles, was ihm persönlichen wie unternehmerischen Erfolg zu bringen versprach, hat er die Impulse aufgenommen und verstärkt zurückgeworfen, auf das Echo wartend und sofort zu neuer Verstärkung bereit, dabei nur auf zweierlei achtend: den geschäftlichen wie privaten Nutzen und die Einhaltung einiger weniger Spielregeln, die er selbst ganz sanft definiert hat als »die vier Kompaßpunkte einer toleranten Weltanschauung«: Eintreten für die Wiedervereinigung Deutschlands, Aussöhnung zwischen Deutschen und Juden, Ablehnung jeder Art von Totalitarismus und Förderung der sozialen Marktwirtschaft.

Ehe wir, anhand der ›BILD-Zeitung‹, der zweifellos eindrucksvollsten verlegerischen Leistung Axel Springers, sowohl die Richtigkeit der aufgestellten These von der perfekten Anpassung als auch die Frage prüfen wollen, ob der Zeitungszar seine Spielregeln selbst einhält, vielleicht auch nur anders auslegt als man erwarten kann, seien der Kuriosität halber einige mehr oder weniger fachmännische Urteile über den politischen Menschen Axel Springer zitiert:

Nach Wilhelm Backhaus wird er »durchaus nicht, so erfolgreich er auch war, von einem durch und durch realistischen Unternehmerverstand bewegt und gelenkt, sondern zunächst einmal von Gefallsucht und stark weiblicher Einfühlung, von einem sensitiven Vermögen geschickter Anpassung; nicht ohne Zusammenhang mit diesen, sehr wohl als unzulänglich empfundenen Eigenschaften entsteht dann das Gefühl der Schwäche und davon wiederum ausgelöst die Sucht nach Macht.«

Paul Sethe hat Springer »einen Mann von grenzenloser Subjektivität« genannt, abgeneigt allem Maß und Ausgewogenen, ohne Sinn für Objektivierung, dabei genial begabt für Menschen, wenn auch selten zum Guten der Betroffenen. »Schickt ihn für zehn Jahre als Botschafter nach Moskau, dann ist er von seinen Träumen kuriert und seine Begabung ist genutzt«, pflegte der zwischen Bewunderung und Ablehnung schwankende Sethe von seinem Verleger auch mitunter zu sagen.

Hans Dieter Müller hat eine besonders scharfsinnige Analyse des politischen Menschen Axel Springer gefunden, dessen hohe Intelligenz er lobt, um dann fortzufahren: »Gleichwohl ist der Verstand, der in seinen eigenen Interessen so instinktsicher politisch reagiert, nicht eigentlich politisch... Politik als beharrliche Kunst des Ausgleichs, der hartnäckigen Überwindung von Friktionen im Rahmen der Spielregel paßt nicht zu den leichten Visionen. Ihre Trockenheit langweilt auch. In Konferenzzimmern riecht es schlecht, Politiker und Beamte tragen meist unmögliche Anzüge, reden weitschweifig oder in umständlicher Gesetzessprache, zwischen Tabakrauch, Aktenluft und Mineralwasser geht es prosaisch zu, auch auf dem Feld der internationalen Politik herrschen die Juristen. Ein solcher Schauplatz hat wenig mit der Welt der großen Politik zu tun, wie sie Hans Zehrer romantisch ausmalte...

Der beredte Verteidiger der Plebejer, des ›Mannes auf der Straße‹, verabscheut die Plebejer, wenn sie regieren; er möchte eine Demokratie ohne den Geruch der Demokratie, ohne die lästigen vermittelnden Institutionen, die seine Gefühle einengen, er möchte sie direkt. Unangemessene Ziele, blinde Subjektivitäten, eine Politik, die selbstisch wirken muß, sosehr sie ihre Selbstlosigkeit propagiert und selber an sie glaubt, sind die Folgen dieses Mißverständnisses.

Was Axel Springer so lange über die Grenze seiner Begabung hinwegtrug, mag selber die Ursache dieser Grenze sein: das Glück. Glück und Erfolg bei den Massen verschaffte das antäische Gefühl der Macht. Glück bringen, Glück haben wollen war der Hauptantrieb in der privaten wie in der geschäftlichen Sphäre. In der öffentlichen ersetzt es, wenn nicht das Wahrnehmen der eigenen Vorteile, die gesellschaftliche Praxis, so doch das Nachdenken über sie, die gesellschaftliche Reflexion. Wo aber keine gesellschaftlichen Ursachen sind, muß anderes sein, die Gunst der Stunde, das Walten von Schicksalsmächten, wenn nicht Höheres, Gnade, Sendung, Auserwähltheit. Wer es so weit fast wie von allein bringt, glaubt wohl an die Sterne und ihre Deuter, politische wie andere...«

Rudolf Augstein schließlich sieht in Axel Springer einen Mann, der auch im Politischen »nie die Ebene der Public Relations und des Verkäufer-Genies« verlasse, allerdings auch einen, der sich »simpler Kategorisierung entzieht«, ausgestattet mit Widersprüchen, die »nur notierbar, nicht auflösbar« seien. Und Konrad Adenauer, von eben diesem Rudolf Augstein im Dezember 1966 um seine Meinung über Springers Politik befragt, erkundigte sich nur, scheinbar verwundert: »Ja, hat denn der Herr Springer überhaupt politische Ansichten...?«

Derselbe Konrad Adenauer, von Karl Silex, Chefredakteur des Westberliner ›Tagesspiegels‹, und dessen Verleger Franz Karl Maier mit gebotenem Respekt sanft dafür gerügt, daß er sie, die Frontstadt-Elite, nur nach monatelanger Anmeldung und dann für kaum eine Stunde empfange, dagegen ›Welt‹-Korrespondenten und ihren Verleger Axel Springer jederzeit und ohne Rücksicht auf die Uhr, erwiderte darauf zur Verblüffung der beiden mit lobenswerter Offenheit:

»Meine Herren, da empfange ich nicht die ›Welt‹ oder den Herrn Springer, da empfange ich die ›BILD-Zeitung‹...!« Das Blatt, das sich bei dem hochbetagten »Vater des Vaterlandes« so großer Gunst und – für ›Die Welt‹ wenig schmeichelhafter – Vorliebe erfreute, erschien erstmals am 24. Juni 1954 und drohte zunächst ein verlegerischer Mißerfolg zu werden: Bis zum Jahresende blieb die Auflage weit unter den Erwartungen, nahm gegenüber der Startwoche kaum zu, eher noch etwas ab, und war weit davon entfernt, die Zeitung rentabel zu machen. Auch – und das war sicherlich der Grund für den geringen Erfolg – hatte das damalige ›BILD‹ so gut wie gar keine Ähnlichkeit mit dem späteren Massenblatt: Es fehlte die gewaltige, beinahe gewalttätige Schlagzeile, auch der – wenn man es so nennen kann – Lesestoff. Tierliebe, beschaulicher Humor und hausbackene Erbauung waren damals die Hauptelemente des weitgehend aus mittelmäßigen Agenturfotos mit dürftigen Unterschriften, Gemälde-Reproduktionen (»Jeden Tag ein gutes Bild betrachten!«) und drei Comic-strip-Serien (›Bei Lottchen geht es lustig zu‹, ›Zwei Jungs unterwegs in Afrika‹ und ›Spione von der anderen Erde‹) bestehenden Angebots. Und auf Seite 2 predigte Prinzen-Erzieher Hans Zehrer nun Tag für Tag dem einfachen Volk, wie großartig es sei, so wunderbar, daß es immerfort vor sich selbst den Hut ziehen könne. (»Wir jedenfalls werden es jeden Morgen von neuem tun!«)

Am zweiten Tag seines Erscheinens auf dem bundesdeutschen

Zeitungsmarkt meldete ›BILD‹, ein »über die Maßen begeisterter Leser« habe sich gemeldet und der Redaktion einen wunderschönen Langhaardackel überreicht: »Nehmt ihn hin, er heißt ›Rübezahl‹ und sei fortan euer Redaktionsdackel!«

Der enthusiasmierte Dackelspender wurde namentlich nicht genannt. Er hieß Axel Cäsar Springer.

Nach dem ersten Mißerfolg, trotz »Rübezahl«, »Hans im Bild«, Horoskop und selbstverfaßten Leserbriefen, begann, was Hans Dieter Müller »die allen Springer-Objekten eigentümliche Phase der Anpassung an die Bedürfnisse des Marktes« genannt hat. »Sie dauerte nicht, wie die Legende will, nur eine Woche, sondern ein gutes halbes Jahr und endete erst, als sich einige bewährte Boulevardblatt-Journalisten an der Mitarbeit beteiligten.«

Unter ihrem ersten Chefredakteur, dem beleibten, schnauzbärtigen und väterlich-autoritären Rudolf Michael, einem Hamburger Presse-Veteranen, der beim Start des neuen Blattes schon zweiundsechzig Jahre alt war, mauserte sich die ›BILD-Zeitung‹ von einem allzu beschaulich-gemütvollen Groschenblatt zutiefst provinziellen Zuschnitts zu einer großen Boulevardzeitung voller »Human Interest«-Berichte und Schmonzetten, gewürzt mit sexbetonten »Lily«-Karikaturen, täglichem Horoskop und viel Sport. Von Politik war dagegen so gut wie gar nicht die Rede. Auf diesem Gebiet herrschte eine Abstinenz, von der Hans Dieter Müller in einer genauen Untersuchung feststellte: »Sie war, solange Michael die ›BILD-Zeitung‹ regierte – ein Zeitabschnitt, der vom Abschluß der Pariser Verträge über die Wiederbewaffnung der Bundesrepublik bis zu Chruschtschows Berlin-Ultimatum reichte –, nahezu vollkommen. Wäre ein Historiker späterer Jahrhunderte auf die ersten sechs Jahrgänge der ›BILD-Zeitung‹ als einzige Quelle angewiesen, so könnte er die wichtigsten innen- und weltpolitischen Ereignisse kaum in Umrissen rekonstruieren; sie kommen zum großen Teil gar nicht vor, und wenn, dann nur als punktuelle, explosionsartige Ereignisse, die für einen kurzen Moment unter den Tierfreunden, kleinen und großen Dieben, Schönheitsköniginnen, armen Rentnern und Selbstmördern aus Liebeskummer Aufruhr stiften und dann ebenso spurlos wieder verschwinden wie Naturkatastrophen, wenn die Wasser wieder ablaufen. Aus welchen Gründen das Land geteilt war, läßt sich zum Beispiel nicht feststellen, kaum das Faktum, daß es geteilt war und ein Drittel der Bevölkerung ein ganz anderes Leben lebte. Das entsprach der neuen Zeitungstheorie vom ›unpolitischen kleinen Mann‹ und dem Verzicht auf eine Komplett-Zeitung...«

Das Resultat war verblüffend: Die verkaufte Auflage stieg, bei gleichzeitiger Verbesserung der Vertriebsmethoden, von knapp dreihunderttausend Exemplaren, die im ersten Quartal 1953 täglich an den Mann (oder die Frau) gebracht werden konnten, auf eine halbe Million Stück im Monat April, sechshunderttausend im Mai, siebenhunderttausend im Juni!

Im Dezember 1953 konnten bereits 1,2 Millionen Exemplare täglich abgesetzt werden, 1955 wurde die Zweimillionengrenze erreicht und mühelos überschritten, 1956 die dritte Million, 1962 die vierte und 1966 sogar an einigen Tagen die fünfte Million!

Bis es indessen soweit war, machte ›BILD‹ noch beträchtliche Wandlungen durch, wechselte mehrmals der Chefredakteur und wurde aus der anfänglichen Beschaulichkeit jene Aggressivität, die so schreckliche Auswirkungen hatte und deren Folgen am Ende auch Axel Springer selbst zu spüren bekam.

Von Anfang an hatte sich der Verleger um die von ihm selbst mitkonzipierte ›BILD-Zeitung‹ weit mehr gekümmert als um alle anderen Verlagsobjekte. Zunächst war es persönlicher Ehrgeiz, denn es hatten ihm ja die meisten seiner Freunde dringend davon abgeraten, dieses Projekt einer »Zeitung neuen Stils« zu verwirklichen.

Nachdem der Erfolg ihm recht gegeben hatte, sein Ehrgeiz befriedigt war, kam ein neues Moment hinzu, das ihm sein Riesenspielzeug nicht langweilig werden ließ: Er spürte plötzlich, vor allem aus der täglich waschkorbweise ins Haus kommenden Leserpost, die unerhörten Möglichkeiten des Instruments in seiner Hand, die starke Resonanz aus der anonymen Masse, die Manipulierbarkeit der »kleinen Leute« durch Appelle an ihr »Herz«, kurzum, die – auch politisch benutzbare – Macht, die er auf einmal besaß.

Als ›Welt‹-Verleger hatte er den Politikern nützlich oder auch ärgerlich sein, ihnen hie und da einmal imponieren können; aber vor dem Mann, der täglich einer – dafür auch noch zahlenden! – Gemeinde von Millionen ›BILD‹-hörigen Beinahe-Analphabeten sagen lassen konnte, »wie es ist«, wurden auch den arrogantesten Ministern die Knie weich, hatte sogar der die Menschen verachtende Patriarch auf dem Kanzlerstuhl Respekt und scheute sich nicht, es zuzugeben.

Es spielt dabei keine Rolle, daß Axel Springer selbst und erst recht die anderen, die vor ihm zitterten, die politische Bedeutung der ›BILD-Zeitung‹ erheblich überschätzten, vor allem hinsichtlich ihres tatsächlichen Einflusses auf das Wahlverhalten der breiten Masse. Es ist auch gleichgültig, ob ein paar tausend Leserzuschriften nun wirklich als repräsentativ für die Volksmeinung als Ganzes gelten können oder ob sie nicht einmal ein einigermaßen richtiges Bild von den Ansichten der gesamten Leserschaft geben, da sie ja eine bestimmte, möglicherweise sogar negative Auslese darstellen. Für unsere Betrachtung wichtig ist allein der Machtrausch, der Axel Cäsar Springer nun überkam, ja überkommen mußte angesichts der explosiven Auflagenentwicklung des Blattes und des plötzlichen Respekts, dessen sich sein Verleger bei den Mächtigsten im Lande erfreuen konnte.

Die Versuchung, diese Macht nun auch politisch zu nutzen, in die so präzise Erfühlung des Massengeschmacks jetzt auch die eigenen politischen Ansichten und Hoffnungen mit einfließen zu lassen, wurde übermächtig, und es gab niemanden, der den Verleger ermahnt hätte, ihr zu widerstehen.

Wenn man nun der Frage nachgeht, wie diese politischen Ansichten und Hoffnungen Axel Cäsar Springers denn aussahen (und noch aussehen), so stößt man auf ein seltsames Gemisch aus konservativen und liberalen Ideen, romantischer Schwärmerei, christlicher Frömmigkeit, seichtem Snobismus, astrologisch untermauertem Glauben an Wunder und vor allem das eigene Glück sowie – *last not least* – nüchternem kaufmännischen Kalkül.

Von der explosiven Entwicklung der ›BILD‹-Auflage kräftig gefördert, entstand aus dieser Politik für den Hausgebrauch die Überzeugung, zu den wenigen zu gehören, die berufen sind zur Lenkung des deutschen Schicksals. So kam es zur Moskau-Reise, die den Sowjets die Erlaubnis zur deutschen Wiedervereinigung abringen sollte, zum Trommelfeuer gegen die »Zonenmachthaber«, das nicht wenig zum Bau der Berliner Mauer beigetragen hat, als die Russen partout nicht bereit waren, ausgerechnet Axel Cäsar Springer jenes kleine Geschenk zu machen, um das er sie so beredt gebeten hatte, und zum eiligen Vorpreschen nach West-Berlin, weil der Verleger die verweigerte Wiedervereinigung dennoch als »schon in der Luft liegend« spürte und die Chance witterte, sich dann von der alten und künftigen Hauptstadt aus auch den mitteldeutschen Markt im Handstreich zu erobern und damit größer zu werden als alle einstigen deutschen Pressekonzernherren zusammengenommen.

Wie fest Axel Springer und sein Hauptberater in dieser Frage, Hans Zehrer, an eine baldige Wiedervereinigung glaubten – trotz der Abfuhr, die sie sich bei Chruschtschow geholt hatten –, dafür gibt es geradezu rührende Beweise:

Am 3. November 1956 schrieb Hans Zehrer in der ›Welt‹: »Es sei die Voraussage gewagt und die Behauptung aufgestellt, daß wir in spätestens zwei Jahren wieder die Hauptstadt Berlin als Metropole eines gesamtdeutschen Staates haben werden.«

Ein Jahr später, zu Weihnachten 1957, ließ sich der Verleger noch kühner vernehmen: »Erst werden wir die Wiedervereinigung machen, dann werden wir nach Berlin ziehen...«

Und am 1. März 1958 erklärte er den Mitarbeitern von ›Constanze‹: »Im übrigen dauert es mit Berlin nicht mehr so lange, wie all die dummen Menschen glauben. Wir sprechen uns im Herbst wieder...«

Im Herbst war dann wieder Hans Zehrer an der Reihe, der am 1. Oktober 1958 in der ›BILD-Zeitung‹ orakelte: »Die Einheit des Volkes ist näher ..., als es den meisten bewußt ist.«

Seitdem ist ein volles Jahrzehnt vergangen. Die kühne Hoffnung des sendungsbewußten Zeitungszaren, sein Reich »spätestens im Herbst 1958« bis an die Oder ausdehnen zu können und dann von Groß-Berlin aus zu regieren, hat sich nur hinsichtlich der etwas voreilig gewählten Residenz erfüllt. Die angestauten Energien entluden sich, teils im allzuengen Treibhaus West-Berlin, teils auf dem westdeutschen Zeitschriften-Markt:

Im Sommer 1956 kaufte sich Axel Springer in das wiedererstandene Verlagshaus Ullstein ein; vier Jahre später war er bereits Alleineigentümer des ganzen Unternehmens, hatte damit zwei neue Tageszeitungen, die ›Berliner Morgenpost‹ und die ›BZ‹, beherrschte – zusammen mit den West-Berliner Ausgaben von ›Welt‹ und ›BILD‹ – den engen Markt der Halbstadt-Insel zu mehr als vier Fünfteln, war außerdem nun auch als Fachzeitschriften- und Buch-Verleger (»Ullstein« und »Propyläen«) gewichtig und baute sich ein seiner Bedeutung und Selbsteinschätzung gemäßes Regierungszentrum zum Preise von rund hundertzwanzig Millionen Mark*. Strahlend und in einsamer Größe

* Der in seinen Repräsentations- und Chefbüro-Räumen mit ungewöhnlichem Prunk versehene, ursprünglich mit fünfunddreißig Stockwerken geplante, nunmehr zwanziggeschossige Glaspalast auf den Trümmern des einstigen Berliner Zeitungsviertels hat natürlich nicht nur Geld gekostet, sondern auch – zu Lasten der öffentlichen Hand – einiges eingebracht: Steuervorteile nach dem Berlinhilfegesetz nebst Zinsvorteilen; die 75prozentige Investitionsabschreibung im ersten Jahr; Investitionszulagen und Begünstigungen der Rücklagen sowie Nachlässe in der Umsatz- und Körperschaftssteuer, nicht zu vergessen die 30prozentige Ermäßigung der Lohn- und Einkommensteuer einschließlich der Einnahmen aus Kapitalvermögen – das alles dürfte die Baukosten voll und ganz aufwiegen!

steht es inmitten der Trümmerlandschaft dicht an der Sektorengrenze, den zur Lektüre des ›Neuen Deutschland‹ verdammten Brüdern und Schwestern jenseits von Mauer und Stacheldraht ein stetes Zeichen der Hoffnung auf bessere Zeiten, wenn auch ihnen der Genuß von ›BILD‹ und ›BZ‹, ›Welt‹ und ›Morgenpost‹, ›WamS‹ und ›BamS‹ vergönnt sein wird – von ›Hör zu‹-Freuden und »Hummel«-Ferienglück ganz zu schweigen...

In Westdeutschland kaufte er sich so tief in den Zeitschriften-Markt ein, daß der Konkurrenz angst und bange wurde, startete auch eigene neue Millionen-Objekte – wie beispielsweise ›Jasmin‹ – und gab dann im Sommer 1968, überraschend dem wachsenden Druck der öffentlichen Meinung nachgebend, zwei ältere und alle neuen Zeitschriften seines Konzerns wieder ab:

– das auf Unterleibs- und Herzeleiden gekrönter Weiblichkeit spezialisierte ›Neue Blatt‹ (Auflage: 1,15 Millionen Exemplare) an den Hamburger Heinrich Bauer-Verlag; – die auflagenmäßig unbedeutenden Fachblätter ›Bauwelt‹, ›Echo‹, ›Oberfläche‹ und ›Adhäsion‹ nebst weiteren Fachpublikationen und der Fachbuch-Abteilung des Ullstein-Verlages an die Gütersloher Bertelsmann-Gruppe; – die wenig profitable Zeitschrift für Fußball-Fans, ›kicker‹, (Auflage: 190000) an ihre Nürnberger Konkurrenz, den Olympia-Verlag, und schließlich – den ganzen Münchner Kindler & Schiermeyer Verlag mit den Zeitschriften ›Eltern‹ (Auflage: 1,2 Millionen), ›Bravo‹ (Auflage: 780000), ›twen‹ (Auflage: 210000) und ›Jasmin‹ (Auflage: 1,4 Millionen) nebst der Tiefdruckanstalt Unterföhring an den bis dahin in der Branche nur als Druckereibesitzer bekannten Stuttgarter Senator Hans Weitpert.

Zumal die Nachricht vom Verkauf von ›Eltern‹, ›Bravo‹ und ›Jasmin‹ war eine Sensation, schien es doch, als wollte sich Axel Cäsar Springer, der Forderung linker Kreise nachgebend, nun selbst enteignen – zumindest, wie ›Der Spiegel‹ bemerkte, »ein bißchen«.

Es war, so fuhr das Nachrichtenmagazin fort, »der größte Schacher und Schachzug, bizarr und possenhaft wie ein Flohmarkt«. Und: »Daß Buhmann Springer sich mit Weitpert nur einen Strohmann erkoren habe, um eine Entflechtung vorzutäuschen – dieser Verdacht war letzte Woche ebenso gängig wie die Annahme, der Meinungs-Moloch Springer habe ›wirklich die Umkehr vollzogen‹ (so die ›FAZ‹).

Umkehr? Springer hat seinen Trust dort beschnitten, wo seine Marktmacht relativ am bescheidensten, sein politischer

Einfluß am geringsten war: bei den Publikumszeitschriften. ›Was somit bleibt‹, erkannte die ›Frankfurter Allgemeine‹ wohl, ›ist Springers umstrittene Vormachtstellung auf dem Zeitungsmarkt.‹ Was bleibt, ist das Weltbild von ›Welt‹ und ›BILD‹. Was bleibt, ist die beherrschende Position auf dem Markt der Tageszeitungen in Berlin und Hamburg (jeweils siebzig Prozent). Er bestreitet mit seinen Tageszeitungen im Bundesgebiet wochentags dreißig Prozent und sonntags um neunzig Prozent. Er bleibt der Größte...«

(Was ›Der Spiegel‹ dabei zu erwähnen vergaß und was auch sonst häufig übersehen wird: Axel Springer blieb außerdem ein Gigant auf dem Druckerei-Sektor:

Da waren zunächst seine eigenen Druckereigroßbetriebe in Hamburg, Essen, Berlin und Darmstadt, zu denen 1966 das 120-Millionen-DM-Projekt der leistungsfähigsten und modernsten Tiefdruckerei des Kontinents in Ahrensburg bei Hamburg hinzukam. Mit der Fertigstellung der Tiefdruckerei Ahrensburg überstieg die Kapazität erstmals das eigene Produktionsvolumen, und das hätte, zumal fast gleichzeitig die Rezession einsetzte, die wirtschaftliche Lage des Konzerns beeinträchtigen können. Doch ein gewaltiger, zehn Jahre lang nicht kündbarer Lohndruckvertrag verhalf dem allzu kühnen Bauherrn dann doch noch zu sehr verbesserter Ausnutzung und Amortisation seiner kostspieligen, mit Hilfe von Bankkrediten gekauften Maschinen. Ironischerweise war es ausgerechnet ›Der Spiegel‹, der zwar nicht sein Schicksal, aber immerhin die Gesamtherstellung seiner allwöchentlichen Auflage von fast einer Million Exemplare für zunächst ein Jahrzehnt vertrauensvoll in Springers Hände legte...

Stärker noch als von seiner eigenen riesigen Druckerei-Kapazität wird Springers Stellung am Markt von den Aufträgen bestimmt, die der Zeitungszar selbst zu vergeben hat – an »befreundete Häuser«, wie man sie im Hause Springer nennt. So druckt etwa die ›Hannoversche Presse‹ [Eigenauflage: 150000 Exemplare] täglich noch fast eine halbe Million ›BILD‹ für Axel Springer. Die Frankfurter Societäts-Druckerei [eigene und sonstige Objekte, darunter die ›FAZ‹: rund eine halbe Million Gesamtauflage] darf Tag für Tag noch eine Million Exemplare der ›BILD-Zeitung‹ herstellen, und besonders »freundschaftlich« ist das Verhältnis des Hauses Springer zum Esslinger Bechtle-Verlag, der mehr als fünfzehnmal soviel ›BILD‹- wie eigene Zeitungen druckt...)

In wie starkem Maße ›BILD‹ den Markt beherrscht, zeigt ein Vergleich seiner Auflage mit der aller anderen großen Zeitungen: Die vier nach Springer bedeutendsten bundesdeutschen Tageszeitungsverlage und Verlagsgruppen – die ›WAZ‹ in Essen, die Gruppe ›Süddeutsche Zeitung‹ – ›Abendzeitung‹ – ›Stuttgarter Nachrichten‹ samt Noris-Verlag, die Frankfurter Societäts-Druckerei mit ›FAZ‹ und Werra-Verlag sowic DuMont-Schauberg in Köln – erreichen mit allen ihren Tageszeitungen nur eine etwa halb so hohe Gesamtauflage wie die ›BILD-Zeitung‹ allein...! Und ›BILD‹ wiederum erbringt ziemlich genau die Hälfte der gesamten täglichen Auflage aller Springer-Blätter.

Also, so könnte man vermuten, ist ›BILD‹ eine ganz besonders gute, infolgedessen ungemein beliebte Zeitung. Tatsächlich ist an der Popularität des Blattes kein Zweifel möglich, wogegen die Beurteilung seiner Qualität eine Frage des Geschmacks ist. Technisch virtuos gemacht, versteht sich die Zeitung selbst als ein Blatt, das für die Interessen des »kleinen Mannes« eintritt, ihn mit unangenehmen und langweiligen Dingen verschont, sein Herz erfreut, ihn flott unterhält und, wenn nötig, auch einmal seiner Empörung über himmelschreiendes Unrecht und üble Mißstände lautstark Ausdruck verleiht.

Der durchschnittliche ›BILD‹-Leser, so ergibt sich aus einer ganzen Reihe vorzüglicher Analysen, ist ein Industriearbeiter im Twen-Alter mit Volksschulbildung, abgeschlossener Lehre und rund fünfhundert Mark monatlichem Nettoverdienst, der bereits verheiratet ist und in einer – vorzugsweise niedersächsischen oder nordrhein-westfälischen – Kleinstadt mit weniger als zwanzigtausend Einwohnern lebt. Er fährt mit einem öffentlichen Verkehrsmittel oder mit eigenem Moped zur Arbeit, ist mit größerer Wahrscheinlichkeit evangelisch und ein seltener Besucher der Gottesdienste als katholisch und fromm, trinkt Bier oder Cola, raucht Zigaretten und stillt sein gesamtes Informationsbedürfnis mit ›BILD‹. Der Lektüre des Blattes widmet er sich entweder schon am Arbeitsplatz, in der Pause oder nach Feierabend daheim...

Die durchschnittliche ›BILD‹-Leserin ist dagegen eine knapp vierzigjährige Hausfrau, die ebenfalls nur die Volksschule besucht, die Lehre aber nicht beendet, sondern allzufrüh geheiratet hat und nun mit zwei heranwachsenden Kindern in einer Zweieinhalb- bis Dreizimmerwohnung ein wenig zufriedenes Dasein führt, denn sie hätte es im Leben gern weiter gebracht, findet das Fernsehprogramm, ihre einzige Zerstreuung, häufig langweilig und gibt immer etwas zuviel Geld aus...

Beide, Durchschnitts-Leser und -Leserin, benutzen nur sehr selten das Telefon, denn sie haben keinen eigenen Anschluß und ihre Freunde und Verwandten auch nicht.

Dieser scheinbar nebensächliche Umstand verdient Erwähnung, weil er höchst interessante Rückschlüsse zuläßt, vor allem darauf, wie sich die Schlagzeilen-Kampagnen der ›BILD‹-Redaktion zum Interesse ihrer Durchschnitts-Leser verhalten: Als ›BILD‹ im Hochsommer 1964 die erschrockenen Abgeordneten und Minister aus den Ferien zurück ins Bonner Bundeshaus trommelte, damit sie die gerade erhöhten Telefongebühren wieder senkten, was sie auch gehorsam taten, da muß diese das Prestige des Blattes enorm fördernde Aktion seine Leser ziemlich kaltgelassen haben, denn sie waren ja gar nicht betroffen (im Gegensatz zum Zeitungszaren selbst, den die Gebührenerhöhung an einem seiner kostenempfindlichsten Punkte berührt hatte...).

Dieses Beispiel, mit dem wir es bewenden lassen wollen, obwohl es der Exempel noch viele gäbe, wirft die Frage auf, was eigentlich Verleger und Chefredakteur mit ihrer Millionen-Leserschaft verbindet, welche gemeinsamen Interessen, Ansichten und Lebensformen die ›BILD‹-Konsumenten und -Produzenten denn haben.

Nun, der derzeitige Chefredakteur von ›BILD‹ ist zwar noch jung, wenn auch erheblich älter als sein Durchschnitts-Leser, aber natürlich begnügt er sich weder mit fünfhundert Mark netto im Monat noch mit einer Zweieinhalbzimmerwohnung; er fährt auch nicht mit dem Moped zur Arbeit, ist kein Kleinstädter, nicht einmal evangelisch.

Sein Name ist Peter Boenisch, und er löste die »Moabiter Keulenriege« der »Wedding Brothers« Karl-Heinz Hagen und Günter Prinz Anfang 1962 ab, die ihrerseits vierzehn Monate vorher die Nachfolge Oskar Bezolds angetreten hatten, der im Dezember 1958 an die Stelle des ersten Chefredakteurs, Rudolf Michael, getreten war.

Peter Boenisch, gebürtiger Berliner, Katholik und Sohn einer russischen Mutter, zeichnet sich aus durch hohe Intelligenz, ungewöhnliche Schönheit und einen Grad der Eleganz, wie man ihn sonst nur noch auf den Hochglanz-Titelseiten erstklassiger Modejournale findet. Sein Lebensstil entspricht seiner Kleidung; er ist ein Dandy und natürlich auch ein Snob, aber niemand kann bestreiten, daß er sein Metier beherrscht. Er regiert das Blatt leger, aber virtuos, auch wenn er in seinem selbstverständlich mit englischen Antiquitäten eingerichteten, vollklimatisierten und an das ›Bildnis des Dorian Gray‹ erinnernden Chefzimmer nur die wenigste Zeit verbringt.

Anzumerken wäre noch, daß er seinen Aufstieg in die höheren Gefilde des Journalismus vornehmlich der Leitung jener Anstalt verdankt, die sein Blatt dann besonders heftig anzugreifen pflegte, nämlich dem »roten« Intendanten des Norddeutschen Rundfunks, Adolf Grimme, und daß ihn mit Franz Josef Strauß, den er zunächst auch heftig attackierte, heute eine Duzfreundschaft verbindet.

Dieser Peter Boenisch also steht an der Spitze des gigantischen Redaktionsapparates, der täglich jenes Millionenblatt fabriziert, das so viel geschmäht und noch mehr gekauft wird. Dennoch wäre es falsch, in Boenisch nun den großen Hexenmeister zu sehen, der das Unmögliche möglich gemacht hat.

Erstens ist es, wie Hans Dieter Müller in seiner Analyse des Springer-Konzerns bemerkt hat, »weniger Hexerei als naive Anpassung, die ›BILD‹ den Zugang zu den Massen verschafft. Sie trifft ihren Nerv, gibt ihnen, was das schematische Menschenbild der Gewerkschaften ihnen nicht geben kann: Abbilder des physischen und psychischen Lebenshungers, der sie selber vorwärtstreibt, Traumfiguren des Glücks, die in ihren Gegenbildern, den schreckenerregenden Bildern des Unglücks, nur noch gesteigert werden. Sie hier und jetzt zu haben, nicht in der fernen Utopie einer gerechten Gesellschaft, macht die Attraktion des ›BILD‹-Journalismus aus, allerdings auch seine Bedenklichkeit.«

Zweitens aber ist die ›BILD-Zeitung‹, trotz aller Wandlungen, die sie im Laufe der Zeit durchgemacht hat, noch immer eine Schöpfung Axel Cäsar Springers, noch immer sein Riesenspielzeug, sein wichtigstes Mittel, sich jenes wollüstige Gefühl zu verschaffen, das wir etwas zu pauschal »Macht« nennen und das bei ihm eher als der sehnliche Wunsch zu bezeichnen ist, in Kommunikation mit den Massen, mit dem geliebten Volk zu sein, es zum Guten zu führen, zum »Seid nett zueinander!« (und es nebenbei natürlich auch zur Kasse zu bitten), vor allem aber Glauben zu wecken – an die Wiedervereinigung, die einst so nah schien und heute weiter denn je in die Ferne gerückt ist; an die Segnungen des Kapitalismus und des freien Spiels der (unternehmerischen) Kräfte; an Gott, der bei Lengede mitgebohrt hat und seine schützende Hand über die Frontstadt Berlin hält, und an dessen auserwählten und treuen Knecht, Axel Cäsar Springer...

Denn der Zeitungszar bedarf, heute mehr denn je, einer gläubigen Menge, mit der er sich zumindest in Kommunikation wähnen kann, wenn er es schon nicht ist, denn fünfzig, hundert oder auch tausend Leserzuschriften aus der großen ›BILD‹-Gemeinde mögen Stimmen aus dem Volk sein – die Stimme des Volkes sind sie nicht!

Der Mammutverleger braucht neue Bestätigung, ganz besonders jetzt, »in diesen Jahren der Bedrängnis«, in dieser »Zeit, die in der Geschichte später wohl einmal erbärmlich genannt werden wird« – vielleicht, weil niemand mehr so recht an die Wirkung der Parole »Macht das Tor auf!« glauben mag oder weil die ›BILD‹-Auflage seit Beginn der Anti-Springer-Kampagne beträchtlich zurückgegangen ist? – er bedarf des Lobes für seinen weisen Entschluß, sich von seinen auflagenstärksten Zeitschriften (außer ›Hör zu‹ natürlich!) zu trennen, ohne deshalb an Einfluß merklich zu verlieren, und des Trostes guter Freunde, weil dieses Lob ausgeblieben ist...

Das bringt uns zu der Frage, wer denn eigentlich heute seine Freunde sind, da »Hannes« Hansemann und auch Hans Zehrer nicht mehr leben, der väterliche Freund Karl Andreas Voß sich aufs Altenteil zurückgezogen hat und der ergebene Christian Kracht in Ungnade gefallen ist...?

»Des Mannes bester Freund sei seine Frau«, besagt ein Sprichwort, doch auch wenn wir einmal die Richtigkeit dieser Behauptung unterstellen wollen, so bietet sie Axel Cäsar Springer wenig Trost:

Zwar war er, nach der kurzen und geschiedenen Ehe mit »Baby« Meier, noch einige Male verheiratet – in zweiter Ehe mit der sehr energischen Katrin, der Mutter seines Sohnes Axel junior, vor der Hochzeit Inhaberin einer eleganten Boutique in Berlin, in dritter Ehe mit der noch energischeren, als Turnierreiterin bekannten Rosemarie, einer Tochter des »SS-Obergruppenführers und Generals der Polizei« Werner Lorenz und geschiedenen Frau des sehr wohlhabenden Zementfabrikanten und langjährigen Springer-Intimus Horst Herbert Alsen; in vierter Ehe mit Helga (genannt »Mausi«) geborenen Sarre-Ludewig, die ebenfalls zuvor mit des Zeitungszaren wirklich sehr gutem Freund Horst Herbert Alsen verehelicht gewesen war, Mutter des heute etwa fünfjährigen Vincent Springer ist und von ihrem zweiten Gatten inzwischen auch wieder geschieden wurde...

Aber alle diese Episoden sind, so darf man vermuten, kein vollwertiger Ersatz für wirkliche Männerfreundschaft gewesen, wie sie etwa zwischen dem jüngeren Axel Springer und dem (inzwischen verstorbenen) Horst Dependorf bestanden hat, einem steinreichen Junggesellen, Inhaber einer Hamburger Reinigungsfirma mit zahlreichen Filialen.

Dependorfs Bild steht heute auf Axel Springers Schreibtisch, neben einem etwas kleineren Foto von Hans Zehrer.

Ben Witter, anläßlich eines Interviews für ›Die Zeit‹, entdeckte diese Erinnerungen an verstorbene Freunde und fragte den Konzerngewaltigen:

»Und jetzt? Haben Sie wieder einen Freund...?«

Der Zeitungszar erwiderte:

»Pierre Papst. Er ist mein Cheflektor. Ihm fällt zu jedem Thema etwas Besonderes ein. Er ist ein Bohemien, aber zuverlässig und gar nicht ehrgeizig und von einer inspirierenden Unruhe... Zum Smoking trägt er mit Vorliebe einen Stehkragen!« An Joachim Pierre Papst, Jahrgang 1910, der dem jungen Springer mit der Vermittlung von Krediten und Maschinen half und zum Dank mit dem Cheflektorat bedacht wurde, einem Manne, von dem Robert Neumann – in seinem letzten Memoiren-Band ›Vielleicht das Heitere‹ – sagt, er sei »ein spiralgefederter Jack-in-the-Box, der sich springerisch-pseudoamerikanisch im Privatflugzeug durch die Welt bewegt«, gefällt Axel Springer – so schreibt Ben Witter an anderer Stelle – »vor allem der Esprit und die Bereitschaft, sich stets voll und ganz auf seine Wünsche einzustellen«.

Es gibt – richtiger vielleicht: es gab – noch mehr Freunde: Aus den Anfangszeiten, in denen – so Ben Witter – »einige Lokale eine Rolle spielten, wo Leute verkehrten, deren Lebensstil und Geisteshaltung traditionsgemäß englische Färbung aufwiesen«, datiert auch die Bekanntschaft mit dem Hamburger Anwalt und späteren Chefjustitiar des Konzerns, Hermann F. Arning, der – bemerkte Hans Dieter Müller – zunächst mehr seiner geselligen als seiner juristischen Fähigkeiten wegen geschätzt war. Unterhaltungstalent, die Gabe, kein Spielverderber zu sein, wurden überhaupt Voraussetzung, Zugang zum engsten Zirkel zu finden. Seiner Loyalität und ausgeglichenen Gemütsart wegen avancierte Adam Vollhardt, der frühere Bonner Korrespondent des ›Hamburger Abendblatts‹, zum Vertrauten und Assistenten, später auch »Politischer Berater« und »Persönlicher Referent« genannt, ein redlich aussehender Mann mit der Gabe unbedingter Diskretion . . . (der inzwischen aber auch in Ungnade gefallen zu sein scheint).

Ob sie alle – und noch einige andere – wirklich gute Freunde und kluge Ratgeber waren und sind?

Vieles läßt daran zweifeln: Zunächst Axel Springer selbst, der – erst vor wenigen Monaten von Ben Witter befragt – nur noch einen einzigen gelten ließ, Pierre Papst . . .

Sodann die Tatsache, daß Axel Springer wahrlich nicht gut beraten sein kann – wie anders ist es zu erklären, daß von allen bundesdeutschen Geldgiganten und milliardenschweren Unternehmern er allein zur Zielscheibe heftigster Angriffe geworden ist, nur sein Unternehmen und kein anderes von revolutionären Akten, Gewalttätigkeiten und Boykott in ernste Schwierigkeiten gebracht wurde und die Parole »Enteignet Springer!« (nur ihn, nicht Flick, die Thyssens, die Deutsche Bank oder den Großgrundbesitz!) keineswegs nur von linken Studenten aufgegriffen wurde, sondern auch normalerweise recht konservative, etablierte Kreise beschäftigte, am Ende sogar das Kartellamt, den Presserat und die Bundesregierung, nur die Abgeordneten des Bundestages nicht, denn sie, die eigentlich Berufenen, starren noch immer gebannt auf den Höllenhund ›BILD‹ wie Kaninchen auf eine Schlange . . .

Noch bedenklicher muß, was die Qualität der Freunde und Ratgeber anbetrifft, die Reaktion des »Hauses Springer« stimmen, die natürlich nur des Zeitungszaren eigene Ansichten und Reaktionen reflektiert. In einer »Klarstellung«, herausgegeben von der »Abteilung Information Berlin des Verlagshauses Axel Springer«, heißt es einleitend: Gegen das Haus »wird seit einiger Zeit eine heftige Agitation betrieben. Daran beteiligen sich Vertreter der extremen Linken und Rechten genauso wie Verlage der Konkurrenz. Auch wohlmeinende Demokraten haben sich verwirren lassen . . .« Und in der Schlußbemerkung zusammenfassend: »Diese Kampagne wurde nachweislich vor acht Jahren in Moskau gestartet. Sie ist ein Teil der kommunistischen Bemühungen, Zersetzung in die Bundesrepublik hineinzutragen . . .«

Am Ende heißt es dann gar – und dies aus dem Hause der ›BILD-Zeitung‹ und der ›BZ‹! – recht weinerlich: »Die Verwilderung der politischen Sitten, die Verteufelung des politischen Gegners, die Verächtlichmachung der staatsbejahenden Kräfte, die Verlagerung der politischen Debatte aus dem parlamentarischen Raum auf die Straße ist unverkennbar...«

Das also sind die Erkenntnisse, die Axel Cäsar Springer, beraten von mehr oder weniger amüsanten Dandys, artigen Jasagern und recht skurrilen älteren Junggesellen, aus einer kritischen, aber doch möglicherweise selbstverschuldeten Entwicklung zu gewinnen und intelligenten Kritikern entgegenzuhalten vermochte!

Sie verblüffen zunächst, stimmen einen milde und fast etwas mitleidig und rufen einem unwillkürlich ins Gedächtnis, was Wilhelm Backhaus in seinem Springer-Psychogramm abschließend bemerkte: »daß der dargestellte Charakter in seinem Gemisch von Naivität, Weichheit, Charme, Schwäche, Machthunger, Gefühlsüberschwang und Tatsachenblindheit das Bild eines prädestinierten Opfers bietet. Springer sollte seine Sterne sorgfältiger denn je befragen.«

Das prädestinierte Opfer indessen zog es vor, sich zu seinen neun luxuriösen Behausungen noch ein Schloß zu kaufen, jenes eingangs bereits erwähnte Schloß Schierensee, weiland Residenz des Caspar von Sallern-Saldern, von dem überliefert ist, daß er in ähnlich prekärer Lage die Schuld auch nicht bei sich, sondern bei anderen suchte. Er verteidigte sich gegen den Vorwurf der Hochstapelei mit den klassischen Worten: »Der boshafte Osten hat alles zusammengelogen!«

Wie wird man ein Geldgigant?

> *»Stützen der Gesellschaft hinken naturgemäß eine Generation hinter einer neuen Zeit her. Dies gibt dem geschickten und entschlossenen Einzelgänger genügend Zeit und Spielraum für seine Manöver. Ebenso naturgemäß aber muß dieser Geduld haben, wenn es ihm um das Verständnis und den Beifall derselben Stützen der Gesellschaft geht.*
> *John Stuart Mill (1806–1873)*«
> (Wandspruch im Hause Rudolf Münemanns)

Die Bundesrepublik Deutschland ist – ihrer Fläche nach – ein winziges Land, und wir haben nun auf vielen Seiten zweier Bände so viele Inhaber von sieben-, acht-, neun- und sogar zehnstelligen DM-Guthaben kennen-(und, wie ich hoffe, auch schätzen-)gelernt, daß der Eindruck entstanden sein könnte, es wimmele in diesem Lande nur so von Geldgiganten.

In einer solchen Annahme könnte der Leser noch bestärkt werden, weil um der Wahrheit willen anzumerken ist, daß beileibe noch nicht alle alt- und neureichen Geldfürsten, die den Landstrich zwischen Aachen-Köpfchen und Bad Harzburg, Kampen auf Sylt und Alpennordrand bevölkern, vorgestellt werden konnten (wobei wir die bislang Übergangenen um gütige Nachsicht bitten; die Hochachtung, die wir dem gesamten Stand bundesdeutscher Nabobs bisher bezeigt haben, gebührt selbstverständlich auch ihnen!).

Und vollends überzeugt, daß es sich bei der Bundesrepublik Deutschland um eine reine Multimillionärs-Kolonie handelt, wo etwa jeder Zwölfte ein Krösus ist (und das übrige vom Dutzend jeweils die – meist geschiedenen – Ehefrauen desselben sowie seine Sprößlinge aus den diversen Ehen), muß derjenige sein, der, ohne das Land zu kennen, weiteres erfährt:

Beispielsweise, daß wir uns ja bislang nur mit den allerobersten Regionen des Reichtums befaßt haben; daß auf jeden bisher erwähnten (und auch auf jeden noch gar nicht genannten) vielhundert- bis mehrtausendfachen Millionär noch etwa tausend ganz schlichte ein- bis höchstens hundertfache Millionäre kommen, Menschen aus der Gattung des gewöhnlichen Haus-Reichen *(homo pecuniosus communis)*, wie Kurt Tucholsky sie genannt hat, und daß auch diese Spezies des Feld-, Wald- und Wiesen-Krösus sich rasend vermehrt, nicht nur auf dem natürlichen Wege, sondern auch durch Mutation! Gewöhnliche Minderbemittelte entwickeln über Nacht erb- und krisenfeste Anlagen, und die lebendigen Jungen, die ihre Frauen zur Welt bringen, sind dann richtige Millionäre, obwohl sie doch von armen Eltern stammen. Solche Wunder ereignen sich so häufig, daß selbst Fachgelehrte vor einem Rätsel stehen, und sie haben, zusammen mit der ungewöhnlichen Fruchtbarkeit, besonders des Hochadels, innerhalb der engen bundesdeutschen Grenzen zu einer Art von Millionärs-Schwemme geführt, einem Phänomen, das in der Welt einzigartig ist. Trotzdem dürfen wir uns nicht dazu verleiten lassen, nun zu glauben, es gäbe in der Bundesrepublik nichts als steinreiche Leute.

Denn wer sollte, wenn es so wäre, alle diese Geldfürsten bedienen, bewachen, chauffieren oder auch massieren? Wer sollte für sie kochen und backen, heizen und schrubben, die gotischen Madonnen abstauben, das Herbstlaub von den Parkwegen aufsammeln und die Hunde spazierenführen? Wer sollte ihnen beim An- und Auskleiden behilflich sein, die Sorge um die Erziehung der Kinder abnehmen und zum Tanz aufspielen, die Swimmingpools von Algen und die Vorzimmer von lästigen Besuchern freihalten, den Lawn trimmen, die Korrespondenz erledigen und die Tischordnung basteln?

Doch damit nicht genug, brauchen ihre Konzerne, damit sie florieren, ja auch »Belegschaften«, Beschäftigte, Mitarbeiter und, was noch wichtiger ist: Verbraucher!

Wer sollte, beispielsweise, Axel Cäsar Springers ›BILD-Zeitung‹ kaufen, wenn es nur reiche, infolgedessen anspruchsvolle Bundesbürger gäbe?

Für wen sollte der Zeitungszar sein privates »Seid nett zueinander!«-Fernsehen planen, um das er sich so sehr bemüht, daß er einflußreiche Politiker unter Beratungsvertrag und das Privatleben leitender Herren der im Wege stehenden öffentlich-rechtlichen Anstalten von skrupelfreien Beauftragten unter die Lupe nehmen ließ?

Und wer sollte jene Abgeordneten wählen, die als (inzwischen auch schon sehr begüterte) Angestellte von Geldgiganten an die Lobby-Front geschickt werden, wenn keine »Leute« mehr, sondern nur noch Persönlichkeiten die Bundesrepublik bevölkerten...?

Nein, um der künftigen historischen Wahrheit willen sowie zur Vermeidung folgenschwerer Irrtümer in der Gegenwart muß es gesagt sein, daß es in der Bundesrepublik Deutschland heute, gegen Ende des zwanzigsten Jahrhunderts, neben erstaunlich vielen Geldgiganten und Unmengen gewöhnlicher Multi- und einfacher Millionäre, leider immer noch eine sehr stattliche Anzahl von Leuten gibt, die ein etwas oder sogar erheblich kleineres, ja, möglicherweise überhaupt kein Vermögen haben! Doch nahezu alle diese vom Millionärsstandpunkt aus Minderbemittelten – altersschwache Wohlfahrtsempfängerinnen, greise Einödbauern und kriegsinvalide Veteranen der China-Strafexpedition von 1900/01 nicht ausgenommen – hoffen unverzagt, diesen bejammernswerten Zustand noch zu ändern und eines schönen Tages wenigstens schlichte einfache Millionäre zu werden. Die Teilnehmerzahlen jedweden Lottos, Totos oder Preisausschreibens liefern dafür eindrucksvolle Beweise!

Für sie alle muß, so scheint es, die Antwort auf die Frage, wie man ein Geldgigant *wird*, weit dringlicher sein als noch so detaillierte Auskünfte darüber, wie man sich fühlt und verhält, wenn man bereits ein Krösus *ist*. Denn letzteres sich auszumalen, vermag auch eine schwach entwickelte Phantasie, ersteres bereitet hingegen den meisten großes und durchweg vergebliches Kopfzerbrechen.

Aus diesem Grunde sei hier zwar kein Patentrezept, aber immerhin eine Anleitung gegeben, die auf gründlicher wissenschaftlicher Auswertung einer Vielzahl von Geldgiganten-Lebensläufen beruht. Es wurde dabei eine Reihe von wesentlichen Merkmalen ermittelt, die für bundesdeutsche Geldgiganten offenbar typisch sind, ohne daß deshalb auch nur ein Krösus in unserem Lande existiert, der in *allen* Punkten dem Modell entspricht, das seinerseits durch Addition der häufigsten Übereinstimmungen entstanden ist.

Die Tatsache, daß kein einziger wirklicher Multimillionär besagtem Modell in allen Punkten entspricht, läßt die strenge Wissenschaftlichkeit der angewandten Methode erkennen und bietet zugleich denen Trost, die der Anleitung folgen wollen, ohne daß sie mit sämtlichen wünschenswerten Eigenschaften aufwarten können.

Andererseits kann der Bewerber das Rennen aufgeben und seine Bemühungen, Millionär zu werden, als von vornherein aussichtslos einstellen, wenn er keine oder nur ganz wenige der geforderten Voraussetzungen erfüllt. Auch das ist – wie der Autor glaubhaft zu versichern vermag, weil er bei sich das Fehlen jeder Chance bereits festgestellt hat – keineswegs nutz- oder gar trostlos! Es kann sogar recht amüsant sein, bei besagtem Rennen nur zuzuschauen, und sei es bloß als Zaungast...

Doch damit genug der theoretischen Vorbemerkungen und zu unserem Modell, dem bundesdeutschen Durchschnitts-Geldgiganten der Selfmade-Klasse:

Er ist, wie man das von einem Mann, dem das Glück nicht in den Schoß gefallen ist, erwarten kann, ein Kind ehrbarer, aber unbemittelter Eltern, und zwar deren einziger Sohn. Er hat aber noch durchschnittlich 1,8 Schwestern, (wobei wir es dahingestellt sein lassen wollen, welche Bedeutung den Schwestern hinter dem Komma beizumessen ist).

Die Konfession der Familie spielt keine Rolle, doch ist eine strenge, ebenso christliche wie patriotische Erziehung unerläßlich. Als Geburtsorte des künftigen Selfmade-Krösus kommen Klein- und Mittelstädte sowie Landgemeinden in der Nachbarschaft industrieller Ballungszentren in Frage. Groß- und hauptstädtische Geburt vermindert die Chancen.

Was die Schule betrifft, die ein Junge besucht haben muß, der es später einmal zum mehrhundert- oder gar tausendfachen Millionär bringen soll, so bestätigt sich, was kirchliche Kreise seit eh und je postuliert haben, nämlich, daß zuviel Bildung nur schade:

Der durchschnittliche Selfmade-Krösus hat die Volksschule sowie einige Realschulklassen absolviert. Schulabgang ohne regulären Abschluß und mit mittelmäßigem Zeugnis erhöht die Chancen eines raschen Aufstiegs beträchtlich. Dagegen sind Abitur und abgeschlossenes Hochschulstudium so schädlich, daß auch spätere Straffälligkeit keinen Ausgleich mehr zu bieten vermag.

Im Durchschnitt kommt der künftige Multimillionär im Verlaufe seiner Karriere 1,65mal hinter Gitter, wobei der Dezimalbruch geschärften Arrest beim Militär bedeuten kann, wahlweise auch Internierung aus politischen Gründen, was uns zwanglos zum nächsten Punkt bringt:

Der künftige Selfmade-Krösus interessiert sich für Politik nur am Rande; seine Weltanschauung stimmt genau mit der jeweils vorherrschenden überein, wobei er Extremen zutiefst abhold ist, Exzesse stumm mißbilligt, in seiner Aufstiegsphase nationalliberalem Gedankengut den Vorzug gibt, später konservativem. Nach völliger Saturierung erwacht in ihm die Sehnsucht nach einer starken Hand, die stabile Verhältnisse garantiert. Daß sich der Geldgigant der Sympathie eines mächtigen

Mannes vom rechten Flügel erfreuen kann und diese Zuneigung mit zahlreichen Einschränkungen und inneren Vorbehalten erwidert, ist typisch, ja geradezu eine *Conditio sine qua non.*

Von der Politik abgesehen, ist der Durchschnitts-Multimillionär bundesdeutscher Provenienz ein Mann von festen Grundsätzen:

Er raucht nicht, allenfalls hie und da eine Zigarre, bevorzugt Obstsäfte vor Alkohol, den er nur in mäßigen Mengen genießt (und verträgt), hat eine Vorliebe für schlichte Hausmannskost, treibt regelmäßig Sport, wobei Schwimmen im eigenen Pool an der Spitze steht, dicht gefolgt von Kegeln und Golf, wobei ersteres Neigung, letzteres Pflicht zu sein scheint, und geht zweimal im Jahr zur »Generalüberholung« in ein kostspieliges Sanatorium.

Sparsamkeit, zumindest in Kleinigkeiten, gehört zu den Grundprinzipien, weshalb der Durchschnitts-Krösus ein- bis zweimal monatlich abends durch alle Räume seiner Konzernhauptverwaltung zu gehen und unnötig brennende Lampen auszuschalten pflegt.

Daraus ersieht man bereits, daß er – sofern überhaupt anwesend – stets als letzter Feierabend macht, so wie er morgens – falls ihn nicht Wichtigeres davon abhält – als erster an seinem Arbeitsplatz ist. Er ist dann von früh bis spät beschäftigt; sein Terminkalender läßt ihm kaum Zeit zur Verrichtung seiner Notdurft; er beschäftigt durchschnittlich 1,2 Assistenten und 2,6 Sekretärinnen, diktiert Anweisungen und Post wie ein Maschinengewehr in kurzen Feuerstößen, hat eine Vorliebe für technische Spielereien und ist jederzeit bereit, seine Arbeit für Stunden zu unterbrechen und alle Termine abzusagen, wenn ihm jemand ein neues Spielzeug erklären will, etwa eine Lichtsperre für die Hausbar oder eine drahtlose Rufanlage für Kellner, wie sie beispielsweise für Kegelabende von Nutzen wäre.

Aus dem Privatleben des Durchschnitts-Geldgiganten ist zu berichten, daß er sich im Alter von 28,5 Jahren das erste Mal, mit 44,3 Jahren zum zweiten Mal und mit 63,7 Jahren zum dritten Mal verheiratet. Die beiden ersten Ehen werden geschieden, alle zusammen erbringen einen Nachwuchs von 2,3 Töchtern und 0,7 Söhnen.

Der durchschnittliche Geldgigant ist unbedingt tierlieb und hält sich 2,7 Hunde, darunter mindestens einen Pudel, sowie 4,3 weitere, meist gefiederte Hausgenossen, die sämtlich die Zuneigung ihres Herrn stürmisch erwidern.

Des weiteren zeichnen Kunstsinn und Gastlichkeit den Durchschnittskrösus in einem Maße aus, das man kaum für möglich hält: Er erwirbt beispielsweise jährlich 46,3 Meisterwerke, vorzugsweise Impressionisten, und bewirtet 3698,5 liebe Gäste. Er selbst besucht dagegen nur 98,4 Parties und ähnliche Veranstaltungen, fühlt sich auch wohler in der Stille. Er liebt den einsamen Waldspaziergang, die besinnliche Stunde am Kamin, das Gespräch mit einem schlichten Mann aus dem Volke in Gottes freier Natur.

Zum Lesen fehlt dem Durchschnitts-Multimillionär leider die Muße. Zwar besitzt er eine Bibliothek von 5896,4 prächtig gebundenen Werken, die von seinem dafür zuständigen Personal laufend mit den wichtigsten Neuerscheinungen ergänzt wird, vermag aber selbst nur 2,2 Werke jährlich (diagonal) zu lesen. Rechnet man indessen nicht zur Bibliothek gehörige Kriminalromane, auch Romanhefte, hinzu, so erhöht sich der Konsum auf 47,9 Werke pro Jahr, wobei die ›Jerry Cotton‹-Serie weit im Vordergrund steht, eignet sie sich doch am besten dazu, dem Überbeschäftigten die erforderliche Entspannung zu verschaffen, ohne ihn mit neuen Problemen zu quälen. Auch befriedigt sie seinen ausgeprägten Sinn für Gerechtigkeit und stärkt sein Vertrauen in die gesellschaftliche Ordnung.

Neben Büchern (und besagten Heften) liest der Durchschnitts-Geldgigant auch noch täglich eine überregionale Tageszeitung (diagonal, den Wirtschaftsteil genauer, mit unterschiedlicher Aufmerksamkeit) sowie ein Boulevardblatt (intensiv, vor allem die Gesellschaftsklatsch-Kolumne), allwöchentlich ein Nachrichtenmagazin, das wir auch gleich ›Der Spiegel‹ nennen können (wobei er sich vornehmlich für Leserbriefe und Personalien interessiert, ferner für Anzeigen der Konkurrenz, gelegentlich auch für Affären).

Darüber hinaus liest er noch monatlich 19,4 in- und ausländische Fachblätter, in denen alles für ihn Wissenswerte bereits von seinem Assistenten angestrichen, gegebenenfalls auch übersetzt worden ist. Er ist ferner auf mehrere »vertrauliche« Informationsdienste abonniert, aus denen er seine detaillierten Kenntnisse aller Hintergründe schöpft, die seine Gesprächspartner immer wieder verblüffen. Illustrierte Zeitschriften, Magazine und »Soraya-Blätter« kommen ihm dagegen nicht ins Haus, erst recht nicht auf den Schreibtisch. Er liest dergleichen nur beim Friseur, teils weil es sich zufällig so ergibt, teils, um sich über die Mentalität seiner Beleg- und Endverbraucherschaft zu informieren...

Der Durchschnitts-Krösus ist ein modern und fortschrittlich denkender, für alle Neuerungen sehr aufgeschlossener Mensch – ausgenommen natürlich in seinem eigenen Betrieb, zu Hause und was Politik und Gesellschaft betrifft. Er ist auch tolerant – außer in prinzipiellen Dingen –, zudem sehr aufgeklärt und zum Skeptizismus neigend, jedoch mit einer Einschränkung: Auf Grund jahrzehntelanger Beobachtungen ist er – nur für die eigene Person – vom Vorhandensein und Wirken übernatürlicher Kräfte überzeugt, jedoch der Meinung, daß Okkultismus nur für Auserwählte sinnvoll ist. Kleine Leute wissen mit ihrem Glück ja doch wenig anzufangen. Er konsultiert jährlich 5,7mal einen Hellseher oder eine Wahrsagerin...

Er ist ein glänzender, mitreißender, aus den Leuten das Letzte herausholender Menschenführer – nur mit seinen Kindern kommt er nicht zurecht. Als Organisator ist er geradezu genial: Ein bis ins kleinste Detail durchrationalisierter, reibungslos funktionierender und bis in den letzten Winkel übersichtlicher Unternehmensverband ist das stolze Ergebnis. Ordnung ist – so läßt er sich oft vernehmen – das Wichtigste im Leben, alles andere kommt von selbst. Bloß, in welche Tasche er die Opernkarten gesteckt, wo er seine Frackknöpfe griffbereit hingelegt und wann sein und seiner derzeitigen Frau Hochzeitstag ist, das pflegt ihm regelmäßig zu entfallen...

Solche kleinen menschlichen Schwächen machen ihn indessen nur noch sympathischer. Außerdem: Wozu hat er das viele hoch-, wenn nicht überbezahlte Personal, wenn er auch noch selbst an alles denken muß?

Der Durchschnitts-Krösus beschäftigt in seinem privaten Haupthaushalt – neben dem palaisähnlichen Haus am Stadtrand hat er noch eine Ferienresidenz am Tegernsee, ein komfortables Jagdhaus, eine hochherrschaftliche Villa an südlichen Gestaden und zwei große Besitzungen in Übersee – 4,7 Domestiken des gehobenen mittleren Dienstes und 14,6 Bedienstete der unteren Laufbahn, außerdem eine akademisch gebildete Privatsekretärin, einen persönlichen Referenten mit Doktorgrad, eine adlige Hausdame und einen fest angestellten Freund, vorzugsweise einen Künstler.

An Beförderungsmitteln stehen dem Durchschnitts-Geldgiganten ein Klapprad, 5,7 Privatwagen der Luxusklasse, ein privates Düsenflugzeug sowie ein Hubschrauber zur Verfügung.

Sein Jahreseinkommen beträgt 107,5 Millionen, sein Vermögen 897,6 Millionen Mark, wobei zu berücksichtigen ist, daß vieles, was ihn reich und mächtig macht, längst abgeschrieben werden konnte und nur noch mit Erinnerungsposten von einer Mark zu Buche steht...

Wie er so reich geworden ist?

Das läßt sich leider nicht mehr genau ergründen...!

Der Durchschnitts-Krösus bleibt von seiner Geburt bis zu seinem sechsundzwanzigsten Geburtstag nahezu mittellos, kommt dann zu gelindem Wohlstand und ist spätestens mit achtunddreißig Jahren Multimillionär, von welchem Zeitpunkt an die weitere Vermehrung seines Reichtums sprunghaft und nahezu automatisch vonstatten geht.

Den Aufstieg aus der breiten Masse der namenlosen Wohlstandsbürger in den erlauchten Kreis der Geldfürsten vollzieht der Durchschnitts-Krösus unbemerkt und statistisch nicht erfaßbar irgendwann zwischen seinem siebenundzwanzigsten und siebenunddreißigsten Lebensjahr, meist in zwei rasch aufeinanderfolgenden Etappen, und in der Regel koinzidieren diese mit völlig anomalen, ja katastrophalen Verhältnissen wie totalen militärischen Niederlagen, Zeiten rapiden Währungsverfalls oder schwersten Wirtschaftskrisen...

Bleibt noch nachzutragen, daß der Durchschnitts-Geldgigant ein, wie er sagt, vorbildlich sozial denkender und (im Rahmen der Absetzbarkeit von der Steuer) Wohltätigkeit übender Unternehmer ist, persönlich völlig anspruchslos und von der Überzeugung durchdrungen, daß Geld an sich gar nichts bedeutet. Er rackert sich nur ab, weil er sich verantwortlich fühlt für die Unternehmen, die er, tüchtig wie er nun einmal ist, aus dem Nichts heraus geschaffen hat, allein und aus eigener Kraft...

Natürlich stimmen die wirklichen Selfmade-Multimillionäre der Bundesrepublik Deutschland mit diesem Durchschnitts-Krösus nicht etwa voll überein! Es gibt vielmehr jeweils nur einige wenige, scheinbar zufällige und im Grunde ganz belanglose Ähnlichkeiten.

Auch genügt es keineswegs, sämtliche Eigenschaften des Durchschnitts-Krösus zu haben und sein Verhalten genau nachzuahmen, um selbst ein Geldgigant zu werden. Dazu gehören, neben dem gesunden Klima, wie es in der Bundesrepublik in den späten vierziger und frühen fünfziger Jahren herrschte, neben der segnenden Hand einer um die Vermögensbildung der Oberschicht bemühten Regierung und anderen günstigen äußeren Bedingungen, auch noch sehr harte Ellenbogen, ein scharfer Blick für einmalige Gelegenheiten und eine rasch zupackende Hand. Ein Übermaß an Skrupeln ist dagegen nur hinderlich, und Ideale sollte man sich für den Feierabend aufheben.

Doch, da wir gerade von Idealen sprechen, es gibt auch einige verblüffende Ausnahmen von den gerade aufgestellten Regeln! Da wohnt beispielsweise im südöstlichen Holstein ein Multimillionär vom Jahrgang 1902, der an sich glänzende Voraussetzungen dafür mitbrachte, ein Geldgigant und Chef eines weltumspannenden Konzerns zu werden, denn sein Vater war ein einfacher Klempner, er selbst konnte nur die Volksschule besuchen. Er machte dann eine kaufmännische Lehre durch, gründete schon mit neunzehn Jahren ein eigenes Unternehmen, kam zu einigem Wohlstand, hatte kurz nach dem Zusammenbruch des Jahres 1945 die einmalige Chance, in einer neuen Branche Fuß zu fassen und sich aus dem Nichts heraus ein Unternehmen aufzubauen, das heute mit seinen Spezialitäten Weltruf genießt und ihn zum mehrfachen Millionär gemacht hat.

Vielleicht, nein, wahrscheinlich wäre dieser Mann nun als Unternehmer immer weiter aufgestiegen und dabei immer reicher und reicher geworden, hätte er sich nicht seltsame Ideale bewahrt und diese eines Tages verwirklicht, indem er seinen Arbeitern und Angestellten nicht bloß übertarifliche Entlohnung und innerbetriebliche Mitbestimmung bot, sondern auch Miteigentum an den Produktionsmitteln. Er machte sie – man höre und staune! – zu seinen Mitgesellschaftern und ließ sie so kräftig mitverdienen, daß ihnen heute weit mehr von dem ganzen Unternehmen gehört als ihm, dem Chef und Gründer, selber.

Der Name dieses von allen Multimillionärs-Verhaltensnormen abweichenden Mannes ist Carl Backhaus.

Den wichtigen Schritt vom kaufmännischen Angestellten zum selbständigen Unternehmer vollzog der gebürtige Hamburger, indem er vom Schreibtischsessel auf den Kutschbock umstieg und 1921 ein Fuhrgeschäft eröffnete.

Zunächst mußte der neunzehnjährige Fuhrunternehmer Backhaus noch alles allein machen. Doch das Geschäft florierte, bald kamen Arbeiter und Angestellte hinzu, und nach und nach entwickelte sich aus dem anfänglichen Ein-Mann-Betrieb eine angesehene Hamburger Speditionsfirma, die übrigens noch heute besteht.

Bis zu diesem Punkt unterscheidet sich die Biographie des späteren Multimillionärs Carl Backhaus nur unwesentlich von der anderer junger Leute, die es dann zu Geldgigantentum brachten. Doch dann kam das Jahr 1933, das »Dritte Reich« begann, und »in diesen Jahren der Bedrängnis«, um Axel Cäsar Springer einmal sinnvoll zu zitieren, »in dieser Zeit der deutschen Geschichte, die einmal erbärmlich genannt werden wird«, da tat Carl Backhaus etwas, das ihm die Chance nahm, später einmal mit dem Großen Bundesverdienstkreuz samt Stern und Schulterband geehrt und vom Vater des Vaterlandes wegen des »ganz reinen Quells«, der aus seinem Unternehmen springt, gepriesen zu werden, kurz, er schloß sich einer Widerstandsgruppe an, noch dazu keiner aristokratischen Verschwörung der vorletzten Stunde, sondern einer sozialistisch orientierten Untergrundorganisation.

In dieser Gruppe, aus deren Reihen nicht wenige von der Gestapo erwischt und Opfer des braunen Terrors wurden, leistete Carl Backhaus nicht nur praktische Arbeit – er half beispielsweise Flugblätter drucken und verteilen, worauf nach damaliger Rechtsprechung die Todesstrafe stand –, sondern dachte mit seinen Freunden auch über die Zukunft nach, plante für die Zeit nach dem unweigerlichen Zusammenbruch des Hitler-Staates. Sie hatten – so formuliert es Backhaus heute – die unselige Ehe zwischen Unternehmern und Politikern der Rechten erlebt, die zum Zusammenbruch des Weimarer Staates nicht wenig beigetragen hat, und sie folgerten, daß – sollte die Demokratie als politische Herrschaftsform künftig Bestand haben – auch die Organisation der Wirtschaft in irgendeiner Form demokratisiert werden müsse. (Solche heute sehr ketzerisch klingenden Ideen machten sich damals übrigens nicht nur Sozialdemokraten, sondern auch christliche Gewerkschafter und sogar Konservative. Noch im Ahlener Programm der CDU finden sich die Resultate dieser Überlegungen wieder: die Absage an den Kapitalismus und der Wille zur Demokratisierung der Wirtschaft, ja, die gesellschaftliche Neuordnung »von Grund aus«...)

Allerdings – die totale Niederlage und bedingungslose Kapitulation, die fast vollständige Zerstörung der Städte und Industrien sowie die Militärdiktatur der Besatzungsmächte veränderten die gedachte Ausgangssituation für den Neubeginn.

Es hieß zunächst einmal, die primitivsten Voraussetzungen für das Weiterleben schaffen (und später vergaßen dann die allermeisten, vor lauter – sehr erfolgreicher – Schufterei, daß sie ja eigentlich auch die gesellschaftliche Ordnung hatten »von Grund aus« erneuern wollen . . .).

Auch Carl Backhaus begnügte sich zunächst mit »Ärmel aufkrempeln, zupacken, aufbauen«, wie es Franz Josef Degenhardt heute besingt. Zusammen mit einem Freund erwarb er, mangels Auswahl, das erste beste, das sich bot: eine kleine, altrenommierte Firma, »Johann Friedrich Behrens«, die im wesentlichen aus einer Eintragung im Handelsregister, einem Rest von Goodwill sowie einer versteckten, sogar noch fabrikneuen kleinen Maschine bestand, mit der niemand etwas anzufangen wußte.

Es war ein Automat zur Herstellung von Heftklammern, und ein paar Rollen Draht waren auch noch da. In der ersten Etage eines fast zerstörten Hamburger Hauses begann die Arbeit. Es fehlten zwar einige Wände und die meisten Fenster, die Decke hing herunter, und mit der Stromversorgung haperte es zunächst auch, aber nach und nach konnten die Schäden behoben werden. Es fand sich ein Mechaniker, der mit dem Automaten allmählich umzugehen lernte, ihn auseinander nahm und Stück für Stück nachbaute, so daß bald eine ganze Reihe von Maschinen in Betrieb genommen werden konnten. Die Anzahl der Mitarbeiter wuchs, und 1949 erzielte die kleine Firma – mit zwanzig Beschäftigten – bereits einen Umsatz von 375 000 Mark.

Heute produziert das Unternehmen, inzwischen mit einem stolzen Neubau und ausgedehnten modernen Betriebsanlagen in Ahrensburg bei Hamburg, Heftklammern in allen gängigen Größen, nicht allein für Büros, sondern auch für die Verpakkungsindustrie und die Möbelfabrikation. Und damit der Absatz der Klammern gesichert bleibt, hat »BeA« – das ist die Abkürzung von »Behrens, Ahrensburg« und der Markenname – allerlei praktische Geräte entwickelt, die in der Industrie des In- und Auslands unentbehrlich geworden sind, aber eben – das ist das für den Hersteller so Erfreuliche – nur »BeA«-Klammern verarbeiten können.

Beispielsweise gibt es einen Preßluftnagler, eine Art Maschinenpistole, die mit sechs atü Preßluft Klammern und Nägel in Pappe und Holz schießen kann – achtzig Nägel in der Minute in einen Hartholzbalken!

Das besonders Angenehme für »BeA« ist, daß sich das Unternehmen einer sehr starken Stellung am Weltmarkt erfreut. Praktisch nur fünf Wettbewerber besitzen zusammen eine Art von Monopol, und »BeA« hat sich einen beträchtlichen Anteil gesichert.

Die Firma beschäftigt heute, bei weitgehend automatisiertem Betrieb, über vierhundert Mitarbeiter und setzt allein in Ahrensburg jährlich über zwanzig Millionen Mark um. Außerdem bestehen Zweigbetriebe in Holland, England und Mexiko, eigene Verkaufsbüros in der Schweiz, in Österreich, Frankreich, Italien und sogar in den USA. Carl Backhaus, der dann Alleininhaber des Unternehmens wurde, konnte sich schon nach einigen Jahren die Hände reiben: Das Geschäft warf so guten Gewinn ab, daß er bald Millionär war, nach einigen weiteren Jahren auch Multimillionär.

Aber er begnügte sich nicht mit dem Händereiben! Er erinnerte sich beim Weiterschuften und Reicherwerden noch an die alten Pläne und Ideen, an die Ideale aus der Zeit des Widerstandes gegen die Hitler-Diktatur. Er wollte nicht einfach Unternehmer mit gesundem Egoismus und immer höher anschwellendem Bankkonto sein, sondern zumindest den Versuch wagen, die Wirtschaft zu demokratisieren.

»Es sollte kein Unternehmerbetrieb im konventionellen Stil aufgebaut werden, so wie es überall sonst geschah«, erinnert er sich heute. »Nein, alle, die mitarbeiteten, sollten auch mitentscheiden und mitverdienen! Eine Synthese zwischen Kapital und Arbeit sollte die Mängel möglichst beseitigen, die nun mal dem kapitalistischen Gesellschaftssystem anhaften...«

Der »Backhaus-Plan«, mit dem diese Forderungen dann verwirklicht wurden, setzt bei der Frage an, was mit dem von einem Unternehmen für die Vermögensbildung seiner Beschäftigten erbrachten Kapital zu geschehen hat. Backhaus meinte, nicht ein anonymer Fonds, in den die Gesamtheit aller Arbeitnehmer-Anteile aus der ganzen Bundesrepublik fließen, mache die Beschäftigten freier und verantwortungsbewußter, sondern dies würde erst erreicht durch vom Arbeitnehmer selbst verwaltete Kapitalanteile an demjenigen Unternehmen, für das er tätig ist.

Backhaus selbst ging mit gutem Beispiel voran: Bei seiner »BeA« erhielt fortan jeder Beschäftigte seine Beteiligung am Gewinn, hatte diesen Betrag als seinen Anteil am Unternehmenskapital (bis zu einer bestimmten Summe) stehenzulassen und wurde damit Gesellschafter und Mitunternehmer.

Mangels einer besseren Rechtsreform, die in der Bundesrepublik noch fehlt, wählte man in Ahrensburg die Form der Kommanditgesellschaft. Am 1. Januar 1958 begann dieser neue

Abschnitt der Firmengeschichte. Backhaus hatte seinen Mitarbeitern bis dahin auch schon Gewinnanteile gewährt, die dann als Darlehen in der Firma geblieben waren. Siebenundzwanzig solcher Darlehen schuldete die Firma vor ihrer Umwandlung, und mit siebenundzwanzig Kommanditisten startete man vor einem Jahrzehnt das mutige Experiment.

Heute zählt die Behrens KG in Ahrensburg bereits hundertfünfzig Arbeiter und Angestellte, darunter etwa dreißig Frauen, zu ihren Kommanditisten, und es werden von Jahr zu Jahr mehr, denn nur wer fünf Jahre dem Betrieb angehört, kann, wenn er will, Kommanditist werden. Da die Firma gerade in den letzten Jahren stark angewachsen ist, sind die meisten ihrer Beschäftigten noch nicht so lange dabei. Sie warten noch darauf, Mitgesellschafter zu werden, denn – es lohnt sich!

Aus dem jährlichen Reingewinn werden zunächst die Kapitaleinlagen verzinst, die der Kommanditisten mit fünf, die der persönlich haftenden Komplementäre mit zehn Prozent. Aus dem Restgewinn erhalten dann alle eine Quote, die in Prozent der Summe aus Jahresgehalt und Kapitalverzinsung errechnet wird. Diese Quote betrug – und das läßt aufhorchen! – in dem Jahr der Rezession, 1967, immerhin neunzig Prozent. Das bedeutete, daß ein Arbeiter oder Angestellter als Gesellschafter noch einmal neunzig Prozent seines Jahresverdienstes als Gewinnausschüttung erhielt ...!

Der Gewinn wird nun allerdings nicht sofort bar ausgezahlt, sondern zunächst dem Kapitalkonto des Gesellschafters gutgeschrieben, bis die Soll-Einlage erreicht ist. Sie ist auf 317 Prozent des Jahresverdienstes von 1962 festgesetzt, im Durchschnitt ein Betrag zwischen dreißig- bis fünfunddreißigtausend Mark.

Wie bewährt sich dieses »Backhaus-System« nun in der Alltagspraxis? Dazu soll man nicht nur den Chef hören, sondern auch seine als Mitgesellschafter fungierenden Arbeiter und Angestellten. Faßt man alle Meinungen und Eindrücke zusammen, so ergibt sich ein recht interessantes Bild:

Zunächst kann man sagen, daß das »Umdenken« den kleinen Mitgesellschaftern anfangs recht schwerfällt. Der Wochenlohn, das Monatsgehalt oder die Weihnachtsgratifikation sind ihnen wichtiger als der Jahresgewinn. Infolgedessen sind die Verhandlungen über den Haustarifvertrag nicht weniger hart als anderswo – obwohl der Betriebsratsvorsitzende selbst Gesellschafter ist. Doch das Verhältnis zur Industriegewerkschaft Metall, die das Ahrensburger Experiment mit wachsendem Interesse verfolgt, ist ausgezeichnet, zumal »BeA« rund zwanzig Prozent höhere Löhne und Gehälter zahlt als vergleichbare Betriebe, mehr Urlaub gewährt und mit vorbildlichen Sozial- und Bildungseinrichtungen aufzuwarten hat.

Sodann ist zu bemerken, daß bei »BeA« ein ausgezeichnetes Betriebsklima herrscht; der im Gesellschaftsvertrag vorgesehene »Schlichtungsausschuß« brauchte in dem vergangenen Jahrzehnt noch nicht einmal zusammenzutreten; in der Produktion gibt es weit weniger »Ausschuß«, bei der Kundschaft erheblich seltener Reklamationen als früher. Auch kann »BeA« seit langem auf Akkord- und Prämienlohnsysteme verzichten; der Krankenstand ist unterdurchschnittlich niedrig; bestimmte »Verschwendungsposten« wie etwa die Kosten für Lichtstrom oder Toilettenpapier sind stark zurückgegangen, was deutlich macht, daß die zu Mitgesellschaftern avancierten Arbeitnehmer zu sparen verstehen, seit jede unnütze Ausgabe auch ihren Gewinn schmälert.

Und schließlich – und das ist vielleicht das Interessanteste – gewöhnen sich die Mitgesellschafter allmählich an unternehmerisches Denken. Zunächst waren sie nicht sehr risikofreudig. Aber seit sie vor einigen Jahren nach langer Diskussion einen Fünf-Millionen-Mark-Neubau genehmigten und diese Investition sich wider ihr Erwarten gelohnt hat, beginnt die Sache ihnen Spaß zu machen...

Und Carl Backhaus selbst, der Unternehmer, der sich – unaufgefordert – selbst enteignet hat? Ist er zufrieden? Oder nagt er jetzt am Hungertuch, bedauert seinen Entschluß und sehnt sich zurück nach den Zeiten, da er noch alleiniger »Herr im Hause« war?

Da ist zunächst zu bemerken, daß er nicht schlechter zu leben scheint als andere Multimillionäre. Sein Privatvermögen und einige Beteiligungen an anderen Firmen als der »BeA« hat er behalten, auch streicht er in Ahrensburg ja noch ein gutes Geschäftsführer-Gehalt und einen hübschen Gewinnanteil ein. Sein Landsitz Pfefferberg bei Großensee über Trittau ist wahrlich nicht dazu geeignet, Mitleid mit »dem Verrückten«, wie manche Fabrikanten im Lande ihn nennen, aufkommen zu lassen. Und seine Pfauen und Fasanen im herrlichen, bis an den See hinabreichenden Park wirken auch nicht bedrückt...

Und von Reue oder gar dem Wunsch, sein Experiment rückgängig zu machen, kann bei Carl Backhaus auch nicht die Rede sein – im Gegenteil!

Im Mai 1967, nach fast zehnjährigen Erfahrungen mit seinem System der Partnerschaft, ist Backhaus noch einen Schritt weitergegangen: Er hat seine Kinder relativ bescheiden, aber auch keineswegs kleinlich abgefunden und sodann eine Stiftung errichtet, der bereits jetzt ein Teil seines Einkommens zufließt und in die er sein ganzes restliches Millionenvermögen eingebracht hat.

In der Präambel zur Stiftungsurkunde heißt es:

»Demokratisierung der Wirtschaft ist eine der wichtigsten Voraussetzungen, um unseren freiheitlich-demokratischen Staat lebensfähig zu machen und seinen Bestand zu gewährleisten. Demokratisches Verhalten fördert die guten Kräfte unserer Bürger; es verhindert übertriebenen Egoismus und schädliches Machtstreben. Es fördert eine größere Gerechtigkeit, denn Mitbestimmung schafft nicht nur Mitverantwortung, sondern bringt auch Miteigentum durch Teilnahme am gemeinsam erwirtschafteten Gewinn. Der Arbeitsplatz wird besser abgeschirmt und ist nicht der Entscheidung oder gar der Willkür eines einzelnen Inhabers oder seiner Vertreter ausgeliefert. Demokratisierung erfordert Umdenken der Unternehmer und der Besitzenden...«

Und zum Schluß heißt es: »Mögen sich viele Unternehmer bald mit der Notwendigkeit der erforderlichen Demokratisierung der Wirtschaft befassen – ehe es zu spät ist. Die Zukunft wird nämlich keiner Autorität mehr gehören, weder einer feudalen noch einer innerlichen, sondern der Partnerschaft. Der ›Herr-im-Hause-Standpunkt‹ gehört bald der Vergangenheit an. Diese Entwicklung ist in vollem Gange. Jeder Versuch, sie aufzuhalten, ist zum Scheitern verurteilt. Instinktiv fordert heute schon das Kind von seinen Eltern Partnerschaft. Wer der herkömmlichen Autorität als pädagogische Funktion den Vorzug gibt, hat noch nicht begriffen, daß er – gewollt oder ungewollt – etwas erhalten will, das sich nicht mehr bewährt hat und bewähren kann. Das gilt nicht nur für die Wirtschaft, sondern auch für die Schule und den Lehrbetrieb.

Es wäre einfältig, wollte man nicht sehen, daß Partnerschaft wachsende Reife, Wissen und Verantwortung voraussetzt, auch auf seiten der früheren ›Untertanen‹... Wo dieses Wachstum jedoch durch Wiederherstellung autoritätsorientierter Beziehungen gebremst wird, wird die Gesellschaft eines Tages bitter zahlen müssen...«

Die Bundesrepublik Deutschland ist, wie schon eingangs erwähnt, nur ein – flächenmäßig – sehr kleines Land. Carl Backhaus auf dem Pfefferberg am Großensee, Axel Cäsar Springer auf Schloß Schierensee, Fürst Otto von Bismarck auf Schloß Friedrichsruh im Sachsenwald, Rudolf August Oetker auf der Boost am Elbufer – ihre Wohnungen und Unternehmen liegen so nahe beieinander, daß man sie samt und sonders an einem langen Nachmittag besuchen kann. Und doch trennen sie Welten...

Register

dtv

Moderne Theoretiker

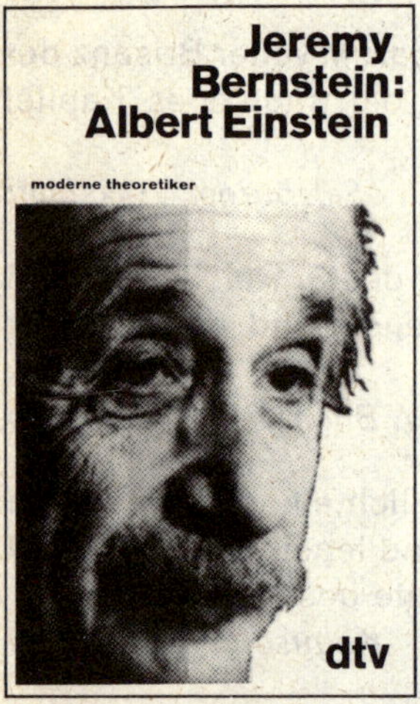

Herausgegeben von Frank Kermode
Deutsche Erstausgaben

Die Erkenntnisse und Theorien maßgebender Wissenschaftler und Künstler, Philosophen und Politiker, die das Leben und Denken unserer Zeit veränderten, werden in den Bänden dieser Reihe einem weiten Leserkreis vorgestellt und einer kritischen Analyse unterzogen.

A. Alvarez:
Samuel Beckett

Alfred Jules Ayer:
Bertrand Russell

Jeremy Bernstein:
Albert Einstein

John Gross:
James Joyce

Erich Heller:
Franz Kafka

Jugend in der Gesellschaft

Ein Symposion

dtv

Inhalt

»Die Beiträge dieses Bandes versuchen der Komplexität des Problemkreises Jugend und der Mannigfaltigkeit möglicher Ansätze und Thematisierungen zu folgen ... Das Thema Jugend wird sowohl als historischer Gegenstand wie als Gegenwartsproblem untersucht. Es wird sowohl für unsere Kultur wie für die ›Kulturen der Armut‹, aber auch als weltweite Erscheinung analysiert ... Ein kulturkritischer Grundton ist der Generalbaß dieser Polyphonie.«
Aus dem Nachwort von Hermann Krings

1063 / DM 6,80